# FORÇA VINCULANTE das SENTENÇAS da Corte Interamericana de Direitos Humanos

Isabella Bolfarini

# FORÇA VINCULANTE das SENTENÇAS da Corte Interamericana de Direitos Humanos

2019

EDITORA JusPODIVM

www.editorajuspodivm.com.br

EDITORA *Jus*PODIVM
www.editorajuspodivm.com.br

Rua Território Rio Branco, 87 – Pituba – CEP: 41830-530 – Salvador – Bahia
Tel: (71) 3045.9051
• Contato: https://www.editorajuspodivm.com.br/sac





**Diagramação:** Cendi Coelho (*cendicoelho@gmail.com*)

**Capa:** Ana Caquetti

B687f Bolfarini, Isabella Christina da Mota.
Força vinculante das sentenças da corte interamericana de direitos humanos/ Isabella Christina da Mota Bolfarini – Salvador: Editora JusPodivm, 2019.
288 p.

Bibliografia.
ISBN 978-85-442-2750-3.

1. Direito Internacional. 2. Direitos Humanos. 3. Comissão Interamericana de Direitos Humanos. I. Bolfarini, Isabella Christina da Mota. II. Título.

CDD 341.114105

*Dedico esta pesquisa àqueles que sempre estiveram ao meu lado: María, Luis, Adalberto, Aparecida e Deus.*

# PREFÁCIO

O trabalho de Isabella Christina da Mota Bolfarini, resultado de sua pesquisa de doutorado desenvolvida no Programa de Pós-Graduação em Direito Político e Econômico da Universidade Presbiteriana Mackenzie, traz contribuições extremamente relevantes para o Direito, tanto no plano interno como internacional, estabelecendo um diálogo com áreas afins, como a Ciência Política.

A autora aborda um tema delicado: a integração do Brasil a uma ordem internacional, o Sistema Interamericano de Proteção de Direitos Humanos, braço regional da ONU, revelando como muitas das medidas de reparação de seu órgão decisório, a Corte Interamericana de Direitos Humanos, interferem na definição (ou não) da agenda de políticas públicas no Brasil.

A partir da propositura de uma metodologia de pesquisa inovadora e complexa, baseada no estudo de casos, Isabella coletou, catalogou e analisou, de forma criteriosa, um amplo espectro de informações obtidas em sentenças emitidas pela Corte entre 1987 e 2017. Trata-se de um trabalho de fôlego, cujos desafios contribuíram para fazer aflorar o espírito ousado, corajoso e incansável da pesquisadora.

Sentenças mais incisivas ou detalhadas tendem a produzir maiores impactos? Quais os períodos em que houve maior grau de cumprimento das sentenças? Há padrões de violação das decisões? As políticas públicas adotadas pelo Brasil como medidas de reparação se balizam no vetor apontado pelas sentenças da Corte? Estas são algumas das questões que o trabalho buscou enfrentar.

O estudo demonstrou que o modo pelo qual as decisões da Corte estão estruturadas influi no impacto que produziram em nosso país, ou seja, a estrutura das sentenças acaba interferindo no grau de vinculação das próprias decisões.

Outro achado importante da pesquisa foi a identificação de pontos de inflexão nos padrões decisórios dos juízes interamericanos, o que levou a uma investigação acerca dos fatores que contribuem para o aumento do impacto das decisões.

Como afirmou André de Carvalho Ramos, ao realizar sua arguição por ocasião da defesa da presente pesquisa, estudar o Direito Internacional Público a sério significa se debruçar sobre a forma como este está sendo implementado, e isso a autora fez com afinco e seriedade.

A análise sobre o modo de cumprimento de sentenças do Sistema Interamericano por parte do Estado Brasileiro nos faz pensar sobre a forma como alguns temas debatidos no cenário internacional estão ou não ditando a agenda pública nacional. Por trás dessa perspectiva, embute-se uma reflexão sobre o papel que um Tribunal Internacional pode vir a desempenhar nas democracias contemporâneas que aceitam a jurisdição desse órgão e sobre a legitimidade do próprio Sistema. Merece destaque, ainda, o trabalho de análise crítica sobre a racionalidade que está (ou deveria estar) por trás das decisões da Corte.

Vale frisar que o leitor irá se beneficiar não apenas com a análise dos resultados da pesquisa acima mencionados. O trabalho traz, ainda, uma contribuição pessoal da autora para o aprimoramento do Sistema Interamericano de Direitos Humanos, ao elaborar uma proposta concreta de adequação de uma das etapas do processo que se desenvolve perante este órgão.

O produto final da pesquisa não teria atingido a profundidade e a qualidade aqui destacadas não fossem as contribuições de Arthur Roberto Capella Giannattasio, cuja larga experiência no âmbito da pesquisa empírica em Direito, aliada a sua dedicação ao Direito Internacional Público, me ajudaram na tarefa de orientar Isabella nesse caminho tão frutífero e que, certamente, renderá novos frutos.

**Clarice Seixas Duarte**

Doutora em Filosofia e Teoria Geral do Direito pela USP; Representante no Brasil da Plataforma Internacional ASAP (academicsstand.org); Professora dos Programas de Graduação e Pós-Graduação *stricto sensu* em Direito Político e Econômico da Universidade Presbiteriana Mackenzie

# SUMÁRIO

# LISTA DE ABREVIATURAS E SIGLAS

| | | |
|---|---|---|
| AD | – | Alcance do direito que se visa proteger |
| CADH | – | Convenção Interamericana de Direitos Humanos |
| CAJP | – | Comissão de Assuntos Jurídicos e Políticos do Conselho Permanente da OEA |
| CEDH | – | Convênio Europeu para a Proteção dos Direitos Humanos e das Liberdades Fundamentais (ou Convenção Europeia de Direitos Humanos do Conselho da Europa) |
| CIDH | – | Comissão Interamericana de Direitos Humanos |
| Corte EDH | – | Corte Europeia de Direitos Humanos |
| Corte IDH | – | Corte Interamericana de Direitos Humanos |
| CR | – | Critérios de reparação definidos |
| IC | – | Impacto que a sentença pode gerar no plano nacional e sua real possibilidade de cumprimento |
| IIDH | – | Instituto Interamericano de Direitos Humanos |
| ODs | – | Opiniões Dissidentes |
| OEA | – | Organização dos Estados Americanos |
| ONU | – | Organização das Nações Unidas |
| SIDH | – | Sistema Interamericano de Direitos Humanos |
| SF | – | Situações fáticas de violação |

# INTRODUÇÃO

O tema que pretendemos analisar nesse livro é a força vinculante das sentenças da Corte Interamericana de Direitos Humanos observada a partir de seu sistema de reparação. Buscamos aprofundar essa questão por meio de um estudo de caso das sentenças condenatórias emitidas pelo tribunal entre 1987 e outubro de 2017.

O primeiro esclarecimento que devemos estabelecer é sobre o conceito de 'força vinculante das sentenças'. O termo vínculo em si mesmo, significa "o que ata, liga ou aperta; o que estabelece uma relação lógica ou de subordinação; o que liga afetivamente duas ou mais pessoas; relação, relacionamento; o que restringe ou condiciona (algo)"[1]. No direito, é a "relação estabelecida entre duas ou mais pessoas ou instituições, regulada pelas normas jurídicas"[2], na física é a "existência de uma condição que limita o movimento de um sistema físico"[3]. O vocábulo força, por sua vez, implica na "faculdade de operar, de mover ou mover-se; (...) ato ou efeito de reprimir; coerção, repressão; (...) capacidade de produzir um efeito; autoridade, domínio, poder"[4]. À luz do direito, força é o "caráter coercitivo de um ato emanado do poder

1. MICHAELIS. **Dicionário Brasileiro da Língua Portuguesa**. Consulta ao dicionário *online*, disponível em: http://michaelis.uol.com.br/moderno-portugues/busca/portugues-brasileiro/v%C3%ADnculo/, consultado dia 30.05.2018.

2. Ibidem.

3. Ibidem.

4. Ibidem.

competente"[5]. Transportando tais significados às sentenças da Corte Interamericana, é possível entender que a força vinculante se traduz na capacidade que elas têm de condicionar a atuação dos entes públicos nacionais em direção à garantia e promoção de direitos, a partir das diretrizes de atuação que definem.

É certo que as sentenças da Corte IDH produzem esse efeito vinculante, já que os Estados cumprem a maior parte das medidas de reparação definidas por esse tribunal. Contudo, há variações no grau de cumprimento que podem ocorrer por diversos fatores. Foi nesse sentido, que pensamos na importância de desenvolver um estudo capaz de demonstrar quais desses elementos estão ligados à própria estrutura das sentenças e como eles podem interferir no maior ou menor grau de cumprimento das decisões pelos Estados.

Da análise dessas decisões propusemos observações sobre o nível de sua força vinculante, sobre os fatores influenciam direta e indiretamente esse nível e as causa das principais mudanças no padrão decisório dos juízes interamericanos[6] ao longo do tempo.

Entender como a estrutura das sentenças influencia o aumento ou diminuição dessa força vinculante e como esse processo acontece é o ponto chave de nossa pesquisa. Isso se justifica pelo fato de que algumas das medidas de reparação adotadas pelo tribunal

5. Ibidem.

6. Quando nos referimos à 'mudança do padrão decisório' da Corte, estamos falando sobre o momento em que o tribunal interamericano passou a adotar um novo padrão de medidas de reparação com efeitos extensivos. Por 'padrão' devemos entender 'maior frequência' ou modelo regular de se decidir. Portanto, quando falamos de alteração do padrão decisório não estamos querendo dizer que antes dessa mudança não havia sentenças que já apresentavam medidas de reparação inovadoras, mas sim, que foi a partir de 2001 que a Corte passou a utilizar regularmente essas medidas. Por isso é que a dimensão temporal foi importante em nossa análise, pois nos permitiu fazer a "interação entre informações e processos", justamente para minimizar os riscos que um estudo de caso pode ocasionar pela tendência ao enviezamento das conclusões. (GOODE, Willian J.; HATT, Paul K. **Métodos em pesquisa social**. Tradução de Carolina Martuscelli Bori, 5ª ed.. São Paulo: Nacional, 1975, pp. 426-430).

interamericano podem produzir impactos nas políticas e agenda públicas nacionais e, por sua vez, podem influenciar direta ou indiretamente a definição dos temas prioritários dessa agenda.

Além disso, é importante entender se o impacto produzido por uma sentença internacional pode ser suficientemente forte ao ponto de levar o Estado a adotar ou alterar um programa governamental ou a ordem de relevância de determinado interesse público e qual a real postura dos entes estatais diante dessas decisões (o que pode ser observado seja pelo nível de reincidência do Estado, seja pelo padrão de violações que se constatou em seu território).

Dentre as duas unidades internas de análise (casos) que compõem o sistema de reparação da Corte IDH (enquanto macrounidade), que são o conjunto de sentenças proferidas pelo tribunal e o conjunto de resoluções de supervisão de cumprimento dessas decisões, nosso livro abordará a primeira unidade, formada pelas sentenças que a Corte proferiu entre 1987 e outubro de 2017.

A escolha da metodologia de estudo de casos se deu em função da necessidade de entendermos um fenômeno jurídico-social complexo, que é a força vinculante das sentenças da Corte e os elementos que a influenciam. Essa escolha foi baseada na tentativa de compreendermos "se", "como" e "por que"[7] essa força vinculante pode ser influenciada pela estrutura dessas decisões.

Desses questionamentos surgiram novas indagações que nos possibilitaram demonstrar a mudança do padrão decisório da Corte ao longo dos anos. Contudo, novas dúvidas surgiram sobre quais seriam os motivos dessa alteração e como os países responderam (e respondem) a isso – já que esse novo padrão decisório tem impacto direto na agenda pública nacional.

---

7. YIN, Robert. **Estudo de Caso. Planejamento e Métodos.** 5ª edição. Porto Alegre: Bookman, 2015, p. 11.

Para encontrar respostas a tais perguntas, no primeiro capítulo efetuamos uma filtragem das sentenças mais relevantes. Em seguida, desenvolvemos uma chave específica de leitura das informações contidas nessas decisões, o que aqui foi chamado de metodologia para coleta de dados. Além disso, buscamos desenvolver uma análise da força vinculante a partir da perspectiva do instituto do *compliance*[8], das políticas públicas[9] (uma vez que tais sentenças podem produzir impactos sobre essas políticas e agenda públicas) e, finalmente, do conceito de reparação integral[10] implementado pelo tribunal ao longo dos anos.

---

8. O instituto do *compliance* é frequentemente utilizado nas pesquisas que visam entender e demonstrar a conformidade entre uma decisão internacional e as medidas tomadas pelos Estados e responder à questão dos motivos que levam um Estado a cumprir uma norma internacional. Significa, essencialmente, "conformidade", ou seja, agir em conformidade às regras. Esse conceito vem sendo cada vez mais incorporado na literatura de Direitos Humanos. "Nas décadas de 80 e 90 desenvolve-se o corpo mais substancial de estudos teóricos a respeito do assunto, ao mesmo passo em que é possível se perceber também o crescimento do número de estudiosos, tanto do direito internacional como das relações internacionais, que se dedicam a explorar questões ligadas ao cumprimento do direito internacional por meio de uma colaboração interdisciplinar" (FRANCO, Thalita Leme. **Os limites do compliance ao se avaliar a efetividade das decisões proferidas pela Corte Interamericana de Direitos Humanos:** estudo de caso sobre o Brasil. Dissertação (Mestrado) apresentada ao Instituto de Relações Internacionais da Universidade de São Paulo, Instituto de Relações Internacionais. São Paulo: 2014, pp. 68 – 69).

   Os principais referenciais teóricos sobre *compliance* foram Engstrom, Hawkins, Jacoby e Chayes e Chayes: ENGSTROM, Par. Reconceitualizando o Impacto do Sistema Interamericano de Direitos Humanos. **Rev. Direito e Práx.**, Rio de Janeiro, Vol. 2, N. 8, p. 1250-1285. HAWKINS, Darren; JACOBY, Wade. **Partial compliance: a comparison of the European and Inter-american Courts of human rights**. Paper prepared for delivery at the Annual Meeting of American Political Science Association, Boston, MA, august 28-31, 2008. CHAYES, Abram; CHAYES, Antonia Handler. On compliance. **International Organization**, v. 47, n. 2, 1993.

9. Sobre o conceito de política pública e seus elementos, o referencial teórico utilizado foi Maria Paula Dallari Bucci: BUCCI, Maria Paula Dallari (Org.). **Políticas públicas: reflexões sobre o conceito jurídico.** São Paulo: Saraiva, 2006. BUCCI, Maria Paula Dallari. **Fundamentos para uma Teoria Jurídica das Políticas Públicas**. São Paulo: Saraiva, 2013.

10. Para entendermos a evolução do conceito e dos elementos da reparação integral, os trabalhos de Theo Von Boven foram as principais referências utilizadas: United Nations Audiovisual Library of International Law, 2010. COMISION DE DERECHOS HUMANOS. **Estudio relativo al derecho de restitución, indemnización y rehabi-**

Na continuidade, os segundo e terceiro capítulos foram dedicados à definição do panorama geral das sentenças a partir de uma ótica temporal de análise. Preferimos pela apresentação dos dados em dois períodos distintos pelos seguintes motivos, o primeiro deles referiu-se ao volume de informações coletadas e o segundo foi relativo aos acontecimentos percebidos ao longo da pesquisa, ou seja, a mudança do Regulamento da Corte ocorrida em 2001, a alteração do seu padrão decisório identificada no mesmo ano[11] e a inserção de novos temas em sua agenda[12].

Em vista disso, optamos pela apresentação dos dados em dois capítulos diferentes, o capítulo 2 expõe as informações obtidas entre 1987 e dezembro de 2001 e o terceiro capítulo mostra os dados entre janeiro de 2002 a outubro de 2017. Em ambas as partes da pesquisa, foram mostrados os resultados da análise das dimensões

---

**litación a las víctimas de violaciones flagrantes de los derechos humanos y las libertades fundamentals.** Informe definitivo presentado por el Sr. Theo van Boven, Relator Especial. Subcomisión de Prevención de Discriminaciones y Protección a las Minorías, 45º período de sesiones. E/CN.4/Sub.2/1993/8, del 02 de julio de 1993. BOVEN, Theo van. Reparations, a requirement of justice. In: Corte Interamericana de Derechos Humanos. **Memoria del seminario "El sistema interamericano de protección de los derechos humanos en el umbral del siglo XXI"**. Tomo I, 2ª edición. San José, Costa Rica: 23 y 24 de noviembre de 1999, pp. 650-669

11. Sobre essa mudança, ver nota explicativa nº. 6.

12. O conceito de 'agenda' que aqui fazemos alusão, refere-se a um "conjunto de problemas ou temas entendidos como relevantes. Ela pode tomar forma de um programa de governo, um planejamento orçamentário, um estatuto partidário ou, ainda, de uma simples lista de assuntos que o comitê editorial de um jornal entende como importante" (SECCHI, Leonardo. Políticas Públicas. **Conceitos, Esquemas de Análise, Casos Práticos**. São Paulo: Cengage Learning, 2012, p. 36). Sobre a definição da agenda, Cobb e Elder mencionam a existência de dois tipos de agenda: a política, que envolve questões relevantes para a comunidade política, cujo interesse possibilita a intervenção pública, e a institucional, referente às questões que o Estado decidiu como prioritária (COBB, Roger W.; ELDER, Charles D. **Participation in American politics: the dynamics of agenda-building.** Baltimore: Johns Hopkins University Press, 1983).
Quando transportamos esses conceitos à realidade da Corte IDH, temos que sua agenda trata dos temas ou conjunto de problemas considerados como relevantes e que mereceram atenção especial do tribunal, seja por meio de suas atividades jurisdicionais, seja por meio de sua atividade interpretativa.

referentes: a) aos tipos de violações, por meio da identificação do padrão de violações cometidas nos âmbitos regional e nacional e os entes estatais que tiveram maior protagonismo no cenário interamericano (identificação dos Estados que mais se envolveram nesses processos e como isso se refletiu na análise da força vinculante das decisões); b) aos direitos violados, tendo por base os critérios da aplicação de Convenção Interamericana de Direitos Humanos (CADH) e da ampliação do *corpus juris* regional, c) aos efeitos das medidas de reparação (efeitos *inter partes* e *extra partes*) e, finalmente, d) às opiniões dissidentes, quando se pretendeu mostrar a existência dos padrões de dissidência entre os juízes interamericanos, considerados individualmente e em conjunto.

No quarto capítulo tratamos de apresentar as principais inferências e conclusões resultantes da aplicação dessa metodologia. Nele, analisamos qualitativamente cada um dos elementos que podem influenciar o nível da força vinculante dessas sentenças, ou seja, a implementação de medidas com efeitos *extra partes*, a dissidência entre os juízes do tribunal, a ampliação do *corpus juris* interamericano, o padrão sistemático das violações, a postura dos Estados em face do dever de cumprir as medidas reparatórias e a influência das informações prestadas durante o processo na Corte. Além disso, apresentamos uma proposta metodológica para análise da racionalidade dos juízes interamericanos e possíveis pistas de reflexão que possibilitariam uma nova agenda de pesquisa.

A importância deste estudo se deve ao fato que a estrutura das sentenças pode, em si mesma, influenciar sua força vinculante (o que até então não havia sido analisado de forma aprofundada) e de que muitas das medidas de reparação implementadas pelo tribunal interamericano podem impactar os programas governamentais e a agenda pública dos Estados. Nesse sentido, é importante poder entender as bases que fundamentam a racionalidade que está por trás da tomada de decisão da Corte. Também é válida a abertura de nova agenda de pesquisa, já que esse tribunal vem mostrando uma (crescente) tendência à evolução e ampliação de conceitos e ao tratamento de questões que acabam influenciando diretamente o nível de garantia dos direitos pelos Estados. Tal tendência deve ser observada, sobretudo, quando passam a incidir sobre as estruturas e as instituições nacionais[13].

13. Conforme explicam Salomão Filho, Ferrão e Ribeiro, "o processo de colonização deixou em diversos países uma herança de pobreza crônica e desigualdade na distribuição de renda, uma situação que persiste através dos séculos e é resistente a toda sorte de políticas públicas. O processo de ocupação do Novo Mundo e outras regiões foi orientado pela extração máxima de renda por um grupo bastante restrito de pessoas, e redundou na concentração econômica que está na origem do subdesenvolvimento da região" (SALOMÃO FILHO, Calixto; FERRÃO, Brisa Lopes de Mello; RIBEIRO, Ivan César. **Concentração, estruturas e desigualdade: As Origens Coloniais da Pobreza e da Má Distribuição de Renda.** São Paulo: Instituto de Direito do Comércio Internacional e Desenvolvimento - IDCID, 2008, pp. 13). Esse processo pode ser visto nos diferentes países que formam parte do Sistema Interamericano de Direitos Humanos e tem como resultado a desigualdade e a pobreza. Para que a concentração de renda e poder pudesse ser contínua, foi necessária a criação de um aparato especial, no qual certas estruturas e instituições desenvolveram papel fundamental.

Recorrendo ao conceito trazido por Helpman, os autores mencionam que "instituições são aqueles elementos (normas, crenças, cultura e organizações) destinados a produzir a previsibilidade dos comportamentos dos agentes econômicos, de forma a facilitar as transações e assim diminuir os custos de transação" (Idem, p. 14, citando HELPMAN, Elhanan. **The mystery of economic growth**. Cambridge: Harvard University Press, 2004, capítulo 7). Nesta perspectiva, o nível de desempenho das economias periféricas está diretamente relacionado com políticas macroeconômicas mal formuladas e com a inexistência (ou fragilidade) de instituições adequadas, já que a deficiência das instituições "perpetuariam inicialmente o subdesenvolvimento e, por meio do baixo crescimento econômico, perpetuariam também a pobreza e a desigualdade social" (Ibidem).

As estruturas, por sua vez, diferem-se das instituições, primeiramente, por não terem como objetivo a padronização ou regularidade dos comportamentos, voltando-se, sobretudo, à extração de renda garantida pelo processo concentração. Possuem maior relevância que as instituições quando o assunto é a "explicação de fenômenos econômicos" (idem, p. 15). Além disso, a permanência das estruturas no tempo é naturalmente explicada por seu próprio desenho e processo de formação, ou seja, pela busca da concentração de renda e dos meios de produção, perpetuam-se no tempo e criam um ciclo de poder que dificilmente será rompido. "Os privilégios são apropriados de tempos em tempos pelos grupos mais diversos, sucedendo-se uns aos outros na posse do aparato destinado a garantir a concentração" (idem, p. 16).

Para complementar o conceito de instituição, foram importantes as contribuições de Immergut, Hauriou e Santi Romano. Ver nota explicativa e complementar nº. 83.

Capítulo 1

# METODOLOGIA PARA ANÁLISE DA FORÇA VINCULANTE DAS SENTENÇAS DA CORTE IDH

Em parte das pesquisas realizadas sobre a eficácia das sentenças da Corte Interamericana de Direitos Humanos, é possível ver que quase sempre o nível de observância dessas decisões pelos Estados-membros é considerado baixo[1], e menos frequentes são os

---

1. O baixo nível de cumprimento das sentenças da Corte IDH não significa que não haja iniciativas de cumprimento ou que certas medidas não sejam rápida e integralmente observadas pelos Estados-membros, mas sim, que são poucas as sentenças cumpridas em sua integralidade. De todos os processos contenciosos analisados e julgados pelo Tribunal, desde o início de sua atividade jurisdicional, somente 24 deles foram arquivados por cumprimento integral das medidas de reparação. Sobre isso ver, por exemplo: ENGSTROM, Par. Reconceitualizando o Impacto do Sistema Interamericano de Direitos Humanos. **Rev. Direito e Práx.**, Rio de Janeiro, Vol. 2, N. 8, p. 1250-1285. PIOVESAN, Flávia. Sistema Interamericano de Direitos Humanos: impacto transformador, diálogos jurisdicionais, e os desafios da reforma**. REDESG / Revista Direitos Emergentes na Sociedade Global** - www.ufsm.br/redesg, v. 3, n. 1, jan.jun/2014, pp. 77 - 101. PIOVESAN, Flávia. Direitos Humanos e diálogos entre jurisdições. **Revista Brasileira de Direito Constitucional** - RBDC n. 19 - jan./jun. 2012, pp. 67 - 93. FRANCO, Thalita Leme. **Os limites do compliance ao se avaliar a efetividade das decisões proferidas pela Corte Interamericana de Direitos Humanos:** estudo de caso sobre o Brasil. Dissertação (Mestrado) apresentada ao Instituto de Relações Internacionais da Universidade de São Paulo, Instituto de Relações Internacionais. São Paulo: 2014. BASCUÑÁN, Sergio Fuenzalida. La jurisprudencia de la Corte Interamericana de Derechos Humanos como fuente de derecho. Una revisión de la doctrina del "examen de convencionalidad". **Revista de Derecho (Valdivia),** Vol. XXVIII, nº 1, Junho, 2015, pp. 171-192. GARBIN, Isabela. Compliance e Compromissos Internacionais em Direitos Humanos. **BIB**, São Paulo, n. 76, 2º semestre de 2013 (publicada em julho de 2015), pp. 63–76. MADEIRA, Lígia Mori. Compliance: a (rara) aplicação de instrumentos internacionais de proteção a direitos humanos pelos tribunais intermediários no Brasil. **Revista Brasileira de Ciência Política**, nº 21.

estudos qualitativos e quantitativos[2] sobre o conjunto completo de medidas que formam seu sistema de reparação integral da Corte[3]. Normalmente, os trabalhos que observam o grau de execução das decisões quase sempre estão focados no funcionamento e na

---

Brasília, setembro - dezembro de 2016, pp 45-76. NEVES, Rafaela Teixeira Sena. ***Compliance* na Corte Interamericana de Direitos Humanos:** um estudo a partir da propriedade comunal indígena. Dissertação (Mestrado) apresentada no Centro de Ciências Jurídicas, Universidade Federal do Pará. Belém, 2016. GALINDO, George Rodrigo Bandeira; MAUÉS, Antonio Moreira. El caso brasileño. In: GALINDO, George Rodrigo Bandeira; URUEÑA, René; PÉREZ, Aida Torres. **Protección Multinivel de Derechos Humanos**. Guia de Prácticas. DHES. Red de Derechos Humanos y Educación Superior, 2013, pp. 343-363.

2. BASCH, Fernando; FIIPPINI, Çeonardo; LAYA, Ana; NINO, Mariano; ROSSI, Felicitas; SCHREIBER, Bárbara. A Eficácia do Sistema Interamericano de Proteção de Direitos Humanos: Uma Abordagem Quantitativa sobre seu Funcionamento e sobre o Cumprimento de suas Decisões. **SUR. Revista Internacional de Direitos Humanos / Sur – Rede Universitária de Direitos Humanos** – vol. 7, n. 12. São Paulo, 2010, pp. 08 – 35. GONZÁLEZ-SALZBERG, Damián A. A implementação das sentenças da Corte Interamericana de Direitos Humanos na Argentina: uma análise do vaivém jurisprudencial da Corte Suprema de Justiça da Nação. **SUR. Revista Internacional de Direitos Humanos / Sur – Rede Universitária de Direitos Humanos** – vol. 8, n. 15. São Paulo, 2011, pp. 115 – 133. RON, James; CROW, David; GOLDEN, Shannon. Familiaridade com direitos humanos e status socioeconômico: Um estudo sobre quatro países. **SUR. Revista Internacional de Direitos Humanos / Sur – Rede Universitária de Direitos Humanos**. Vol. 11, n. 20. São Paulo, jun.-dez. 2014, pp. 343 – 360. NEVES, Rafaela Teixeira Sena; FRANCO NETO, Laércio Dias. **Dez anos da primeira condenação internacional do Brasil: Sistema Interamericano e o problema da *compliance*.** XXV CONGRESSO DO CONPEDI - Conselho Nacional de Pesquisa e Pós-Graduação em Direito. Direito Internacional dos Direitos Humanos. Curitiba, 2016, pp. 76 - 92. BASCH, F. et al. 2010. La efectividad del Sistema Interamericano de Protección de Derechos Humanos: un enfoque cuantitativo sobre su funcionamiento y sobre el cumplimiento de sus decisiones. **Sur – Revista internacional de derechos humanos**, Sao Paulo, v. 7, n. 12, p. 9-35, jun. 2010. GONZÁLEZ-SALZBERG, D. 2010. The effectiveness of the Inter-American Human Rights System: a study of the American State's compliance with the judgments of the Inter-American Court of Human Rights. **International Law: Revista Colombiana de Derecho Internacional**, Bogotá, n. 15, p. 115-142, June.

3. CORZO SOSA, Edgar. El Impacto de las sentencias de la Corte Interamericana de Derechos Humanos. In: CORZO SOSA, Edgar et. Al. **Impacto de las sentencias de la Corte Interamericana de Derechos Humanos**. Tirant-lo-Blanch, Universidad Nacional Autónoma de México, México, 2013, pp. 271 – 288. CALDERÓN GAMBOA, Jorge Francisco. **La evolución de la "reparación integral" en la jurisprudencia de la Corte Interamericana de Derechos Humanos.** Colección Sistema Interamericano de Derechos Humanos, Comisión Nacional de los Derechos Humanos, México, diciembre 2013.

"autoridade Pública" da Corte[4]. Como nos lembra Corzo Sosa, o impacto não pode ser considerado como um efeito que se alcança espontaneamente, mas algo que começa a ser construído desde o início do processo contencioso, desde a primeira audiência e apresentação dos informes pelas partes e pela Comissão Interamericana de Direitos Humanos (CIDH), até a determinação do dano e a elaboração da sentença, na qual se estabelece a reparação das vítimas e a responsabilidade internacional do Estado[5].

É a partir desse entendimento prévio sobre os impactos que uma sentença internacional pode gerar, no plano nacional, que objetivamos demonstrar, como a força vinculante dessas decisões pode variar (positiva ou negativamente), em função da forma como foi estruturada. O problema que buscamos resolver é se e como as medidas de reparação podem fortalecer ou enfraquecer a força vinculante das decisões proferidas nos processos contenciosos e, em caso positivo, de que forma isso acontece. Por isso, preferimos analisar somente a primeira etapa do sistema de reparação da Corte IDH[6], ou seja, a observação de suas sentenças condenatórias.

Desse problema central, surgiram outras indagações, quais sejam: Quais medidas reparatórias implicam maior resistência no cumprimento pelos Estados? Por que isso acontece? A maneira como as sentenças são estruturadas podem influenciar nesse maior ou menor nível de observância? Buscando respostas a tais perguntas,

4. Por "autoridade pública" da Corte, Corzo Sosa entende a força vinculante das sentenças interamericanas, analisada a partir da perspectiva da Corte (de seu funcionamento e de sua capacidade de vincular os países à obrigatoriedade de suas decisões) e não em relação à disponibilidade e iniciativas tomadas pelos Estados-membros durante a implementação e observância das medidas de reparação. (CORZO SOSA, Edgar. El Impacto de las sentencias de la Corte Interamericana de Derechos Humanos. In: CORZO SOSA, Edgar et. Al. **Impacto de las sentencias de la Corte Interamericana de Derechos Humanos**. Tirant-lo-Blanch, Universidad Nacional Autónoma de México, México, 2013, pp. 272 - 273).

5. Ibidem.

6. Quando se faz referência ao "sistema de reparação da Corte como um todo", estamos nos referindo às duas etapas do processo contencioso, que são a etapa das audiências, cuja conclusão se dá com a sentença, e a etapa da supervisão de cumprimento das medidas reparatórias determinadas na decisão. Nesse caso, este estudo será centralizado no produto final da primeira etapa, ou seja, na análise da estrutura das sentenças proferidas pela Corte IDH.

entendemos pela relevância de identificar: as medidas de reparação que podem ter maior ou menor força vinculante; os tipos de violação que levam à determinação de um modelo ou outro de medida pelo juiz interamericano e os Estados que mostram maior ou menor tendência para respeitar tal força.

Contudo, da sistematização dessas informações, outras questões surgiram, sendo elas: a sentença do juiz interamericano teria maior força vinculante se seu alcance se limitasse às partes envolvidas no processo? Quais os riscos para o tribunal interamericano quando suas decisões tendem a determinar medidas de reparação capazes de produzir efeitos *extra partes*? Sobre esse último tipo de medida, é correto entendê-lo como uma tendência progressiva da Corte? Tal tendência se justificaria pela necessidade de se enfrentar as violações sistemáticas dos direitos previstos na Convenção Interamericana de Direitos Humanos (CADH)? Seria ela resultante da alteração do padrão decisório da Corte IDH? Se sim, como e quando isso ocorreu? Já nessa etapa, buscamos esclarecer, sobretudo, quais tipos de medidas de reparação tendem a produzir efeitos *inter* e *extra partes*, que efeitos isso pode gerar em relação à força vinculante das decisões, como os juízes respondem a esse tipo de medida (por meio da análise dos votos dissidentes e unânimes).

Como ponto de partida, a expressão "força vinculante" deve ser analisada sob dois aspectos, que embora distintos, estão diretamente ligados. O primeiro deles é intrínseco ao próprio sistema de reparação do tribunal. Refere-se à análise da hipótese desse sistema (e da forma como vem sendo implementado), representar (ou não) um obstáculo para o cumprimento integral das sentenças da Corte. Nesse aspecto, analisamos a hipótese de que a "máxima" força vinculante poderia estar sendo prejudicada pela maneira como o processo decisório interamericano[7] vem se desenvolvendo ao longo dos anos.

7. Importante ressaltar que, neste estudo, estar-se-á sempre se referindo ao processo decisório da Corte IDH e não do SIDH de forma geral, pois este incluiria além dessas sentenças, as medidas e recomendações da Comissão Interamericana de Direitos Humanos (CIDH) e isto não é o foco da pesquisa.

O segundo aspecto refere-se às condições que influenciam diretamente a decisão dos juízes. Tais condições estão relacionadas às informações prestadas pelas partes durante todo o desenrolar do processo contencioso e podem facilitar ou dificultar a "aderência" e o cumprimento das medidas de reparação pelos Estados. Para que esse aspecto possa ser melhor entendido, deveriam ser analisadas, comparativamente, as informações apresentadas pelos Estados nos processos arquivados por cumprimento integral da sentença e aqueles em que estes entes deliberadamente se negaram a cumprir a decisão da Corte IDH. Sobre isso, seria certo concluirmos que se as informações sobre a agenda, as políticas e medidas em curso de implementação fossem suficientemente prestadas pelos Estados, o tribunal interamericano teria elementos suficientes para estabelecer sentenças mais próximas da realidade prática (e factível) dos países e de suas prioridades (públicas). Por sua vez, isso facilitaria o cumprimento das decisões em sua integralidade e em menor tempo, fortalecendo, consequentemente, o Sistema Interamericano de Direitos Humanos (SIDH) de forma geral. Contudo, destacamos que esse último aspecto, embora relevante, não foi objeto de nossa análise, já que nos limitamos a entender e explicar o fenômeno da força vinculante das sentenças da Corte, observado somente em relação à estrutura interna das decisões e das medidas de reparação.

Foi tentando identificar e entender esses problemas que pensamos na relevância em desenvolver uma pesquisa que possibilitasse pensar sobre como a estrutura das sentenças pode ser instrumento que facilita ou dificulta seu cumprimento pelos Estados. Para viabilizar essa análise, três tipos de metodologia foram propostas:

(a) a primeira, voltada para a coleta de informações, buscando facilitar a seleção e estruturação em categorias de dados qualitativos e quantitativos das sentenças (metodologia apresentada nesse capítulo e na tabela que forma nosso apêndice);

(b) a segunda, visando observar a força vinculante dessas decisões a partir da predeterminação de dimensões e critérios de análise que possibilitam a reprodução e continuidade da pesquisa (ver resultados apresentados nos capítulos 2 e 3); e,

(c) a terceira, que objetiva facilitar a observação da racionalidade do juiz interamericano no processo de tomada de decisão e estabelecimento das medidas de reparação e apresentar uma proposta de análise da força vinculante das sentenças (ver metodologia apresentada no capítulo 4).

Além dessas propostas metodológicas, esse livro identifica e comprova a mudança do padrão decisório do tribunal interamericano (descrita no decorrer deste trabalho).

Por fim, cabe esclarecer que para falarmos sobre o impacto da estrutura das sentenças no cumprimento pelos Estados, recorremos aos estudos teóricos do *compliance*[8] e de políticas públicas[9] a fim de que os critérios de eficácia e implementação[10] das decisões do tribunal interamericano pudessem ser estabelecidos.

---

8. Sobre a aplicação do instituto do *compliance* em relação às sentenças da Corte IDH, ver nota explicativa nº. 08 e item 1.2.1 que trata da força vinculante sob a perspectiva do *compliance*.

9. Utilizaremos o trabalho desenvolvido por Maria Paula Dallari Bucci referente à delimitação conceitual e elementos constitutivos das políticas públicas como nosso referencial teórico, conforme se verá no item 1.2.2.

10. Destaca-se aqui a explicação trazida por Urueña sobre a especificidade dos termos 'eficácia' e 'implementação'. No âmbito do trabalho contencioso da Corte IDH, em seus primeiros anos de trabalho jurisdicional, a Corte emitia poucas sentenças, sendo somente a partir dos anos 2000 que se constatou um aumento significativo de processos nesse tribunal. Contudo, não se pode considerar o número de sentenças emitidas, por si só, um fator de maior ou menor impacto pela simples razão de que se trata de sentenças paradigmáticas, ou seja, o tribunal não busca somente reparar as violações dos direitos das vítimas envolvidas na situação fática que deu origem à denúncia no SIDH; ele busca, sobretudo, evitar novas violações. Sua atuação é também preventiva. A Corte "aprovecha cada oportunidad que se tiene para dejar sentados criterios importantes que sirvan de apoyo a la protección y prevención de los derechos humanos". Por isso, "el impacto que se busca y logra con veinte sentencias al año es altamente considerable". Nesse sentido, o cumprimento das sentenças tem incidência direta no impacto que elas podem chegar a produzir. A implementação incide sobre o cumprimento de uma sentença uma vez que essa última pode ser cumprida de diversas maneiras, porém somente alcançará seu objetivo se for implementada. "No es lo mismo presentar una iniciativa de ley y aprobar una ley (...)". (URUEÑA, 2013, *op. cit.*, pp. 273 – 277). Entre nós, o conceito de eficácia dos atos jurídicos "consiste na sua aptidão para a produção de efeitos, para a irradiação de consequências que lhes são próprias. Eficaz é o ato idôneo para atingir a finalidade para a qual foi gerado" (BARROSO, Luís Roberto. **O Direito Constitucional e a Efetividade de suas Normas.** Limites e possibilidades da Constituição Brasileira. 8ª Edição atualizada. Rio de Janeiro: Renovar, 2006, p. 81).

## 1.1. CRITÉRIOS PARA COLETA DE DADOS

Quando voltamos nosso olhar para a força normativa das sentenças da Corte IDH, percebemos de imediato que uma análise aprofundada dessas decisões é tão relevante quanto a observação dos impactos que elas são capazes de produzir. Isso implica, por sua vez, que tanto a racionalidade jurídica do juiz interamericano (em relação ao processo de tomada de decisão), quanto as medidas de reparação por ele implementadas devem ser observadas.

Embora o sistema de reparação da Corte Interamericana seja muito bem estruturado e detalhado, o cumprimento de suas sentenças pelos países nem sempre chega a bom termo, seja pelo largo transcurso de tempo entre a prolação da sentença e seu cumprimento integral, seja pela complexidade que tais medidas implicam em âmbito nacional; seja, ainda, pela falta de vontade dos países nesse sentido. Esse processo – de reparação dos ofendidos e de prevenção de novas violações –, pode ser bem longo, estendendo-se, em certos casos, por muitos anos.

Dentre os diferentes meios de reparação de danos materiais e morais, o Tribunal desenvolveu todo um aparato jurídico com vistas à implementação de medidas de não repetição[11], com base nos princípios de reparação desenvolvidos pelo sistema onusiano[12].

11. CALDERÓN GAMBOA, Jorge Francisco. **La evolución de la "reparación integral"en la jurisprudencia de la Corte Interamericana de Derechos Humanos.** Colección Sistema Interamericano de Derechos Humanos, Comisión Nacional de los Derechos Humanos, México, diciembre 2013.

12 Resolución 60/147 de la Asamblea General de la ONU. **Principios y directrices básicos sobre el derecho de las víctimas de violaciones manifiestas de las normas internacionales de derechos humanos y de violaciones graves del derecho internacional humanitario a interponer recursos y obtener reparaciones.** COMISION DE DERECHOS HUMANOS. **Estudio relativo al derecho de restitución, indemnización y rehabilitación a las víctimas de violaciones flagrantes de los derechos humanos y las libertades fundamentales.** Informe definitivo presentado por el Sr. Theo van Boven, Relator Especial. Subcomisión de Prevención de Discriminaciones y Protección a las Minorías, 45º período de sesiones. E/CN.4/Sub.2/1993/8, del 02 de julio de 1993. ONU. **La administración de justicia y los derechos humanos de los detenidos. Serie revisada de principios y directrices sobre el derecho de las víctimas de violaciones graves a los derechos humanos y al derecho humanitario a obtener reparación, preparada por el Sr. Theo van Boven de conformidad con la decisión 1995/117 de la Subcomisión.** Consejo Económico y Social. E/CN.4/Sub.2/1996/17

Em meio a estas medidas, a Corte declarou sua intenção de propor aos países práticas preventivas[13], uma vez que, no contexto

24 de mayo de 1996. Comision de Derechos Hhumanos, Subcomisión de Prevención de Discriminaciones y Protección a las Minorías 48º período de sesiones. ONU. **Las directrices de van Boven 1997. Cuestión de los derechos humanos de todas las personas sometidas a cualquier forma de detención o prisión.** Consejo Económico y Social, E/CN.4/1997/104, del 16 de enero de 1997. Comision de Derechos Humanos, 53º período de sesiones. COMISIÓN DE DERECHOS HUMANOS. **El derecho de restitución indemnización y rehabilitación de las víctimas de violaciones graves de los derechos humanos y las liberdades fundamentals.** Los derechos civiles y políticos, en particular las cuestiones relacionadas con: la independencia del poder judicial, la administración de justicia, la impunidad. **Consejo Económico y Social, ONU,** 56º período de sesiones. E/CN.4/2000/62, de 18 de enero de 2000. Informe final del Relator Especial. Sr. M. Cherif Bassiouni apresentado en virtud de la resolución 1999/33 de la Comisión. ONU. **Las directrices de Bassiouni 1999. Informe del Sr. M. Cherif Bassiouni, experto independiente sobre el derecho de restitución, indemnización y rehabilitación de las víctimas de violaciones graves de los derechos humanos y las libertades fundamentales, presentado de conformidad con la resolución 1998/43 de la Comisión de Derechos Humanos.** Comisión de Derechos Humanos, 55º período de sesiones, Consejo Económico y Social. E/CN.4/1999/65, del 08 de febrero de 1993. Comisión Colombiana de Juristas. Principios internacionales sobre impunidad y reparaciones. **Compilación de documentos de la Organización de las Naciones Unidas (ONU).** Bogotá, Colombia: 2007. ONU. **Principios y directrices básicos sobre el derecho de las víctimas de violaciones manifiestas de las normas internacionales de derechos humanos y de violaciones graves del derecho internacional humanitario a interponer recursos y obtener reparaciones.** Consejo Económico y Social. A/RES/60/147, del 21 de marzo de 2006. Sexagésimo periodo de sesiones Tema 71 *a)* del programa. Resolución 60/147 aprobada por la Asamblea General de la ONU el 16 de diciembre de 2005. **Resolución sobre el derecho de restitución, indemnización y rehabilitación de las víctimas de violaciones graves de los derechos humanos y las libertades fundamentales,** número 2002/44 de la Comisión de Derechos Humanos. ONU. **El derecho de las víctimas de violaciones de las normas internacionales de derechos humanos y del derecho humanitario a interponer recursos y obtener reparaciones. Nota de la Alta Comisionada para los Derechos Humanos. El informe de Salinas 2005.** Consejo Económico y Social, Comisión de derechos humanos. E/CN.4/2005/59, del 21 de diciembre de 2004, 61º período de sesiones. ONU. **Principios y directrices básicos sobre el derecho de las víctimas de violaciones manifiestas de las normas internacionales de derechos humanos y violaciones graves del derecho internacional humanitario a interponer recursos y obtener reparaciones.** Resolución 2005/30 del Consejo Económico y Social. Resoluciones y decisiones adoptadas por el Consejo Económico y Social en su período de sesiones sustantivo de 2005, (29 de junio a 27 de julio de 2005). VAN BOVEN, Theo. **Principios y Directrices básicos de las Naciones Unidas sobre el derecho de las víctimas de violaciones manifiestas de las normas internacionales de Derechos Humanos y de violaciones graves del Derecho Internacional Humanitario a interponer recursos y obtener reparaciones.** United Nations Audiovisual Library of International Law, 2010.

13. Aqui se utiliza do termo 'práticas' no sentido de método, técnica e exercício constante.

interamericano, as violações aos direitos humanos tendem a ser sistemáticas[14] e a atingir um grande número, se não grupos inteiros de pessoas.

É possível afirmar que existe certa tendência à indicação de medidas reparatórias que além de produzir efeitos *inter partes*, geram resultados mais abrangentes[15], alcançando a sociedade ou grupos não diretamente envolvidos no litígio. Por isso, entendemos pela necessidade de compreendermos o alcance dessas decisões, seus impactos no processo jurídico-institucional interno, e como acontece o percurso (temporal, material e racional) dessas deliberações, já que tais medidas influenciam diretamente a agenda pública e os interesses (predeterminados) dos Estados-membros.

---

14. Antes de se entender o significado da expressão 'violações sistemáticas', é importante compreender o sentido que o próprio termo 'sistema' nos traz. Segundo o dicionário de filosofia de Ferrater Mora, "entende-se por sistema um conjunto de elementos relacionados entre si funcionalmente, de modo que cada elemento do sistema é função de algum outro elemento, não havendo nenhum elemento separado" (FERRATER MORA, José. **Diccionario de filosofia**. Barcelona: Ariel, Vol. IV, 1994, p. 3305. Tradução livre).

    No âmbito do direito, o fundamento do sistema se encontra no fato de que, para que se possa bem entender um determinado conceito, é fundamental que ele possa ser relacionado com todos os demais conceitos do todo (ordenamento jurídico), "já que uma norma considerada separadamente não é mais que um elemento do sistema" (DÁVILA, Gerardo Dehesa. **Introducción a la retórica y argumentación. Elementos de retórica y argumentación para perfeccionar y optimizar el ejercicio de la función jurisdiccional.** México: Suprema Corte de Justicia de la Nación, 2004, p. 433. Tradução livre).

    Transportando essas ideias à de violação de direitos e liberdades, entende-se que violação sistemática é uma forma especial do gênero das violações. Tomando-se por fundamento o fato de que uma violação (*lato sensu)* traduz-se na negação ou desrespeito de determinado direito, quando esse conceito é considerado em sua forma especial de 'violação sistemática' (*stricto sensu*), vê-se surgir um tipo de atentado aos direitos que se forma e se materializa pela ocorrência de um conjunto de diferentes violações. Em outras palavras, violações sistemáticas são caracterizadas por um conjunto de situações fáticas que, consideradas isoladamente, já seriam por si só, formas de negação de direitos, mas que, por serem consideradas em conjunto agravam a natureza dos fatos. A consideração conjunta dessas diferentes violações se deve a diversos fatores, sendo eles de ordem temporal, geográfico, social, econômico, cultural e histórico. Ligam uma pluralidade de vítimas que não possuem, necessariamente, vínculos diretos ou subjetivos.

15. Efeitos esses que se passa a chamá-los de *extra partes* ou extensivos.

### 1.1.1. Sistema de reparação da Corte IDH enquanto unidade de análise

Para lançar um olhar mais aprofundado sobre esse sistema, foi importante estabelecermos com cautela o caso que pretendemos analisar, ou seja, o conjunto de sentenças proferidas nos processos contenciosos que representa uma das unidades de análise do sistema de reparação da Corte IDH (que, em sentido amplo, também é formado pelo conjunto de resoluções de supervisão de cumprimento dessas decisões).

Como se sabe, "um estudo de caso é uma forma de investigação que não depende unicamente dos dados etnográficos ou de observação participante"[16].

A adoção dessa metodologia deu-se em função da necessidade de entender um fenômeno jurídico-social complexo, a saber, a força vinculante das decisões da Corte IDH tanto em relação às medidas que produzem efeitos *inter partes*, quanto daquelas que resultam efeitos mais extensivos (além das vítimas diretas e indiretas envolvidas no processo).

Sendo assim, esse estudo limitou-se a analisar a primeira etapa do sistema de reparação da Corte IDH, ou seja, o processo de tomada de decisão do juiz na estruturação da sentença. Tal escolha possibilitou uma variação de contingências[17] relacionadas

16. YIN, Robert. **Estudo de Caso. Planejamento e Métodos.** 5ª edição. Porto Alegre: Bookman, 2015, p. 10.
Para SCHOLZ e TIETJE, "casos são unidades empíricas, construções teóricas (Ragin, 1992), estão sujeitos a avaliação, pois vinculam-se a interesses científicos e práticos. Eles são usados para fins de demonstração e aprendizado, tanto em educação quanto em pesquisa". (SCHOLZ, Roland W.; TIETJE, Olaf. **Embedded Case Study Methods. Integrating quantitative and qualitative knowledge.** Sage Publications, New Delhi, India, 2002, p.01. Tradução livre).
Sobre o método do estudo de caso e o conceito de caso, RAGIN explica que "[...] todo estudo científico social é um estudo de caso ou pode ser concebido como um estudo de caso, possibilitando uma variedade de pontos de vista. No mínimo, todo estudo é um estudo de caso porque é uma análise de fenômenos sociais específicos de tempo e lugar". (RAGIN, Charles C. **What is a case? Exploring the foundations of social inquiry.** Cambridge University Press, 12th printing, 2009, p. 02. Tradução livre).

17. MILES, Matthew B.; HUBERMAN, A. Michael. **Qualitative data analysis**. Sage Publications, 2nd edition. Thousand Oaks, CA: 1994, p. 34.

ao fenômeno estudado e nos permitiu entender como e por que a estrutura das sentenças pode ser instrumento para sua maior ou menor força.

### 1.1.2. Seleção das informações sobre os processos contenciosos levados à Corte IDH

Como é lembrado por Yin, "a realização da pesquisa de estudo de caso permanece um dos empreendimentos mais desafiadores das ciências sociais"[18]. Isso se dá, sobretudo, pela necessidade de estabelecer um "caminho metodológico rigoroso". Outra grande dificuldade encontrada é que esse método recorre a várias e diferentes fontes de evidência (documentação, registros em arquivos, entrevistas, observações diretas e observações participantes).

Para possibilitarmos a continuidade e reprodução da pesquisa, é importante esclarecer quais critérios de seleção das informações e de análise foram utilizados[19]. Primeiramente, desenvolvemos uma chave de leitura que nos permitiu avaliar qualitativa e quantitativamente a força vinculante das sentenças, por meio de dimensões e categorias de observação consideradas em conjunto e individualmente[20].

O ponto de partida foi a análise de todas as sentenças proferidas pelo tribunal interamericano nesses processos, incluindo-se nesse rol as decisões sobre exceções preliminares, fundo, reparações, custas e interpretações de sentença. Após a observação desse conjunto formado por trezentas e trinta e sete (337) decisões, estabelecemos um filtro baseado na seleção daquelas que possuíam avaliação direta dos danos morais e materiais causados às vítimas,

18. YIN, 2015, *op. cit.*, p. 03.

19. Conforme destacado por GOODE e HATT, "O bom estudante reconhecerá que uma descrição das operações de pesquisa deve ser escrita de maneira que outros cientistas possam repeti-las" (GOODE, Willian J.; HATT, Paul K. **Métodos em pesquisa social**. Tradução de Carolina Martuscelli Bori, 5ª ed.. São Paulo: Nacional, 1975, p. 429).

20. Essas informações são apresentadas com os objetivos de reforçar a escolha do caso e apresentar as medidas tomadas com vista a minimizar os riscos que esse tipo de metodologia poderia apresentar, segundo o entendimento de parte da doutrina. (GOODE; HATT, *op. cit.*, 1975, pp. 426-430).

com determinação de medidas de reparação e declaração da responsabilidade internacional dos países envolvidos. Ao final dessa primeira fase, excluímos trinta e quatro (34) decisões que tratavam exclusivamente de exceções preliminares e três (3) que versavam exclusivamente sobre competência.

Em seguida, decidimos pela exclusão da análise das cinquenta e seis (56) solicitações de interpretação de sentença, já que trataram de aprofundar as medidas já estabelecidas nas sentenças de fundo, reparação e custas. Restando, portanto, o total de duzentas e quarenta e quatro (244) decisões que integram duzentos e dezoito (218) processos contenciosos[21] e envolvem vinte e dois (22) países[22].

21. "Cinco Pensionistas"; "Instituto de Reeducación del Menor"; "La Última Tentación de Cristo"; "Masacre de Mapiripán"; "Niños de la Calle"; "Panel Blanca"; 19 Comerciantes; Abrill Aosilla y otros; Acevedo Buendía y otros; Acevedo Jaramillo y otros; Acosta Calderón; Acosta y otros; Albán Cornejo y otros; Almonacid Arellano y otros; Aloeboetoe y otros; Andrade Salmón; Anzualdo Castro; Apitz Barbera y otros; Argüelles y otros; Artavia Murillo y otros; Atala Riffo y niñas; Baena Ricardo y otros; Baldeón García; Bámaca Velásquez; Barbani Duarte y otros; Barreto Leiva; Barrios Altos; Bayarri; Benavides Cevallos; Blake; Blanco Romero y otros; Boyce y otros; Bueno Alves; Bulacio; Caballero Delgado y Santana; Cabrera García y Montiel Flores; Caesar; Canales Huapaya y otros; Cantoral Benavides; Cantoral Huamaní y García Santa Cruz; Cantos; Cantuta; Caracazo; Carpio Nicolle y otros; Castañeda Gutman; Castillo González y otros; Castillo Páez; Castillo Petruzzi y otros; Cesti Hurtado; Chaparro Álvarez y Lapo Íñiguez; Chinchilla Sandoval; Chitay Nech y otros; Chocrón Chocrón; Claude Reyes y otros; Comunidad Campesina de Santa Bárbara; Comunidad Garífuna de Punta Piedra y sus miembros; Comunidad Garífuna Triunfo de La Cruz y sus miembros; Comunidad Indígena Sawhoyamaxa; Comunidad Indígena Xákmok Kásek; Comunidad indígena Yakye Axa; Comunidad Mayagna Awas Tingni; Comunidad Moiwana; Comunidades Afrodescendientes desplazadas de la cuenca del Río Cacarica; Constantine y otros; Contreras y otros; Corte Suprema de Justicia; Cruz Sánchez y otros; Dacosta Cadogan; Defensor de Derechos Humanos y otros; Díaz Peña; Duque; Durand y Ugarte; El Amparo; Escher y Otros; Escué Zapata; Espinoza Gonzáles; Fairén Garbi y Solís Corrales; Familia Barrios; Familia Pacheco Tineo; Favela Nova Brasilia; Fermín Ramírez; Fernández Ortega y otros; Fleury y otros; Flor Freire; Fontevecchia y D'amico; Forneron e hija; Furlan y familiares; Galindo Cárdenas y otros; Gangaram Panday; Garcia Asto y Ramirez Rojas; García Cruz y Sánchez Silvestre; García Ibarra y otros; García Lucero y otras; García Prieto y otro; García y familiares; Garibaldi; Garrido y Baigorria; Gelman; Genie Lacayo; Godínez Cruz; Goiburú y otros; Gomes Lund y otros; Gómez Murillo y otros; Gómez Palomino; Gonzales Lluy y otros; González Medina y familiares; González y otras; Grande; Granier y otros; Gudiel Álvarez y otros; Gutiéres Soler; Gutiérrez Hernández y otros; Gutiérrez y familia; Heliodoro Portugal; Hermanos Gómez Paquiyauri; Hermanos Landaeta Mejías y otros; Herrera Espinoza y otros;

Em relação ao período, as sentenças escolhidas foram proferidas entre junho de 1987[23] e agosto de 2017[24]. O estudo feito a partir da dimensão temporal foi muito relevante no processo de resolução do problema central da pesquisa, já que buscamos (entre outros objetivos), entender e confirmar a tendência crescente da Corte em adotar medidas de reparação com efeitos *extra partes*. Além disso, tal dimensão nos permitiu identificar e entender a

---

Herrera Ulloa; Hilaire; Huilca Tecse; I.V.; Ibsen Cárdenas e Ibsen Peña; Ivcher Bronstein; J.; Juan Humberto Sánchez; Kawas Fernández; Kimel; Las Palmeras; Liakat Ali Alibux; Loayza Tamayo; López Álvarez; López Lone y otros; López Mendoza; Lori Berenson Mejía; Luna López; Maldonado Ordoñez; Manuel Cepeda Vargas; Maritza Urrutia; Masacre de La Rochela; Masacre de Las Dos Erres; Masacre de Pueblo Bello; Masacre de Santo Domingo; Masacre Plan de Sánchez; Masacres de El Mozote y lugares aledaños; Masacres de Ituango; Masacres de Río Negro; Mejía Idrovo; Mémoli; Mendoza y otros; Miembros de la Aldea Chichupac y Comunidades vecinas del Municipio de Rabinal; Mohamed; Molina Theissen; Montero Aranguren y otros; Myrna Mack Chang; Nadege Dorzema y otros; Neira Alegría y otros; Niñas Yean y Bosico; Nogueira de Carvalho y otro; Norín Catrimán y otros; Omar Humberto Maldonado Vargas y otros; Ortiz Hernández y otros; Osorio Rivera y familiares; Pacheco Teruel y otros; Palamara Iribarne; Palma Mendoza y otros; Penal Miguel Castro Castro; Perozo y otros; Personas Dominicanas y Haitianas expulsadas; Pollo Rivera y otros; Pueblo Indígena Kichwa de Sarayaku; Pueblo Saramaka; Pueblos Indígenas Kuna de Madungandí y Emberá de Bayano y sus miembros; Pueblos Kaliña y Lokono; Quispialaya Vilcapoma; Radilla Pacheco; Raxcacó Reyes; Reverón Trujillo; Ricardo Canese; Ríos y otros; Rochac Hernández y otros; Rodríguez Vera y otros; Rosendo Cantú y otra; Ruano Torres y otros; Salvador Chiriboga; Servellón García y otros; Suárez Peralta; Suárez Rosero; Tarazona Arrieta y otros; Tenorio Roca y otros; Tibi; Cruz Flores; Ticona Estrada y otros; Tiu Tojín; Torres Millacura y otros; Trabajadores Cesados del Congreso; Trabajadores de la Hacienda Brasil Verde; Tribunal Constitucional; Tribunal Constitucional; Tristán Donoso; Trujillo Oroza; Usón Ramírez; Uzcátegui y otros; Valencia Hinojosa y otra; Valle Jaramillo y otros; Vargas Areco; Velásquez Paiz y otros; Velásquez Rodríguez; Vélez Loor; Vélez Restrepo y familiares; Veliz Franco y otros; Vera Vera y otra; Wong Ho Wing; Ximenes Lopes; Yarce y otras; Yatama; Yvon Neptune; Zambrano Vélez y otros; Zegarra Marín.

22. Argentina, Barbados, Bolívia, Brasil, Chile, Colômbia, Costa Rica, Equador, El Salvador, Guatemala, Haiti, Honduras, México, Nicarágua, Panamá, Paraguai, Peru, República Dominicana, Suriname, Trindade e Tobago, Uruguai e Venezuela.

23. Em 1987 a Corte IDH proferiu suas primeiras sentenças nos processos contenciosos. O marco inicial de sua atividade jurisdicional foram as decisões sobre exceções preliminares de 26 de junho de 1987, relativas aos processos Velásquez Rodríguez, Fairén Garbi y Solís Corrales e Godínez Cruz, todas em face de Honduras. Sua primeira análise de fundo se deu no ano seguinte, no processo Velásquez Rodríguez contra Honduras, sentença de 29 de julho de 1988.

24. O marco final refere-se à última sentença analisada nessa pesquisa, referente ao processo Gutiérrez Hernández y otros vs. Guatemala, de 24 de agosto de 2017, sobre exceções preliminares, fundo, reparações e custas.

mudança do padrão decisório dos juízes interamericanos[25] (com apresentação do panorama geral – antes e depois – e da interação das informações).

Várias foram as dimensões utilizadas para a análise dessas decisões[26], sendo elas relativas às violações perpetradas no âmbito interno dos Estados; ao tipo de medida de reparação; à base normativa utilizada pelo tribunal; ao período (intervalo de tempo) em que foram proferidas e aos Estados envolvidos. Para cada uma dessas dimensões, determinamos critérios específicos de observação, com vistas a possibilitar a reprodução e continuidade deste estudo.

## 1.2. CRITÉRIOS PARA ANÁLISE DA FORÇA VINCULANTE DAS SENTENÇAS DA CORTE IDH

Hoje, mais do que nunca, o número de casos apresentados ao tribunal é bem mais expressivo que no início de sua atividade judicial. No ano de 1987, quando a Corte proferiu suas primeiras sentenças e nos anos seguintes que completaram a primeira década de suas atividades jurisdicionais (de 1987 a 1997), a Corte se manifestou trinta e nove (39) vezes[27], por meio de sentenças

---

25. Sobre a alteração do padrão decisório da Corte, ver nota explicativa nº. 06.

26. Sobre isso ver itens 1.2.3 (capítulo 1) e 2.2.1.1 (capítulo 2) desse livro.

27. **1987:** Velásquez Rodríguez Vs. Honduras - Sentencia de 26.06.1987; Fairén Garbi y Solís Corrales Vs. Honduras - Sentencia de 26.06.1987; Godínez Cruz Vs. Honduras - Sentencia de 26.06.1987.

**1988:** Velásquez Rodríguez Vs. Honduras - Sentencia de 29.07.1988.

**1989:** Godínez Cruz Vs. Honduras - Sentencia de 20.01.1989; Fairén Garbi y Solís Corrales Vs. Honduras - Sentencia de 15.03.1989; Velásquez Rodríguez Vs. Honduras - Sentencia de 21.07.1989; Godínez Cruz Vs. Honduras - Sentencia de 21.07.1989.

**1990:** Velásquez Rodríguez Vs. Honduras - Sentencia de 17.08.1990; Godínez Cruz Vs. Honduras - Sentencia de 17.08.1990.

**1991:** Aloeboetoe y otros Vs. Surinam - Sentencia de 04.12.1991; Gangaram Panday Vs. Surinam - Sentencia de 04.12.1991; Neira Alegría y otros Vs. Perú - Sentencia de 11.12.1991.

**1993:** Cayara Vs. Perú - Sentencia de 03.02.1993; Aloeboetoe y otros Vs. Surinam - Sentencia de 10.09.1993.

**1994:** Gangaram Panday Vs. Surinam - Sentencia de 21.01.1994; Caballero Delgado y Santana Vs. Colombia - Sentencia de 21.01.1994.

sobre exceções preliminares, fundo, reparações e custas. Atualmente esses números são bem mais expressivos, chegando, por exemplo, a trinta (30) sentenças proferidas em menos de dois anos[28] (fevereiro de 2015 a agosto de 2017). "A constante e crescente demanda ao SIDH indica que ele é importante, particularmente, para aqueles cujos direitos foram violados"[29].

---

**1995:** Maqueda Vs. Argentina - Resolución de 17.01.1995; El Amparo Vs. Venezuela - Sentencia de 18.01.1995; Neira Alegría y otros Vs.Perú - Sentencia de 19.01.1995; Genie Lacayo Vs. Nicaragua - Sentencia de 27.01.1995; Caballero Delgado y Santana Vs. Colombia - Sentencia de 08.12.1995.

**1996:** "Panel Blanca" (Paniagua Morales y otros) Vs. Guatemala - Sentencia de 25.01.1996; Castillo Páez Vs.Perú - Sentencia de 30.01.1996; Loayza Tamayo Vs. Perú - Sentencia de 31.01.1996; Garrido y Baigorria Vs. Argentina - Sentencia de 02.02.1996; Blake Vs. Guatemala - Sentencia de 02.07.1996; El Amparo Vs. Venezuela - Sentencia de 14.09.1996; Neira Alegría y otros Vs. Perú - Sentencia de 19.09.1996.

**1997:** Genie Lacayo Vs. Nicaragua - Sentencia de 29.01.1997; Caballero Delgado y Santana Vs. Colombia - Sentencia de 29.01.1997;" Niños de la Calle" (Villagrán Morales y otros) Vs. Guatemala - Sentencia de 11.09.1997; Loayza Tamayo Vs. Perú - Sentencia de 17.09.1997; Castillo Páez Vs. Perú - Sentencia de 03.11.1997; Suárez Rosero Vs. Ecuador - Sentencia de 12.11.1997.

28. **2016:** Duque vs. Colombia - Sentencia de 26 de febrero de 2016; Maldonado Ordoñez vs. Guatemala - Sentencia de 03.05.2016; Chinchilla Sandoval vs. Guatemala - Sentencia de 29.02.2016; Wong Ho Wing vs. Perú - Sentencia de 22.06.2016; Tenorio Roca y otros vs. Perú - Sentencia de 22.06.2016; Flor Freire vs. Ecuador - Sentencia de 31.08.2016; Herrera Espinoza y otros vs. Ecuador - Sentencia de 01.09.2016; López Lone y otros vs. Honduras - Sentencia de 02.09.2016; Trabajadores de la Hacienda Brasil Verde vs. Brasil - Sentencia de 20.10.2016; Pollo Rivera y otros vs. Perú - Sentencia de 21.10.2016; Quispialaya Vilcapoma vs. Perú - Sentencia de 21.11.2016; Canales Huapaya y otros vs. Perú - Sentencia de 21.11.2016; Duque vs. Colombia - Sentencia de 21.11.2016; Galindo Cárdenas y otros vs. Perú - Sentencia de 21.11.2016; Comunidad Campesina de Santa Bárbara vs. Perú - Sentencia de 21.11.2016; Yarce y otras vs. Colombia - Sentencia de 22.11.2016; Gómez Murillo y otros vs. Costa Rica - Sentencia de 29.11.2016; Valencia Hinojosa y otra vs. Ecuador - Sentencia de 29.11.2016; Miembros de la Aldea Chichupac y Comunidades vecinas del Municipio de Rabinal vs. Guatemala - Sentencia de 30.11.2016; I.V. vs. Bolivia - Sentencia de 30.11.2016; Andrade Salmón vs. Bolivia - Sentencia de 01.12.2016.

    **2017:** Zegarra Marín vs. Perú - Sentencia de 15.02.2017; Vásquez Durand y otros vs. Ecuador - Sentencia de 15.02.2017; Favela Nova Brasilia vs. Brasil - Sentencia de 16.02.2017; Acosta y otros vs. Nicaragua - Sentencia de 25.03.2017; Pollo Rivera y otros vs. Perú - Sentencia de 25.05.2017; I.V. vs. Bolivia - Sentencia de 25.05.2017; Trabajadores de la Hacienda Brasil Verde vs. Brasil - Sentencia de 22.08.2017; Ortiz Hernández y otros vs. Venezuela - Sentencia de 22.08.2017; Gutiérrez Hernández y otros vs. Guatemala - Sentencia de 24.08.2017.

29. ENGSTROM, Par. Reconceitualizando o Impacto do Sistema Interamericano de Direitos Humanos. **Rev. Direito e Práx.**, Rio de Janeiro, Vol. 2, N. 8, 2017, p. 1252.

Engstrom menciona que o sistema interamericano surgiu no contexto da Guerra Fria, "marcados por longos períodos de governo repressivo e autoritário, desde os anos de 1950 até meados da década de 1980"[30]. No ano em que a CADH passou a vigorar (1978), vários países do continente ainda se encontravam sob o governo de regimes ditatoriais.

Para Piovesan, foram dois os principais períodos que marcaram o contexto latino-americano, "o período dos regimes ditatoriais e o período da transição política aos regimes democráticos, marcado pelo fim das ditaduras militares na década de 80, na Argentina, no Chile, no Uruguai e no Brasil"[31]. O surgimento do SIDH se deu em um ambiente nada favorável ao Estado de Direito, aos direitos humanos, à democracia[32].

Desde então, a Corte IDH vem desenvolvendo relevante trabalho na identificação de padrões sistemáticos de violação aos direitos previstos na Convenção Americana[33]. Esses padrões são violações que refletem a herança dos regimes autoritários[34];

30. Idem, p. 1253.

31. PIOVESAN, Flávia. Diálogo no Sistema Interamericano de Direitos Humanos: desafios da reforma. **Revista Campo Jurídico.** N. 01, Março 2013, p. 166. (Ver também: PIOVESAN, Flávia. Sistema Interamericano de Direitos Humanos: impacto transformador, diálogos jurisdicionais, e os desafios da reforma**. REDESG / Revista Direitos Emergentes na Sociedade Global**, v. 3, n. 1, jan.jun/2014, pp. 77 – 101 e NEVES, Rafaela Teixeira Sena; FRANCO NETO, Laércio Dias. **Dez anos da primeira condenação internacional do Brasil: Sistema Interamericano e o problema da *compliance*.** XXV CONGRESSO DO CONPEDI - Conselho Nacional de Pesquisa e Pós-Graduação em Direito. Direito Internacional dos Direitos Humanos. Curitiba, 2016, p. 76).

32. NEVES, Rafaela Teixeira Sena; FRANCO NETO, Laércio Dias. **Dez anos da primeira condenação internacional do Brasil: Sistema Interamericano e o problema da *compliance*.** XXV CONGRESSO DO CONPEDI - Conselho Nacional de Pesquisa e Pós-Graduação em Direito. Direito Internacional dos Direitos Humanos. Curitiba, 2016, p. 76.

33. ABRAMOVICH, Víctor. Los estándares interamericanos de derechos humanos como marco para la formulación y el control de las políticas sociales. In: ABRAMOVICH, Víctor; COURTIS, Christian; BOVINO, Alberto. **La aplicación de los tratados sobre derechos humanos en el ámbito local: la experiencia de una década.** 1a ed. Ciudad Autónoma de Buenos Aires: Del Puerto; Buenos Aires: Centro de Estudios Legales y Sociales - CELS, 2006, p. 2019.

34. "Esta categoria compreende a maioria significativa das decisões da Corte Interamericana, que tem por objetivo prevenir arbitrariedades e controlar o excessivo uso da força, impondo limites ao poder punitivo do Estado. A título de exemplo, destaca-se o

questões de justiça de transição[35], que mostram os desafios sobre as instituições e consolidação do Estado de Direito[36], protegem grupos vulneráveis[37] e, finalmente, demonstram a baixa eficácia dos direitos sociais na região[38].

---

*leading case* – Velasquez Rodriguez versus Honduras concernente a desaparecimento forçado. Em 1989, a Corte condenou o Estado de Honduras a pagar uma compensação aos familiares da vítima, bem como ao dever de prevenir, investigar, processar, punir e reparar as violações cometidas. Adicionem-se, ainda, decisões da Corte que condenaram Estados em face de precárias e cruéis condições de detenção e da violação à integridade física, psíquica e moral de pessoas detidas; ou em face da prática de execução sumária e extrajudicial; ou tortura. Estas decisões enfatizaram o dever do Estado de investigar, processar e punir os responsáveis pelas violações, bem como de efetuar o pagamento de indenizações" (PIOVESAN, 2013, *op.cit.*, p. 167).

35. "Nesta categoria de casos estão as decisões relativas ao combate à impunidade, às leis de anistia e ao direito à verdade. No caso Barrios Altos (massacre que envolveu a execução de 15 pessoas por agentes policiais), em virtude da promulgação e aplicação de leis de anistia (uma que concede anistia geral aos militares, policiais e civis, e outra que dispõe sobre a interpretação e alcance da anistia), o Peru foi condenado a reabrir investigações judiciais sobre os fatos em questão, relativos ao "massacre de Barrios Altos", de forma a derrogar ou a tornar sem efeito as leis de anistia mencionadas. (...) Esta decisão apresentou um elevado impacto na anulação de leis de anistia e na consolidação do direito à verdade, pelo qual os familiares das vítimas e a sociedade como um todo devem ser informados das violações, realçando o dever do Estado de investigar, processar, punir e reparar violações aos direitos humanos. Concluiu a Corte que as leis de "auto-anistia" perpetuam a impunidade, propiciam uma injustiça continuada, impedem às vítimas e aos seus familiares o acesso à justiça e o direito de conhecer a verdade e de receber a reparação correspondente, o que constituiria uma manifesta afronta à Convenção Americana" (Idem, pp. 167 – 168).

36. "Esta terceira categoria de casos remete ao desafio do fortalecimento de instituições e da consolidação do rule of law, particularmente no que se refere ao acesso à justiça, proteção judicial e fortalecimento e independência do Poder Judiciário. Destaca-se o caso do Tribunal Constitucional contra o Peru (2001)14, envolvendo a destituição de juízes, em que a Corte reconheceu necessário garantir a independência de qualquer juiz em um Estado de Direito, especialmente em Cortes constitucionais, o que demanda: a) um adequado processo de nomeação; b) um mandato com prazo certo; e c) garantias contra pressões externas" (Idem, p. 169).

37. "Esta quarta categoria de casos atém-se a decisões que afirmam a proteção de direitos de grupos socialmente vulneráveis, como os povos indígenas, as crianças, os migrantes, os presos, dentre outros" (Idem, p. 170).

38. "Nesta quinta categoria de casos emergem decisões da Corte que protegem direitos sociais. Importa reiterar que a Convenção Americana de Direitos Humanos estabelece direitos civis e políticos, contemplando apenas a aplicação progressiva dos direitos sociais (artigo 26). Já o Protocolo de San Salvador, ao dispor sobre direitos econômicos, sociais e culturais, prevê que somente os direitos à educação e à liberdade sindical seriam tuteláveis pelo sistema de petições individuais (artigo 19, parágrafo 6º). À luz de uma interpretação dinâmica e evolutiva, compreendendo a Convenção Americana

Isso nos mostra que o trabalho do tribunal interamericano não se voltou somente[39] à resolução de situações individuais de violação de direitos, tendo, sobretudo, caráter preventivo de novas violações na região e do retorno aos regimes autoritários,

> Muchos países de América Latina aprobaron tratados de derechos humanos y se incorporaron al SIDH en la etapa de las transiciones a la democracia, como una suerte de antídoto para aventar el riesgo de regresiones autoritarias, atando a sus sistemas políticos y legales al "mástil" de la protección internacional. Abrir los asuntos de derechos humanos al escrutinio internacional fue una decisión funcional a los procesos de consolidación de la institucionalidad durante las transiciones, pues contribuyó a ampliar las garantías de los derechos fundamentales en un sistema político acotado por actores militares con poderes de veto, y presiones autoritarias aún poderosas. (ABRAMOVICH, 2009, p. 24)[40].

No decorrer dos anos, a Corte representou um papel fundamental no processo de transição política no continente, sobretudo, no tocante à condenação dos Estados "em razão de condições de detenção precárias e desumanas, que ensejavam a violação da

---

como um *living instrument*, no já citado caso Villagran Morales contra a Guatemala, a Corte afirmou que o direito à vida não pode ser concebido restritivamente. Introduziu a visão de que o direito à vida compreende não apenas uma dimensão negativa – o direito a não ser privado da vida arbitrariamente –, mas uma dimensão positiva, que demanda dos Estados medidas positivas apropriadas para proteger o direito à vida digna – o "direito a criar e desenvolver um projeto de vida". Esta interpretação lançou um importante horizonte para proteção dos direitos sociais" (Idem, pp. 172 - 173).

39. Aqui não queremos minimizar a importância do trabalho judicial da Corte na resolução dos '"casos" individuais, nem tampouco relativizar o valor dessa atividade para as vítimas, mas delimitar seu campo material e formal de atuação com o intuito de podermos estabelecer uma metodologia de análise segura.

40. "Muitos países da América Latina aprovaram tratados de direitos humanos e incorporaram-se ao SIDH na etapa das transições à democracia, como uma espécie de antídoto para diminuir o risco de regressões autoritárias, vinculando aos seus sistemas políticos e legais o "mastro" da proteção internacional. Abrir os assuntos de direitos humanos ao escrutínio internacional foi uma decisão funcional aos processos de consolidação da institucionalidade durante as transições, pois contribuiu a ampliar as garantias dos direitos fundamentais em um sistema político marcado por atores militares com poderes de veto, e pressões autoritárias todavia poderosas". (ABRAMOVICH, 2009, p. 24. Tradução livre)

integridade física, psíquica e moral de pessoas detidas; em face da prática de execuções sumárias e extrajudiciais; além da prática de tortura"[41]. Seu trabalho vem permitindo o enfraquecimento (senão "desestabilização"[42]) de governos autoritários, buscando justiça não somente para as vítimas, mas também para toda a sociedade que se vê diretamente afetada pelas violações, vem lutando pelo fim da impunidade[43] e demandando "o fortalecimento das instituições democráticas com o necessário combate às violações de direitos humanos e proteção aos grupos mais vulneráveis"[44].

Conforme explica Abramovich, a mudança do cenário político na região implicou também uma mudança na "agenda de temas abordados pelo SIDH"[45] o que não significou, no entanto, a superação dos antigos temas enfrentados pelo sistema. Esse novo contexto democrático abriu espaço a novos desafios, agora (e, sobretudo), relacionados às questões estruturais e institucionais[46] que propiciam a desigualdade social[47]. Fazer alusão a essa mudança é fundamental para se entender o processo de alteração do padrão decisório da Corte, já que as novas medidas de reparação tendem a produzir, na maior parte dos processos, efeitos *extra partes* que afetam diretamente a agenda e políticas públicas dos

---

41. FRANCO, Thalita Leme. **Efetividade das decisões proferidas pela Corte Interamericana de Direitos Humanos: identificação dos marcos teóricos e análise da conduta do Estado brasileiro**. Dissertação (Mestrado) apresentada ao Instituto de Relações Internacionais da Universidade de São Paulo, Instituto de Relações Internacionais. São Paulo: 2014, p. 25.

42. PIOVESAN, 2013, *op.cit.*, p. 167.

43. ENGSTROM, 2017, *op.cit.*, p. 1253.

44. Ibidem. Sobre isso ver também: FRANCO, 2014, *op. cit.*, pp. 25 a 27.

45. ABRAMOVICH, Víctor. De las Violaciones Masivas a los Patrones Estructurales: Nuevos Enfoques y Clásicas Tensiones en el Sistema Interamericano de Derechos Humanos. **SUR. Revista Internacional de Direitos Humanos / Sur – Rede Universitária de Direitos Humanos** – vol. 6, n. 11. São Paulo, DIC. 2009, p. 16.
    Sobre o conceito de 'agenda', ver nota explicativa nº. 07.

46. Ver nota explicativa nº. 13, que aborda as questões estruturais a partir da perspectiva de Salomão Filho e Helpman.

47. Sobre isso ver também POPPOVIC, Malak El-Chichini; VIEIRA, Oscar Vilhena. Perspectivas sobre o movimento internacional de direitos humanos no século XXI: As respostas mudam. **SUR. Revista Internacional de Direitos Humanos / Sur – Rede Universitária de Direitos Humanos**. Vol. 11, n. 20. São Paulo, jun.-dez. 2014, p. 17.

Estados[48]. Esses novos problemas (ou desafios)[49] demonstraram que, embora tenha havido transição de regime, as democracias continuam frágeis e são dependentes de governos que, mesmo eleitos legitimamente, não dispuseram de força necessária para reverter a herança institucional autoritária dos regimes anteriores[50].

No contexto de problemas estruturais[51], as principais vítimas das violações aos direitos são aquelas que se encontram nas esferas mais afetadas pela desigualdade[52]. Sob essa ótica, a Corte passou a

---

48. Conforme será possível observar no item 1.2.2 desse capítulo.

49. Chamamos de "novos" desafios não pelo fato de que os países não se encontravam em situações de desigualdade antes da transição de regimes, mas pelo fato de que após a consolidação da democracia, na região, a Corte passou a dar maior enfoque às questões estruturais que se encontram na base que fundamenta violações contínuas e sistemáticas pelos Estados. Como lembra Piovesan, "A América Latina ostenta o maior grau de desigualdade do mundo. A pobreza na região diminuiu do patamar de 48,3% a 33,2%, no período de 1990 e 2008. Cinco dos dez países mais desiguais do mundo estão na América Latina, dentre eles o Brasil. Não bastando o acentuado grau de desigualdade, a região ainda se destaca por ser a mais violenta do mundo. Concentra 27% dos homicídios, tendo apenas 9% da população mundial. Dez dos vinte países com maiores taxas de homicídio do mundo são latino-americanos" (PIOVESAN, 2013, *op.cit,*, p. 165).

    Para entender melhor o que chamamos de 'questões estruturais', ver nota explicativa nº. 13.

50. PINHEIRO, Paulo Sergio. La Efectividad de la ley y los Desfavorecidos en América Latina. In: PINHEIRO, Paulo Sergio; MENDEZ, Juan E.; O'DONNELL, Guillermo A. (Coord.). **La (In) efectividad de la Ley y la Exclusión Social en América Latina**. Buenos Aires: Paidos, 2002, p. 15-31.

51. Ver nota explicativa nº. 13.

52. Dentre esses grupos, encontram-se os povos indígenas, as populações afrodescendentes, mulheres em relação ao exercício de certos direitos como proteção da integridade física e direito de participação política; crianças e adolescentes que vivem em situação de pobreza; enfermos mentais; imigrantes; população rural deslocada de seu território; pessoas em situação de extrema pobreza; portadores do vírus HIV etc. (ABRAMOVICH, 2009, *op. cit.*, pp. 19 – 20. Sobre isso ver também: FRY, Peter. Color e imperio de la ley en Brasil. In: MENDEZ, J.; ODONELL, G.; PINHEIRO, P. S. (Org.). **La (in) efectividad de la ley y la exclusión en América Latina**. Buenos Aires, Barcelona, Mexico: Paidos, 2002, pp. 191-212. ARIAS, O.; YAMADA, G.; TEJERINA, L.. Ingresos y color en Brasil: una historia compleja. In: BUVINIC, M.; MAZZA, J.; PUNGILUPPI, J.; DEUTSCH, R. **Inclusión Social y desarrollo económicos en América Latina**. Washington, D.C.: Banco Interamericano de Desarrollo, 2004, pp. 215-236).

    Uma interessante pesquisa que comprova empiricamente essa afirmação foi a desenvolvida Ron, Crow e Golden sobre a familiaridade da população com os direitos humanos a partir da perspectiva socioeconômica. No estudo, os autores mostraram que fatores dessa ordem influenciam diretamente no nível de conhecimento e

ter um enfoque substantivo e não meramente processual em relação às demandas apresentadas em juízo[53]. Essa mudança implicou a adoção de um novo padrão decisório, estruturado a partir de medidas de reparação com efeitos extensivos e preventivos. Tais medidas geraram sentenças muito mais complexas e de difícil cumprimento, já que demandam, muitas vezes, grandes mudanças jurídico-institucionais em âmbito nacional.

Neste momento, uma ressalva deve ser feita em relação à clareza e objetividade das decisões, pois o que observamos aqui é se o nível da força vinculante pode ser afetado (positivamente e negativamente) pela estrutura das sentenças. Sobre isso, Hawkins e Jacoby demonstraram que quanto mais clara e objetiva for a medida de reparação indicada pelo tribunal, maior será o nível de *compliance* pelos Estados[54] que, normalmente, estão mais propensos a cumprir medidas de caráter pecuniário que aquelas que implicam mudanças jurídicas, políticas e institucionais[55]. Chayes e Chayes também reafirmam essa questão, quando mencionam que a linguagem das normas, das decisões e dos demais instrumentos jurídicos podem possuir, em regra, diferentes graus de especificidade e quanto maiores e mais abrangentes forem os termos da medida ou

---

familiaridade das pessoas com esses direitos (RON, James; CROW, David; GOLDEN, Shannon. Familiaridade com direitos humanos e *status* socioeconômico: Um estudo sobre quatro países. **SUR. Revista Internacional de Direitos Humanos / Sur – Rede Universitária de Direitos Humanos**. Vol. 11, n. 20. São Paulo, jun.-dez. 2014, pp. 343 – 360).

53. DULITZKY, Ariel. 50 años del sistema interamericano de derechos humanos: una propuesta de reflexión sobre cambios estratégicos necesarios. Ponencia ofrecida en el seminario conmemorativo de la Declaración Americana de los Derechos y Deberes del Hombre que llevó adelante el IIDH el 28 de mayo de 2008 en Bogotá D.C., en colaboración con la Alcaldía Mayor. **Revista IIDH - Instituto Interamericano de Derechos Humanos.** Vol. 46, 2007, p. 34.

54. HAWKINS, Darren; JACOBY, Wade. **Partial compliance: a comparison of the European and Inter-american Courts of human rights.** Paper prepared for delivery at the Annual Meeting of American Political Science Association, Boston, MA, august 28-31, 2008, pp. 16 - 19.

55. Sobre essa questão, ver também: **RAMANZINI, Isabela Gerbelli Garbin.** "O prometido é devido": ***Compliance* no Sistema Interamericano de Direitos Humanos.** Tese de Doutorado apresentada ao Instituto de Relações Internacionais da Universidade de São Paulo. Universidade de São Paulo, Instituto de Relações Internacionais. São Paulo, Março de 2014, p. 103.

dispositivo, maior será a margem de interpretação que se permite e, por sua vez, maior a possibilidade de surgirem ambiguidades no plano prático[56].

É justamente essa a variável de análise que pretendemos observar, ou seja, a dimensão do *compliance* relativa à avaliação da força vinculante das sentenças da Corte a partir da perspectiva de sua estrutura (seu grau de objetividade, clareza e força). Por isso, questões como *compliance,* o fenômeno da observância "*à la carte*"[57] e a incidência dessas sentenças sobre as políticas públicas nacionais devem ser vistas com mais atenção.

### 1.2.1. Força vinculante sob a perspectiva do *compliance*

De acordo com Von Bogdandy, as normas de direito internacional, as sentenças e as decisões proferidas nesse âmbito nem sempre conseguem produzir um efeito direto sobre a ordem jurídico-institucional dos Estados. Na verdade, o autor destaca que são muito poucas as decisões que possuem força vinculante suficiente para cumprimento imediato, citando como exemplos, a jurisprudência da Corte Interamericana de Direitos Humanos e o direito da União Europeia[58]. Contudo, a maioria dos autores, entende que o nível de cumprimento e a força vinculante das sentenças da Corte IDH não são suficientes para que os direitos da CADH sejam preservados e respeitados no continente.

---

56. CHAYES, Abram; CHAYES, Antonia Handler. On compliance. **International Organization**, v. 47, n. 2, 1993, p. 189.

57. Hillebrecht chamou de fenômeno da "observância *à la carte*", quando a decisão de cumprir ou não uma sentença é resultante do cálculo de custos e benefícios que resulta na escolha deliberada e intencional de cumprir ou não uma medida reparatória (no caso das sentenças da Corte IDH). (HILLEBRECHT, Courtney. **Domestic Politics and International Human Rights Tribunals: The Problem of Compliance**. Cambridge: Cambridge University Press, 2014, pp. 41 - 51. Sobre isso ver também: KOH, Harold H.**Why Do Nations Obey International Law?** Faculty Scholarship Series. Paper 2101, 1997).

58. VON BOGDANDY, A. Del paradigma de la soberanía al paradigma del pluralismo normativo. Una nueva perspectiva (mirada) de la relación entre el derecho internacional y los ordenamientos jurídicos nacionales. In: CAPALDO, Griselda; SIECKMANN, Jan; CLÉRICO, Laura (Coord.). **Internacionalización del Derecho Constitucional**. Editorial Eudeba, Buenos Aires, 2012, pp. 28 e 29.

Para Garbin, ainda seria importante pesquisar sobre quais seriam "as motivações para o Estado criar, participar, e, algumas vezes, cumprir compromissos internacionais"[59]. A autora menciona que esse tipo de questão deve ser discutida em termos de *compliance* e "no caso dos direitos humanos, esses estudos enfrentam um desafio particular decorrente do complexo manejo entre a natureza desses arranjos e as percepções sobre a participação dos agentes na sociedade"[60].

Cançado Trindade e Ventura Robles entendem que é baixo o nível de *compliance* alcançado pelos Estados quando do cumprimento das sentenças do tribunal interamericano. Na maior parte das vezes, as medidas reparatórias melhor e mais rapidamente executadas são as de caráter pecuniário, sendo que aquelas que implicam investigação e condenação dos responsáveis pelas violações, entre outras medidas mais complexas, ficam, muitas vezes, sem cumprimento[61].

Para os adeptos da corrente realista[62] sobre *compliance,* a decisão de cumprir ou não um tratado ou uma sentença internacional resulta do cálculo entre custos e benefícios obtidos. Isso implicaria na afirmação de que o descumprimento de norma ou medida seria uma ação premeditada e deliberada por parte dos Estados[63]. Nesse sentido, Hafner-Burton menciona que "observância não é uma questão de tudo ou nada e que os efeitos do regime dos direitos

59. GARBIN, Isabela. Compliance e Compromissos Internacionais em Direitos Humanos. **BIB**, São Paulo, n. 76, 2º semestre de 2013 (publicada em julho de 2015), p. 63.

60. Ibidem.

61. CANÇADO TRINDADE, Antônio Augusto; VENTURA ROBLES, Manuel E. El reglamento de la Corte Interamericana de Derechos Humanos (2000) y su proyección hacia el futuro: la emancipación del ser humano como sujeto del Derecho Internacional. In: CANÇADO TRINDADE, Antônio Augusto; VENTURA ROBLES, Manuel E. (Coords.). **El futuro de la Corte Interamericana de Derechos Humanos.** 2. ed. San José de Costa Rica: Corte Interamericana de Derechos Humanos, 2004, pp. 91 – 92.

62. Para alguns autores da corrente realista o direito exerce uma força irrelevante na política internacional, isso porque a maioria dos Estados segue seus interesses nacionais sem muita preocupação em relação aos imperativos e coerções normativas internacionais. (Sobre isso ver: CARR, E. H. **The Twenty Years' Crisis, 1919-1939: an Introduction to the Study of International Relations.** London: Macmillan, 1940).

63. CHAYES; CHAYES, 1993, *op.cit.*, p.187.

humanos, quando e onde existem, são condicionais a outras instituições e indivíduos"[64].

Engstrom esclarece que observância não é sinônimo de eficácia, embora muitas vezes ambos os termos sejam considerados equivalentes. "Observância geralmente se refere à implementação de decisões – decisões, recomendações – proferidas por instituições de direitos humanos internacionais, como Corte ou Comissão Interamericana de Direitos Humanos"[65]. Enquanto que eficácia refere-se à "capacidade da atuação das instituições de direitos humanos internacionais de aumentarem o nível das condições de direitos humanos e diminuir a possibilidade de repetição de abusos, oferecendo, dessa forma, um recurso satisfatório às vítimas"[66]. A observância é importante para a eficácia de uma decisão, contudo, não é suficiente, lembra o autor.

Se a decisão de cumprir ou não uma sentença é resultante do cálculo de custos e benefícios e isso implica escolha deliberada e intencional de cumprir ou não uma medida reparatória (no caso das sentenças da Corte IDH), vemos o surgimento daquilo que Hillebrecht chamou de "observância *à la carte*"[67]. Nas palavras de Jaichand, "não há dúvida de que o sistema internacional de direitos humanos está centrado no Estado"[68] e que "hoje, há pouca dúvida de que alguns Estados tendem a interpretar suas obrigações referentes ao direito internacional de direitos humanos com inconsistência variável por conta de seus interesses nacionais"[69].

Muitos são os obstáculos à implementação dessas sentenças, pois depende de adoção de medidas que atingem não somente

64. Hafner-Burton, Emilie M. International Regimes for Human Rights. **Annual Review of Political Science**, 15(1), 2012, p. 275.

65. ENGSTROM, 2017, *op. cit.*, p. 1255.

66. Ibidem.

67. Sobre o fenômeno da "observância *à la carte*", ver nota explicativa nº. 70. HILLEBRECHT, 2014, *op.cit.*, 2014, pp. 41 – 51.

68. JAICHAND, Vinodh. Após o estabelecimento de normas de direitos humanos, o que virá a seguir? **SUR. Revista Internacional de Direitos Humanos / Sur – Rede Universitária de Direitos Humanos**. Vol. 11, n. 20. São Paulo, jun.-dez. 2014, p. 37.

69. Idem, p. 38.

o sistema normativo do país, mas também as esferas política, orçamentária e administrativa, social, cultural e institucional[70] (todas elas devendo ser consideradas no momento da análise da implementação e nível de eficácia de uma decisão internacional no plano nacional).

Muitos dos estudos realizados sobre o nível de cumprimento das decisões dos órgãos do SIDH é feita sob essa perspectiva. O instituto do *compliance* é bem utilizado nas pesquisas que visam entender e demonstrar a conformidade entre uma decisão internacional e as medidas tomadas pelos Estados e responder à

70. Ademais do conceito de "instituição" trazido na nota explicativa nº. 13, cuja referência foi o trabalho de Helpman, é importante destacar também os estudos de Immergut, Hariou e Santi Romano nesse sentido. Sobre isso, Immergut menciona que as instituições - que podem englobar desde as "regras formais de palcos políticos" aos "canais de comunicação, códigos de linguagem ou a lógica de situações estratégicas" -, podem atuar "como filtros que favorecem, de forma seletiva, determinadas interpretações dos objetivos que buscam os atores políticos ou da melhor forma de alcançar esses fins". (IMMERGUT, Ellen M. O núcleo teórico do novo institucionalismo. In: SARAIVA, Enrique; FERRAREZI, Elisabete (orgs.) **Políticas Públicas**. Coletânea, volume I. Brasília: Escola Nacional de Administração Pública, ENAP, 2007, p. 177).

Hauriou, por sua vez, trouxe um conceito mais extensivo afirmando que a instituição é "uma categoria geral apta a explicar muitos princípios, sendo, portanto, fecundada com notáveis aplicações" (HAURIOU, Maurice. **Principes du Droit Public**. Paris, 1916, p. 41 ss, apud SANTI ROMANO. **O Ordenamento Jurídico.** Tradução de Arno Dal Ri. Florianópolis: Editora da Fundação Boiteux, 2011, p. 80).

Santi Romano, por sua vez, delimitou duas espécies de instituição (baseadas no núcleo fundamental da teoria de Hauriou): "Deveria-se, na verdade, distinguir duas espécies de instituições: no que concerne as que pertencem à categoria das coisas inertes (por exemplo, um terreno, que é considerado por si mesmo no registro, uma rua vicinal etc.) e aquelas que, ao contrário, formam corpos sociais, ou seja, as instituições corporativas. Deste modo, sejam as primeiras, sejam as segundas, são individualidades sociais. Mas, no sistema jurídico, somente as instituições corporativas devem ser analisadas como figuras existentes por si mesmas, já que estas, diferentemente das outras, possuem uma autonomia. Isso implica que toda instituição deste gênero é uma verdadeira realidade social, uma entidade fechada, diferente dos indivíduos que dela fazem parte, possuindo uma personalidade própria ou, ao menos, sendo candidata à personificação. Esta entidade, conseqüentemente, pode ser considerada sob dois aspectos: da perspectiva das relações que possui com o mundo exterior, em que se salienta a sua individualidade subjetiva, a sua qualidade de pessoa jurídica; e, da perspectiva da sua vida interior, em que se descobre a sua individualidade objetiva. Este seu último aspecto, que se traduz na sua autonomia, faz da instituição corporativa urna fonte originária de direito ao produzir espontaneamente as três formas do direito: a disciplinar, a consuetudinária e a estatutária ou legal". (SANTI ROMANO. **O Ordenamento Jurídico.** Tradução de Arno Dal Ri. Florianópolis: Editora da Fundação Boiteux, 2011, p. 81-82).

questão dos motivos que levam um Estado a cumprir uma norma internacional. Hawkins e Jacoby explicam que esse instituto implica três categorias de análise: aplicabilidade internacional, gestão e política interna[71].

A primeira categoria diz respeito à força vinculante das decisões dos órgãos internacionais e à sua capacidade de impor penalidades e recompensas (materiais e sociais) aos Estados. Sobre isso, os autores mencionam que os entes estatais estão mais suscetíveis a cumprir decisões internacionais quando visam garantir sua boa reputação perante outros países. Isso implicaria uma série de recompensas, tais como maior investimento financeiro por parte dos Estados parceiros e organismos internacionais[72]. Para Hafner-Burton[73] esse mecanismo é ainda mais eficaz em matéria de Direitos Humanos.

A segunda categoria trata de questões ligadas à gestão dos Estados. Está relacionada ao fato de que esses entes nem sempre possuem conhecimentos técnicos, institucionais e capacidade econômica para implementar as decisões internacionais[74]. Além disso, Helfer e Slaughter destacam que o maior nível de *compliance* também pode estar relacionado ao design institucional dos tribunais, em função do maior ou menor grau de independência desses órgãos[75]. Essa questão também foi abordada por Keohane, Moravcsik e Slaughter, que adicionaram a esse argumento os fatores de acessibilidade do tribunal e força vinculante da jurisprudência internacional em relação aos órgãos judiciários internos[76]. Mas há

71. HAWKINS; JACOBY, 2008, *op. cit.*, p. 06.

72. SIMMONS, Beth. International law and state behavior: Commitment and compliance in international monetary affairs. **American Political Science Review,** vol. 94, n. 04, 2000, pp. 819 - 836.

73. HAFNER-BURTON, Emilie. Trading human rights: How preferential trade agreements influence government repression. **International Organization,** vol. 59, n. 03, 2005, pp. 593-629.

74. HAWKINS; JACOBY, 2008, *op. cit.*, p.07.

75. HELFER, Laurence; SLAUGHTER, Anne-Marie.Why states create international tribunals: A response to professors Posner and Yoo. **California Law Review,** vol. 93, n.02, 2005, pp. 900-957.

76. KEOHANE, Robert; MORAVCSIK, Andrew; SLAUGHTER, Anne-Marie. Legalized dispute resolution: Interstate and transnational. **International Organization,** vol. 54, n. 03, 2000, pp. 457-488.

quem diga o contrário. Esse é o caso de Posner e Yoo[77] que defendem a ideia de que quanto maior for a independência do órgão jurisdicional internacional, maior será a reticência dos Estados em se conformar com suas decisões,

> Tribunals composed of dependent members have a strong incentive to serve the joint interests of the disputing states. Tribunals composed of independent members have a weaker incentive to serve those states' interests and are more likely to allow moral ideals, ideological imperatives, or the interests of other states to influence their judgments (POSNER; YOO, 2005, p. 27)[78].

Finalmente, a terceira abordagem do *compliance* se dá em termos de política interna. Autores como Downs, Rocke e Barsoon entendem que a conformidade entre uma decisão internacional e a ordem jurídico-institucional interna relaciona-se com a capacidade de equilibrar os benefícios e as perdas que determinada mudança pode causar[79] (quanto maior a mudança institucional, menor será a força vinculante da decisão).

Importa ressaltar que limitamos nossa análise ao aspecto do gerenciamento das decisões, vinculado à segunda categoria do *compliance* (que trata da gestão dos Estados e do *designer* interno dos tribunais internacionais). Ela visa demonstrar o nível de conformidade entre a sentença e os efeitos que ela é capaz de produzir no âmbito nacional a partir de uma variável fundamental: a estrutura das decisões enquanto instrumento que limita ou expande sua força vinculante. Para isso, destacamos a contribuição de Corzo Sosa que entende que

77. POSNER, Eric; YOO, John. Judicial independence in international tribunals. **California Law Review** vol. 93, n. 01, 2005, pp. 03-72.

78. "Os tribunais compostos por membros dependentes têm forte tendência a servir os interesses conjuntos dos estados em disputa. Os tribunais compostos por membros independentes têm um menor interesse em atender aos interesses desses estados e são mais propensos a permitir que ideais morais, imperativos ideológicos ou interesses de outros estados influenciem seus julgamentos". (POSNER; YOO, 2005, *op.cit.*, p. 27. Tradução livre).

79. DOWNS, George; ROCKE, David; BARSOOM, Peter. Is the good news about compliance good news about cooperation? **International Organization,** vol. 50, n. 03, 1996, pp. 379 - 406.

> La forma como se elabora el contenido de una sentencia tiene mucho que ver con el impacto que puede llegar a producir. Una resolución bien redactada será una resolución con menores problemas en su cumplimiento, pues se tendrá claridad en las obligaciones y las actividades a desplegar para acatar la resolución en cuestión. Por el contrario, una resolución con el contenido complicado transforma por completo su cumplimiento y en ocasiones puede dar lugar a una aclaración. (CORZO SOSA, 2013, p. 273 – 274)[80].

O autor menciona que o impacto de uma sentença deve ser avaliado e construído a partir da determinação do dano causado à vítima e da reparação que se pretende conferir. É por meio dessa lógica de reparação integral que a Corte está conseguindo desenvolver seu trabalho jurisdicional preventivo. Em relação ao dano, a Corte deve observá-lo desde a situação fática que lhe deu causa, e não somente do seu resultado final, por isso a importância de se determinar a causa do dano ocasionado às vitimas diretas e indiretas.

Os casos mais preocupantes são aqueles em que se constatam violações sistemáticas[81] de direitos humanos. Uma vez que o dano e sua origem são identificados, a Corte passa a analisar a responsabilidade do Estado e, em seguida, determina a forma de reparação por meio do instituto da reparação integral[82] que repercute,

---

80. "A forma como se elabora o conteúdo de uma sentença tem muito a ver com o impacto que pode chegar a produzir. Uma resolução bem redigida será uma resolução com menores problemas durante seu cumprimento, pois haverá clareza quanto às obrigações e as atividades necessárias para acatar a resolução em questão. Pelo contrário, uma resolução com conteúdo complicado transforma completamente o seu cumprimento e às vezes pode dar lugar a uma solicitação de esclarecimento". (CORZO SOSA, 2013, *op.cit.*, p. 273 – 274. Tradução livre).

81. É certo que o continente americano foi marcado por guerras civis, guerrilhas e governos ditatoriais. Cenários de massivas violações de direitos e liberdades foram partes da história da América o que, seguramente, se reflete nos casos de violações sistemáticas que ainda perduram na atualidade. (BURGORGUE-LARSEN, Laurence. El contexto, las técnicas y las consecuencias de la interpretación de la convención americana de los derechos humanos. **Estudios constitucionales**, Santiago, vol. 12, n. 1, 2014. p. 110).

    Para o conceito de violação sistemática, ver nota explicativa nº. 27.

82. CORZO SOSA, 2013, *op.cit.*, p.277 – 278.

muitas vezes, na agenda interna dos Estados, em seus programas governamentais e políticas públicas já em curso.

### 1.2.2. Força vinculante sob a perspectiva da teoria das políticas públicas

Para Bucci[83], política pública é:

> [...] o programa de ação governamental que resulta de um conjunto de processos juridicamente regulados – processo eleitoral, processo de planejamento, processo de governo, processo orçamentário, processo legislativo, processo administrativo, processo judicial – visando coordenar os meios à disposição do Estado e as atividades privadas, para a realização de objetivos socialmente relevantes e politicamente determinados (BUCCI, 2006, p. 39).

Anos mais tarde, Bucci ampliou esse conceito a partir da ideia de "arranjos institucionais"[84] que esses programas impõem. Para a autora, as políticas públicas possuem "expressões jurídico institucionais, cujo domínio representa uma forma particular de poder, o funcionamento do governo e a formação dos arranjos institucionais [...]"[85], cujo objeto primordial é a formação do direito que lhe dá vida.

83. BUCCI, Maria Paula Dallari (Org.). **Políticas públicas: reflexões sobre o conceito jurídico.** São Paulo: Saraiva, 2006, p. 39.

84 BUCCI, Maria Paula Dallari. **Fundamentos para uma Teoria Jurídica das Políticas Públicas**. São Paulo: Saraiva, 2013. Introdução, p. 18.

85. Ibidem.

Vale destacar que Bucci define a expressão arranjos institucionais como sendo as ações governamentais consideradas em contextos maiores, ou seja, no plano de ação meso-institucional. "Enquanto o plano macro-institucional tem por objeto a *politics*, os planos meso e micro-institucionais focam as *policies*, distinguindo-se entre eles apenas a chave de análise adotada" (Idem, p. 20). Em outros termos, o arranjo institucional de uma política pública se traduz em sua apresentação exterior, ou seja, no "conjunto de iniciativas e medidas articulado por suportes e formas jurídicos diversos" (Idem, p. 21).

> No contexto das políticas públicas, essa elaboração teórica é aplicada à noção de arranjos institucionais. O termo institucionalizar, correlato ao adjetivo institucional que qualifica os arranjos das medidas governamentais, significa estruturar e organizar, de maneira despersonalizada, pelo Poder Público, não apenas os seus próprios órgãos e serviços, mas também a atividade privada, quando conexa com programas de ação governamental. O arranjo institucional é a expressão formalizada da política pública, com uma dimensão sistemática. (BUCCI, 2013, p. 23).

Da análise desse conceito temos algumas questões determinantes, tais como o fato de a política pública ser um programa de ação governamental que dá origem e é fruto de uma série de processos (juridicamente regulados), depende de questões como disponibilidade de recursos e necessidade de articulação institucional[86] para sua implementação.

Sobre o primeiro aspecto, Duarte mostra que os elementos constitutivos dessas políticas são: ação, coordenação, processo e programa. Em relação ao primeiro elemento, a autora destaca que esses programas surgem quando o Estado é chamado a agir, sobretudo no âmbito da concretização de direitos sociais[87]. Quanto à coordenação, a incidência da articulação na ação governamental é fundamental para a racionalidade das decisões que constarão na pauta deliberativa. Essa articulação se dá tanto por meio da inter-relação dos diferentes Poderes, quanto pelo diálogo entre os Entes Federativos ou ainda pela necessidade de se manter uma ótica multidisciplinar no processo de construção das ações governamentais[88]. No tocante ao processo, "a concretização de uma política envolve processos de natureza administrativa, orçamentária,

86. Duarte menciona que articulação institucional em uma política pública se dá "entre as iniciativas destes diferentes órgãos e setores, de forma a garantir uma adequada repartição de recursos, encargos e responsabilidades", sendo imprescindível para a eficácia desses programas. (DUARTE, Clarice Seixas. O Ciclo das Políticas Públicas. In: SMANIO, Gianpaolo Poggio e BERTOLIN, Patricia Tuma Martins (orgs.). **O Direito e as Políticas Públicas no Brasil**. São Paulo, Atlas, 2013, p. 07).

87. Idem, p. 21.

88. Idem, p. 21-22.

legislativa etc"[89]. E em relação ao programa, a autora refere-se a esse conceito enquanto o próprio conteúdo da ação governamental[90].

Nesse mesmo sentido, Secchi menciona que o ciclo das políticas públicas envolve as seguintes etapas: identificação do problema, formação da agenda, formulação de alternativas, tomada de decisão, implementação, avaliação e extinção. Na primeira etapa, tem-se por problema "a discrepância entre o *status quo* e uma situação ideal possível. Um problema público é a diferença entre o que é e aquilo que se gostaria que fosse a realidade pública"[91]. Sobre a segunda etapa, o autor menciona que a agenda é um "conjunto de problemas ou temas entendidos como relevantes. Ela pode tomar forma de um programa de governo, um planejamento orçamentário, um estatuto partidário ou, ainda, de uma simples lista de assuntos que o comitê editorial de um jornal entende como importante"[92]. A formulação de alternativas, por sua vez, é o momento em que são definidas as estratégias para se alcançar os objetivos[93]. A fase da tomada de decisão implica, segundo o autor, três dinâmicas distintas:

---

89. Idem, p. 23.

Para Bucci, "A expressão processo empregada nessa proposição está mais ligada ao viés da ciência política que ao direito. Refere-se ela à sucessão de etapas da "vida institucional" de uma política pública, desde a inserção do problema na agenda política, até a implementação da decisão, passando pela formulação de alternativas e a tomada da decisão, em si. O processo é o fator de unidade, "fio condutor" a orientar a identificação e compreensão de determinada política pública, permitindo reduzir a complexidade inerente ao aspecto heterogêneo e por vezes caótico que as *policies* em geral apresentam. A noção de processo, considerada como "história institucional da decisão", desenvolvimento e sucessão de etapas no tempo, se revela uma perspectiva bastante apropriada e interessante para compreender especialmente como se dá a formação do direito" (BUCCI, 2013, *op.cit.*, p. 77).

90. Idem, p. 25.

91. SECCHI, 2012, *op. cit.*, p. 34. Sobre o processo de estabelecimento de um problema público, Sjöblom menciona que primeiramente, o problema deve ser percebido (partindo de uma percepção subjetiva daquilo que se é relevante), em seguida, deve ser delimitado (o que significa o estabelecimento de seus elementos, suas causas, possíveis obstáculos e suas formas de avaliação) e, finalmente, há que se pensar nas probabilidades e possibilidades de solução (SJÖBLOM, G. **Problemi e soluzioni in politica.** Rivista Italiana di Scienza Política, v. 14, nº 1, 1984, pp. 41-85).

92. SECCHI, 2012, *op.cit.*, p. 36.

93. Idem, p. 37.

> 1. Os tomadores de decisão têm problemas em mãos e correm atrás de soluções: a tomada de decisão *ad hoc* com base no estudo de alternativas, ou seja, toma-se o problema já estudado, os objetivos já definidos e então busca-se escolher qual alternativa é mais apropriada em termos de custo, rapidez, sustentabilidade, equidade ou qualquer outro critério para a tomada de decisão.
>
> 2. Os tomadores de decisão vão ajustando os problemas às soluções, e as soluções aos problemas: o nascimento do problema, o estabelecimento de objetivos e a busca de soluções são eventos simultâneos e ocorrem em um processo de "comparações sucessivas limitadas".
>
> 3. Os tomadores de decisão têm soluções em mãos e correm atrás de problemas: um empreendedor de política pública já tem predileção por uma proposta de solução existente, e então luta para inflar um problema na opinião pública e no meio político de maneira que sua proposta se transforme em política pública. (SECCHI, 2012, pp. 40-41).

A etapa da implementação do programa governamental se dá com a conversão de todos os esforços efetuados até então, em ações concretas. É a fase que materializa as intenções[94]. Em seguida, há a fase da avaliação que consiste no "processo de julgamentos deliberados sobre a validade de propostas para a ação pública, bem como sobre o sucesso ou a falha de projetos que foram colocados em prática"[95]. Por fim, a etapa da extinção de uma política pública deve ser comparada ao "ciclo de vida dos organismos"[96], que pode se dar pela resolução do problema que originou a política, por sua ineficácia ou pela perda de relevância pública do problema que lhe deu vida[97].

94. Idem, p. 44.

95. ANDERSON, C. W. **The place of principles in policy analysis.** American Political Science Review, v. 73, n. 3, set. 1979, p.711.

96. SECCHI, 2012, *op.cit.*, p.53.

97. Ibidem, referindo-se a GIULIANI, M. Policy termination. In: CAPANO, G..; GIULIANI, M. **Dizionario di Politiche Pubbliche.** Roma: Carocci, 2005.

Para Duarte, a influência do fator temporal no processo de construção das políticas públicas, está representada pelo princípio da progressividade na implementação dos direitos sociais, o qual resulta na "cláusula de vedação do retrocesso social"[98]. Quando essa cláusula é considerada à luz dos fundamentos do Estado Social e Democrático de Direito, entende-se a importância de uma ação planejada e coordenada entre os diferentes atores e esferas do Poder[99]. Nesse mesmo sentido, Bucci[100] lembra que o fator temporal tem forte influência no fator orçamentário durante o processo de tomada de decisão. Para a autora,

> O tempo, em políticas públicas, é fator de diferimento da ação, sempre em balanço com fatores correlacionados. Ilustrando, uma ação pode ter alto custo, se proposta num prazo curto, mas custo aceitável, se estipulado o dobro do prazo. Exemplo disso são as políticas previdenciárias, que devido ao longo tempo de percepção de seus efeitos raramente exibem todo o seu custo no momento de apresentação. (BUCCI, 2013, p. 44)

Do conceito de política pública de Bucci, destacam-se dois importantes aspectos. O primeiro deles refere-se ao conjunto de processos internos, com vistas a estabelecer formas de diálogo, definir prioridades e sujeitos, estabelecer um mínimo essencial para a garantia do direito que se visa assegurar, definir caminhos a serem seguidos e etapas de monitoramento. Todos esses processos podem servir como ponto de partida para a análise da racionalidade dos juízes interamericanos, a qual deveria seguir um processo rigoroso de observação das hipóteses de melhor satisfação e de menor prejuízo às vítimas e ao Estado (e, portanto, aos seus nacionais que também serão afetados pelos impactos produzidos por essas sentenças).

As racionalidades jurídica e política que delimitam os parâmetros das sentenças da Corte (já que o processo de escolha

98. DUARTE, 2013, *op.cit.*, p. 24.

99. Ibidem.

100. BUCCI, Maria Paula Dallari. **Fundamentos para uma Teoria Jurídica das Políticas Públicas.** São Paulo: Saraiva, 2013. cap. 2. p. 144.

também deve levar em conta o panorama político-institucional, social, econômico e cultural do Estado), devem ter a cautela de bem equacionar as vias de garantia dos direitos e liberdades, a fim de que não haja nem o "esvaziamento" nem a "supervaloração"[101] do direito que se busca proteger, o que tornaria essa garantia impossível de ser cumprida.

Já o segundo aspecto trata, por sua vez, da disponibilidade de recursos e necessidade de articulação governamental. Sobre essa questão, Bucci e Duarte estão de acordo sobre o fato de que o controle judicial (nacional ou internacional, já que aqui se observa a força vinculante das sentenças da Corte IDH), sobre a atuação dos demais Poderes deve se dar no sentido de garantir um direito. Não se trata de ingerência de um Poder sobre outro, ou de um órgão jurisdicional internacional sobre um Estado, mas sim, de proteção aos direitos que são objetos estruturantes das Políticas Públicas. No entanto, isso geraria o risco da desconsideração do "contexto global de implementação" desses programas[102].

Sobre a autonomia e capacidade do Estado em adotar e institucionalizar tais políticas, Souza menciona que não existe unanimidade em relação a esse aspecto. Para alguns, "apesar da existência de limitações e constrangimentos, estes não inibem a capacidade das instituições de governar a sociedade, apesar de tornar a atividade de governar e de formular políticas públicas mais complexa"[103]. Essa questão intensifica-se quando o assunto passa a

101. DUARTE, 2013, *op. cit.*, p. 39.

102. "(...) o Judiciário, ao examinar uma demanda concreta, não pode ignorar o contexto global de implementação das políticas públicas. Nesse sentido, o que deve ser apreciado, ainda que em uma ação individual, é se existe uma política pública (objeto primário dos direitos sociais) em curso; se ela tem respaldo na Constituição, se é adequada e suficiente, se contribui para a redução das desigualdades existentes na sociedade; em caso negativo, qual é a razão disso; se os recursos previstos são apropriados para a obtenção dos resultados pretendidos e se está havendo uma correta aplicação dos mesmos. Em caso de falhas ou desvios, configura-se uma lesão a direito que, como tal, não pode ser excluída da apreciação do Judiciário".(DUARTE, 2013, *op. cit.*, p. 41).

103. PETERS, B. G. **Review: Understanding Governance: Policy Networks, Governance, Reflexivity and Accountability by R. W. Rhodes**, Public Administration 76, 1998, p. 409 *apud*, SOUZA, Celina. **Políticas públicas: uma revisão da literatura**. Sociologias, Porto Alegre, n. 16, dez. 2006, p. 27.

ser discutido na esfera internacional, ou seja, quando o dever de adotar ou modificar uma política pública advém de uma sentença proferida por órgão jurisdicional internacional em face de um Estado. Mas, até onde vai a autonomia do Estado nesse processo? Como definir a pauta sobre o que é realmente essencial e urgente? Quais critérios para alocação de recursos em face da necessidade de se garantir a todos o mínimo para a dignidade humana? E, no tocante às sentenças da Corte, como compatibilizar a escolha feita pelos juízes interamericanos – durante a implementação de medidas reparatórias que incidem sobre ou geram novos programas de ação estatais –, com o imperativo de eficácia que tais políticas exigem?

Tais questionamentos estão diretamente ligados ao nível da força vinculante dessas sentenças, já que muitas das medidas de reparação implementadas impactam sobre as políticas governamentais já em curso ou já programadas. Para poder respondê-las, escolhemos avaliar quais os tipos de reparação podem exercer essa influência na agenda pública nacional, quais critérios fundamentaram a racionalidade dos magistrados da Corte e como esse impacto pode enfraquecer a força vinculante das decisões, conforme se verá nos capítulos que se seguem.

### 1.2.3. Dimensões e critérios de análise da força vinculante das sentenças da Corte IDH

Para a Corte IDH, o termo 'reparação', de forma abrangente, deve significar os distintos meios que o Estado pode utilizar para dar cumprimento ao seu dever de garantir direitos e liberdades, sempre e quando sua responsabilidade internacional tenha sido determinada,

> [...] el término genérico que comprende las diferentes formas cómo un Estado puede hacer frente a la responsabilidad internacional en que ha incurrido. Los modos específicos de reparar varían según la lesión producida: podrá consistir en la *restitutio in integrum* de los derechos afectados, en un tratamiento médico para recuperar la salud física de la persona lesionada, en la obligación del Estado de anular ciertas medidas administrativas, en la devolución de la honra o la

> dignidad que fueron ilegítimamente quitadas, en el pago de una indemnización etc. En lo que se refiere a violaciones al derecho a la vida, como en este caso, la reparación, dada la naturaleza del bien afectado, adquiere sobre todo la forma de una indemnización pecuniaria, según la práctica jurisprudencial de esta Corte (...) La reparación puede tener también el carácter de medidas tendientes a evitar la repetición de los hechos lesivos [...]. (CASO *GARRIDO Y BAIGORRIA*, Reparações, Sentença de 27 de Agosto de 1998, Série C nº. 39, §. 41)[104].

Na prática, a reparação deve facilitar o desaparecimento dos efeitos da violação[105]. "Su calidad y su monto dependen del daño ocasionado tanto en el plano material como moral. La reparación no puede implicar ni un enriquecimiento ni un empobrecimiento para la víctima o sus sucesores"[106]. Dessa ideia surgem algumas implicações. A primeira delas está relacionada ao fato de que a

104. "[...] o termo genérico que compreende as diferentes formas como um Estado pode enfrentar a responsabilidade internacional que tenha dado ensejo. Os modos específicos de reparar variam segundo a lesão produzida: poderá consistir em *restitutio in integrum* dos direitos afetados, em um tratamento médico para recuperar a saúde física da pessoa lesionada, na obrigação do Estado de anular certas medidas administrativas, na devolução da honra ou da dignidade que foram ilegitimamente tiradas, no pagamento de uma indemnização etc. No que se refere às violações do direito à vida, como neste caso, a reparação, dada a natureza do bem afetado, adquire, sobretudo, a forma de uma indenização pecuniária, segundo a prática jurisprudencial desta Corte (...) A reparação pode ter também o caráter de medidas tendentes a evitar a repetição dos fatos lesivos [...]. (CASO *GARRIDO Y BAIGORRIA*, Reparações, Sentença de 27 de Agosto de 1998, Série C nº. 39, §. 41. Tradução livre)".

Sobre isso, ver também: Caso *Velásquez Rodríguez*, Sentença de 29 de julho de 1988, Série C No. 4, §189; Caso *Godínez Cruz*, Sentença de 20 de janeiro de 1989, Série C No. 5, §199; Caso *Aloeboetoe y otros*, Reparações, Sentença de 10 de setembro de 1993. Série C No. 15, §§44 e 46; Caso *El Amparo*, Reparações, Sentença de 14 de setembro de 1996. Série C No. 28, §§15 e 16; Caso *Caballero Delgado y Santana*, Reparações, Sentença 29 de janeiro de 1997. Série C No. 31, §§16 e 17; Caso *Neira Alegría y Otros*, Reparações, Sentença de 19 de janeiro de 1995, Série C No. 20, §37; Caso *Velásquez Rodríguez*, Indemnização Compensatória, Sentença de 21 de julho de 1989, Série C No. 7, §38 e Caso *Godínez Cruz*, Indemnização Compensatória, Sentença de 21 de julho de 1989, Série C No. 8, §36.

105. RAMÍREZ, 1999, *op. cit.*,p. 141.

106. "Sua qualidade e seu montante dependem do dano ocasionado tanto no plano material como moral. A reparação não pode implicar nem um enriquecimento nem um empobrecimento para a vítima ou seus sucessores" (CASO *GARRIDO Y BAIGORRIA*, Reparações, Sentença de 27 de Agosto de 1998, Série C nº. 39, §. 43. Tradução livre).

Corte não busca a culpabilidade do agente violador do direito ou liberdade garantidos na CADH. Mesmo que esse autor seja desconhecido, a responsabilidade do Estado poderá ser determinada se houver participação desse ente; se mesmo não tendo praticado o(s) ato(s) em si mesmo(s), tenha se mostrado conivente com a violação; se não houver tomado todas as medidas necessárias à prevenção do ocorrido ou, ainda, se tiver possibilitado – via falta de acesso à justiça, de um juiz competente e imparcial, falta de um devido processo legal ou ampla defesa, pela demora e lentidão da justiça etc. – a impunidade do(s) autor(es).

Contudo, restituir o *status quo ante* a violação é um grande desafio, senão uma meta impossível. Isso porque "la violación, con resultados materiales o formales – alteración de la realidad o afectación del Derecho –, constituye un imborrable dato de la experiencia: ocurrió y dejó cierta huella, material o jurídica, que no es posible desconocer"[107]. Em face dessa dificuldade, a Corte vem buscando implementar um sistema de reparação abrangente, por meio da determinação de medidas capazes de reparar (da melhor maneira possível), os danos sofridos pelas vítimas. Para isso, considera-se como parte do conceito de reparação, o princípio *pro homine*[108] uma vez que a Corte busca levar em conta os interesses superiores das vítimas[109]. Como lembra Ramírez, a violação é a hipótese normativa acreditável e declarável, já a reparação é a consequência jurídica da primeira[110]. Em busca de estabelecer um

107. "A violação, com resultados materiais ou formais – alteração da realidade ou afetação do Direito –, constitui um inapagável dado da experiência: ocorreu e deixou certa marca, material ou jurídica, que não é possível desconhecer" (RAMÍREZ, 1999, *op. cit.*, p. 142. Tradução libre).

108. *Pinto menciona que o principio pro homine é "[...] un criterio hermenéutico que informa todo el derecho de los derechos humanos, en virtud del cual se debe acudir a la norma más amplia, o a la interpretación más extensiva, cuando se trata de reconocer derechos protegidos e, inversamente, a la norma o a la interpretación más restringida cuando "se trata de establecer restricciones permanentes al ejercicio de los derechos o su suspensión extraordinaria"* (PINTO, Monica. El principio pro homine. Criterios de hermenêutica y pautas para La regulación de lós derechos humanos. In: **La aplicación de lós tratados de derechos humanos por lós tribunales locales**. Buenos Aires: Ediar, Centro de Estudios Legales y Sociales, Editores del Puerto, 1997, p. 163).

109. RAMÍREZ, 1999, *op. cit.*, p. 135.

110. Idem, p. 141.

sistema de reparação consolidado nesse princípio, a jurisprudência interamericana vem, repetidamente, adotando o termo 'reparação integral', a fim de estender a margem de discricionariedade para a determinação das medidas de reparação.

Alonso e Palermo destacam que o primeiro componente desse tipo de reparação é a restituição dos direitos e liberdades suprimidos ou limitados pela violação, de modo que tal reparação se faça por meio: a) da liberdade imediata, definitiva, sem restrições da vítima; b) da não execução da multa; c) da anulação dos antecedentes penais; d) da limitação ou supressão do mecanismo interno de censura prévia (nos casos de violação do direito à liberdade de expressão); ou e) da reincorporação das vítimas aos seus antigos postos de trabalho, cargos ou similares[111]. Para os autores, o conceito de reparação integral inclui, também, a indenização pelos danos sofridos, conforme se lê no artigo 63, §1 da CADH, pela expressão justa indenização e destacam que entre os danos patrimoniais e não patrimoniais sofridos pelas vítimas estão:

- El *daño material,* referido a "la pérdida o detrimento de los ingresos de la víctima y los gastos efectuados por sus familiares con motivo de los hechos, y fijará una indemnización que busque compensar las consecuencias patrimoniales de las violaciones cometidas".
- El *reembolso de costas* por el hecho de litigar en el ámbito internacional para la defensa de los derechos humanos.
- El *daño moral* infligido a víctimas de padecimientos físicos o psicológicos, que en ciertos casos de violación de derechos que importan a toda la comunidad internacional y se recogen en normas de *ius cogens,* como la desaparición forzosa, no necesita ser probado.

111. ALONSO, Héctor Olásolo; PALERMO, Pablo Galain. La influencia en la corte penal internacional de la jurisprudencia de la Corte Interamericana de Derechos Humanos en materia de acceso, participación y reparación de víctimas. In: ELSNER, Gisela Elsner; AMBOS, Kai Ambos; MALARIN O, Ezequiel (Coord.). **Sistema interamericano de protección de los derechos humanos y derecho penal internacional.** 2010. v: 1. p. 402, §6.2.

- El denominado *daño al proyecto de vida,* una noción (...) que atiende a la realización integral de la persona afectada, considerando su vocación, aptitudes, circunstancias, potencialidades y aspiraciones, que le permiten fijarse razonablemente determinadas expectativas y acceder a ellas. (Tibi vs. Ecuador, § 234; Cantos vs. Argentina, § 72 ss., 77.5 e Hermanos Gómez Paquiyauri vs. Perú, § 216, *apud* ALONSO; PALERMO, 2010, p. 404)[112].

O trabalho de Theo van Boven foi relevante para a determinação do sistema de reparação interamericano. Em suas memórias apresentadas no seminário "El sistema interamericano de protección de los derechos humanos en el umbral del siglo XXI", de novembro de 1999[113], o autor mencionou que muitas vezes as reparações são avaliadas em termos de pagamento de compensação e que, embora esse critério seja importante, ele não é o único meio à disposição da Corte[114]. Precedidamente às suas memórias, Boven elaborou (enquanto relator especial da Subcomissão de Prevenção de Discriminações e Proteção das Minorias), um informe sobre

112. "• O *dano material,* referente à "perda ou detrimento dos ingressos da vítima e os gastos efetuados por seus familiares por motivo dos fatos, e fixará uma indenização que busque compensar as consequências patrimoniais das violações cometidas.

• O *reembolso das custas* pelo fato de litigar em âmbito internacional para a defesa dos direitos humanos.

• O *dano moral* infligido às vítimas de padecimentos físicos ou psicológicos, que em certos casos de violação de direitos que implicam toda a comunidade internacional e se fundamentam em normas de *ius cogens,* como o desaparecimento forçado, não necessita ser provado.

• O denominado *dano ao projeto de vida,* uma noção (...) que atende à realização integral da pessoa afetada, considerando sua vocação, aptidões, circunstâncias, potencialidades e aspirações, que lhe permitem fixar-se, razoavelmente, determinadas expectativas e aceder a elas". (Tibi vs. Ecuador, § 234; Cantos vs. Argentina, § 72 ss., 77.5 e Hermanos Gómez Paquiyauri vs. Perú, § 216, *apud* ALONSO; PALERMO, 2010, p. 404. Tradução livre).

113. BOVEN, Theo van. Reparations, a requirement of justice. In: Corte Interamericana de Derechos Humanos. **Memoria del seminario "El sistema interamericano de protección de los derechos humanos en el umbral del siglo XXI"**. Tomo I, 2ª edición. San José, Costa Rica: 23 y 24 de noviembre de 1999, pp. 650-669.

114. Idem, p. 654.

o direito à restituição, indenização e reabilitação das vítimas de graves e flagrantes violações de direitos humanos[115].

Em sua análise, o autor cita como forma de reparação os seguintes meios:

> - ***Restitution*** in kind, that is, the re-establishment of the situation which existed before the wrongful act was committed (Article 43);
>
> - ***Compensation*** for the damage caused by the wrongful act, if and to the extent that the damage is not made good by restitution in kind (Article 44);
>
> - ***Satisfaction*** for the damage, in particular moral damage caused by the wrongful act.
>
> Satisfaction may take the form of
>
> a) an apology;
>
> b) nominal damages;
>
> c) in cases of gross infringements of rights, damages reflecting the gravity of the infringement;
>
> d) in cases of serious misconduct of officials or criminal conduct of officials or private parties, disciplinary action against, or punishment of those responsible (Article 45);
>
> - ***Assurances and guarantees of non-repetition*** of the wrongful act (Article 46). (BOVEN, 1999, pp. 654-655. Destaque nosso)[116].

---

115. COMISIÓN DE DERECHOS HUMANOS. **Estudio relativo al derecho de restitución, indemnización y rehabilitación a las víctimas de violaciones flagrantes de los derechos humanos y las libertades fundamentales.** Informe definitivo presentado por el Sr. Theo van Boven, Relator Especial, Subcomisión de Prevención de Discriminaciones y Protección a las Minorías 45º período de sesiones, E/CN.4/Sub.2/1993/8, de 2 de julio de 1993.

116. "- **Restituição em espécie**, isto é, o restabelecimento da situação existente antes da prática do ato ilícito (artigo 43);

- **Compensação pelos danos causados pelo ato ilícito**, se e na medida em que o dano não for compensado pela restituição em espécie (artigo 44);

- **Satisfação pelos danos**, em particular danos morais causados pelo ato ilícito.

A satisfação pode assumir a forma de

a) um pedido de desculpas;

Foi baseado nesses parâmetros que delimiamos as medidas de reparação observadas na jurisprudência da Corte em ambos os períodos, entre 1987 a 2001 e 2002 a 2017. Um dos resultados dessa análise foi a observação dos efeitos produzidos por tais medidas, quais sejam, efeitos *inter* e *extra partes*.

Nesse sentido, pensamos na validade de desenvolvermos uma metodologia específica para a observação dos problemas que visamos solucionar.

- ***Metodologia de análise das sentenças proferidas pela Corte nos processos contenciosos***

A primeira unidade interna é composta pelo conjunto de sentenças proferidas nos processos contenciosos do tribunal interamericano, para sua observação estabelecemos uma divisão qualitativa e quantitativa em relação ao tipo de informação.

i) Dimensões e critérios da análise qualitativa:

O processo metodológico seguido foi baseado nas seguintes dimensões de análise: violações perpetradas no âmbito interno dos Estados; medidas de reparação implementadas pela Corte e base normativa utilizada pelo tribunal. Cada uma delas implica categorias próprias ordenadas da seguinte forma:

- **1ª dimensão:** violações perpetradas no âmbito interno dos Estados

  **Critérios de observação:** (a) identificação dos tipos de violação que deram origem aos processos contenciosos levados a cabo diante da Corte IDH, ordenadas nas categorias formal (quais direitos violados) e material (quais

b) danos nominais;

c) em casos de graves violações de direitos, danos que reflitam a gravidade da infração;

d) em casos de falta grave de funcionários ou conduta criminosa de funcionários ou particulares, ação disciplinar contra, ou punição dos responsáveis (artigo 45);

- **Medidas e garantias de não repetição** do ato ilícito (artigo 46)". (BOVEN, 1999, pp. 654-655. Tradução livre, destaque nosso).

circunstâncias fáticas) e (b) qual o nível de severidade registrado nas sentenças proferidas em face de Estados reincidentes em determinada situação fática[117].

- 2ª **dimensão:** medidas de reparação

  **Critérios de observação:** (a) levantamento dos tipos de medidas de reparação ordenados pelas categorias material[118] e formal[119]; (b) especificação dos tipos de reparação em relação aos efeitos que produzem (*inter* e *extra partes*); (c) esclarecimento dos tipos de reparação que implicam maior dissidência entre os juízes interamericanos e quais seriam esses juízes e (d) como cada medida de reparação foi evoluindo ao longo do tempo.

- 3ª **dimensão:** base normativa utilizada pelo tribunal

  **Critérios de observação:** identificação dos tipos de violação implicam a observação de outros tratados internacionais (além da CADH), pela Corte IDH nos processos contenciosos.

ii) Dimensões e critérios de análise quantitativa:

Sob a perspectiva quantitativa, visamos criar uma chave de leitura das sentenças da Corte a partir de dimensões e critérios de análise específicos:

- 1ª **dimensão:** temporal

  **Critérios de observação:** nessa dimensão pensamos ser importante observar o fator temporal já que este estudo buscou (entre outros objetivos), entender e confirmar a

117. Citando um exemplo prático da forma que se pretende observar esse critério: qual o nível de severidade das sentenças da Corte quando, por exemplo, o Estado "A" condenado em 2010, por motivo de violação do direito à propriedade em face da comunidade indígena "B", voltou a ser condenado em 2015 pela violação do mesmo direito em face da comunidade indígena "C". Esse "nível de severidade" foi analisado por meio da comparação dos tipos de medida de reparação impostas pelo tribunal interamericano.

118. Qual o direito da CADH violado.

119. Qual a situação fática que deu origem ao dano e à condenação pela Corte IDH.

tendência crescente da Corte em adotar medidas de reparação com efeitos *extra partes*. Além disso, a análise feita sob essa dimensão nos permitiu identificar e entender a mudança do padrão decisório dos juízes interamericanos. Então, sob essa perspectiva, os critérios de análise foram: (a) qual a porcentagem de sentenças condenatórias por ano; (b) qual incidência do tipo de medida de reparação por ano e (c) quais os tipos de violação por ano.

- **2ª dimensão:** Estado envolvido no processo
- **Critérios de observação:** (a) qual a incidência dos tipos de reparação por Estado; (b) qual a incidência dos tipos de violação; (c) qual a porcentagem de reincidência (por país, de forma geral, e por tipo de violação e país, de forma específica).

- **3ª dimensão:** tipo de medida de reparação determinada pela Corte IDH

  **Critérios de observação:** (a) porcentagem de medidas com efeitos *inter* e *extra partes*; (b) porcentagem de votos dissidentes e dos respectivos juízes que votaram dessa forma; (c) porcentagem de casos em que a Corte decide pela violação de outros tratados internacionais além da CADH.

Para melhor exemplificarmos a metodologia utilizada, todas essas informações foram inseridas no quadro "Metodologia de análise do Sistema de reparação da Corte IDH", disponível no apêndice desse livro. Contudo, embora essa pesquisa limite-se a entender e explicar o fenômeno da força vinculante das sentenças à luz da primeira etapa de análise do sistema de reparação da Corte (sentenças proferidas nos casos contenciosos), ressaltamos que esse quadro é uma proposta metodológica geral de análise desse sistema de reparação. Isso porque ele inclui uma metodologia de observação aplicável às duas unidades internas do sistema (já identificadas), ou seja, sentenças e resoluções de supervisão do cumprimento das decisões.

Ainda assim, destacamos que a metodologia de coleta e análise de dados será aplicada nos capítulos 2 e 3, referentes à análise dos dados obtidos nas sentenças emitidas pela Corte IDH entre 1987 e 2001 e entre 2002 e outubro de 2017.

Capítulo 2

# SISTEMA DE REPARAÇÃO DA CORTE IDH: ANÁLISE DAS SENTENÇAS PROFERIDAS ENTRE 1987 E 2001

De um olhar mais aprofundado sobre a jurisprudência da Corte IDH, conseguimos identificar as relações causais existentes entre o trabalho decisório de seus juízes, as medidas de reparação determinadas nos processos contenciosos e os efeitos que tais medidas podem chegar a produzir. Tais relações foram estabelecidas a partir do momento em que se pormenorizou a análise da jurisprudência da Corte por meio da aplicação das dimensões e dos critérios traçados no início deste trabalho. O eixo central de observação foi a extensão (e limites) da força vinculante dessas sentenças. Buscamos entender como e quando as medidas de reparação se transformam em instrumentos que facilitam e/ou dificultam o ganho de força dessas decisões e, consequentemente, podem diminuir ou aumentar seu nível de cumprimento.

Para isso, recorremos às análises qualitativa e quantitativa[1] das sentenças a partir das dimensões: a) das violações perpetradas no âmbito interno dos Estados; b) dos direitos violados previstos na CADH e em outros tratados internacionais e da base normativa

1. Nessa etapa da pesquisa, preferiu-se pela apresentação conjunta dos dados resultantes das análises qualitativa e quantitativa, pelo fato de representarem informações que se complementam e por serem interdependentes para o entendimento das relações causais as quais se buscou demonstrar. Esse mesmo padrão de análise será replicado no capítulo 3 que trata de apresentar os dados referentes ao intervalo entre 2002 e outubro de 2017.

utilizada na fundamentação das decisões da Corte; c) dos Estados envolvidos nos processos contenciosos; d) do tipo de medidas de reparação implementadas pelo tribunal interamericano; e) dos períodos e intervalos de tempo em que as violações e medidas de reparação ocorreram ou foram implementadas e, f) das opiniões dissidentes dos juízes da Corte IDH. Em cada uma dessas dimensões foram aplicados alguns critérios de observação mais específicos.

a) Sobre a dimensão das violações perpetradas, foram observados os seguintes critérios: i) participação direta de agentes do Estado (enquanto violadores) e tipos de violação que mais envolveram esses agentes; ii) tipos de violação registrados; iii) Estados envolvidos por tipo de violação e nível de reincidência desses países e iv) tipos de violação que geraram maior nível de impunidade no âmbito nacional.

b) Quanto à dimensão da base normativa que fundamenta as sentenças, avaliamos: i) os processos entre 1987 e outubro de 2017; ii) os direitos violados nesse intervalo de tempo; iii) quais Estados mais violaram cada tipo de direito e iv) os processos em que foram alisados e violados direitos previstos em outros tratados internacionais.

c) Em relação à dimensão dos Estados envolvidos, entendemos pela importância de se analisar: i) quais tipos de situação fática costumam acontecer por país e ii) se essas situações devem ser enquadradas em um padrão sistemático de violações por Estado ou em âmbito regional.

d) No tocante aos tipos de medidas de reparação implementadas, buscamos observar: i) as medidas que produzem efeitos *inter partes* e em face de quais países essas medidas foram adotadas; ii) as medidas que produzem efeitos *extra partes*, e contra quais países foram adotadas, iii) se essas medidas extensivas podem (ou devem) implicar a adoção de políticas públicas pelos Estados e quando isso acontece.

e) Sobre a dimensão que visa observar os períodos e intervalos de tempo em que as violações e medidas de reparação ocorreram ou foram implementadas, visamos entender e demonstrar: i) a mudança do padrão decisório da Corte; ii) a evolução da adoção dessas novas medidas de reparação e iii) a mudança e evolução da agenda decisória do tribunal interamericano[2].

f) Finalmente, a última dimensão, relativa às opiniões dissidentes dos juízes da Corte IDH, observamos: i) se houve processos em que foram constatadas opiniões dissidentes em relação a todas as medidas de reparação adotadas pela maioria dos juízes; ii) qual tipo de sentença tende a gerar maior dissidência; iii) quais os juízes que marcam essa tendência, iv) se essa tendência representa um padrão crescente na Corte ou se está vinculada somente ao juiz que diverge; v) quais os tipos de medidas de reparação que mais ocasionam essas opiniões e vi) quais os Estados estavam envolvidos nos processos em que houve dissidência na sentença.

## 2.1. ANÁLISE DAS SITUAÇÕES FÁTICAS QUE DERAM ORIGEM AOS PROCESSOS APRESENTADOS À CORTE

Primeiramente, reforçamos a importância de apresentarmos o resultado de nosso estudo em dois períodos distintos, o primeiro deles de 1987 até 2001 (apresentado nesse segundo capítulo) e, o outro, de 2002 a outubro de 2017 (cujos resultados serão apresentados no terceiro capítulo). Esta separação possibilitou demonstrar, entre outros fatores, como e quando houve a alteração do padrão decisório dos juízes interamericanos[3], ou seja, quando as medidas de reparação passaram a produzir efeitos extensivos com capacidade

2. A mudança e evolução na agenda da Corte diz respeito ao momento em que a Corte passou a analisar questões de ordem estrutural, ligadas mais ao nível de desenvolvimento dos países que ao padrão sistemático de violações ocorridas antes da redemocratização dos países membros do SIDH.
Ver notas complementares nº. 13 e 83 (sobre questões estruturais e institucionais) e 06, 07 e 62 (sobre a mudança da agenda da Corte e seus novos desafios).

3. Ver nota explicativa nº. 6.

de alcançar toda a sociedade ou grupos maiores de pessoas que aquelas envolvidas no processo[4].

### 2.1.1. Dimensões e critérios relacionados aos tipos de violação

Para a análise dos tipos de violação, recorremos à observação das dimensões relativas às/aos: a) violações perpetradas no âmbito interno dos Estados; b) Estados envolvidos nos processos contenciosos e c) períodos (intervalos de tempo) em que as violações ocorreram.

#### *2.1.1.1. Violações perpetradas no âmbito interno dos Estados e países envolvidos nos processos da Corte*

A aplicação dessa dimensão permite entender quais tipos de violação têm maior ou menor frequência nos processos levados à Corte. Além disso, ela possibilita observar se essa constância pode ter (ou não) influenciado a alteração do padrão decisório do tribunal e se houve realmente uma mudança na agenda da Corte, ou seja, se houve (ou não) uma modificação do tipo de situação fática atentatória aos direitos, ocorrida após a redemocratização dos países membros do SIDH.

O ponto de partida foi entender se os processos levados ao tribunal abordam fatos em que os Estados agiram contrariamente ou se omitiram diante do dever de proteção imposto pelo artigo 1º da CADH[5]. Aqui, falamos tanto da ação (direta) dos agentes do Estado enquanto responsáveis pelas violações, quanto da falta de diligência diante do dever de proteger os indivíduos que se encontram em seu território em caso de crimes praticados por terceiros.

---

4. Exemplo disso é a medida de reparação que produz efeitos sobre as políticas e agenda públicas dos Estados partes.

5. Artículo 1. Obligación de Respetar los Derechos

   1. Los Estados Partes en esta Convención se comprometen a respetar los derechos y libertades reconocidos en ella y a garantizar su libre y pleno ejercicio a toda persona que esté sujeta a su jurisdicción, sin discriminación alguna por motivos de raza, color, sexo, idioma, religión, opiniones políticas o de cualquier otra índole, origen nacional o social, posición económica, nacimiento o cualquier otra condición social.

   2. Para los efectos de esta Convención, persona es todo ser humano.

Entre os anos de 1987 e 2001, dos trinta e sete (37) processos[6] apresentados diante da Corte IDH, vinte e oito (28) deles[7] referiram-se a situações fáticas envolvendo diretamente a participação de agentes do Estado nas violações constatadas. Esse total resulta na constatação de que (aproximadamente) 75% dos processos levados à Corte nesse período relacionaram-se com crimes praticados por agentes do Estado.

6. "Niños de la Calle" (Villagrán Morales y otros); "La Última Tentación de Cristo" (Olmedo Bustos y otros); "Panel Blanca" (Paniagua Morales y otros); Aloeboetoe y otros; Baena Ricardo y otros; Bámaca Velásquez; Barrios Altos; Benavides Cevallos; Benjamin y otros; Blake; Caballero Delgado y Santana; Cantoral Benavides; Cantos; Caracazo; Castillo Páez; Castillo Petruzzi y otros; Cayara; Cesti Hurtado; Comunidad Mayagna (Sumo) Awas Tingni; Constantine y otros; Durand y Ugarte; El Amparo; Fairén Garbi y Solís Corrales; Gangaram Panday; Garrido y Baigorria; Genie Lacayo; Godínez Cruz; Hilaire; Ivcher Bronstein; Las Palmeras; Loayza Tamayo; Maqueda; Neira Alegría y otros; Suárez Rosero; Tribunal Constitucional; Trujillo Oroza; Velásquez Rodríguez.

Vale ressaltar que cada um desses processos, em regra, gerou mais de uma sentença.

7. Velásquez Rodríguez Vs. Honduras: Sentencias de 26.06.1987; 29.07.1988; 21.07.1989; 17.08.1990; Fairén Garbi y Solís Corrales Vs. Honduras: Sentencias de 26.06.1987; 15.03.1989; Godínez Cruz Vs. Honduras: Sentencias de 26.06.1987; 20.01.1989; 21.06.1989; 17.08.1990; Aloeboetoe y otros Vs. Surinam: Sentencias de 04.12.1991; 10.09.1993; Gangaram Panday Vs. Surinam: Sentencias de 04.12.1991; 21.01.1994; Neira Alegría y otros Vs. Perú: Sentencias de 11.12.1991; 19.01.1995; 19.09.1996; Cayara Vs. Perú: Sentencias de 03.02.1993; Caballero Delgado y Santana Vs. Colombia; Sentencias de 21.01.1994, 08.12.1995; 29.01.1997; El Amparo Vs. Venezuela: Sentencias de 18.01.1995; 14.09.1996; Genie Lacayo Vs. Nicaragua: Sentencias de 27.01.1995; 29.01.1997; "Panel Blanca" (Paniagua Morales y otros) Vs. Guatemala: Sentencias de 25.01.1996; 08.03.1998; 25.05.2001; Castillo Páez Vs. Perú: Sentencias de 30.01.1996; 03.11.1997; 27.11.1998; Loayza Tamayo Vs. Perú: Sentencias de 31.01.1996; 17.09.1997; 27.11.1998; 03.06.1999; Garrido y Baigorria Vs. Argentina: Sentencias de 02.02.1996; 27.08.1998; Blake Vs. Guatemala: Sentencias de 02.07.1996; 24.05.1998; 22.01.1999; 01.10.1999; "Niños de la Calle" (Villagrán Morales y otros) Vs. Guatemala: Sentencias de 11.09.1997; 19.11.1999; 26.05.2001; Suárez Rosero Vs. Ecuador: Sentencias de 12.11.1997; 20.01.1999; Benavides Cevallos Vs. Ecuador: Sentencias de 19.06.1998; Cantoral Benavides Vs. Perú: Sentencias de 03.09.1998; 18.08.2000; 03.12.2001; Cesti Hurtado Vs. Perú: Sentencias de 26.01.1999; 29.09.1999; 19.11.1999; 29.01.2000; 31.05.2001; 27.11.2001; Durand y Ugarte Vs. Perú: Sentencias de 28.05.1999; 16.08.2000; 03.12.2001; Caracazo Vs. Venezuela: Sentencias de 11.11.1999; 29.08.2002; Trujillo Oroza Vs. Bolivia: Sentencias de 26.01.2000; 27.02.2002; Comunidad Mayagna (Sumo) Awas Tingni Vs. Nicaragua: Sentencias de 01.02.2000; 31.08.2001; Las Palmeras Vs. Colombia: Sentencias de 04.02.2000; 06.12.2001; 26.11.2002; Bámaca Velásquez Vs. Guatemala: Sentencias de 25.11.2000; 22.02.2002; Barrios Altos Vs. Perú: Sentencias de 14.03.2001; 03.09.2001; 30.11.2001; Cantos Vs. Argentina: Sentencias de 07.09.2001; 28.11.2002.

Nesse sentido, quando se leva em conta o fator **violação de direito praticada por agente do Estado**, tem-se o seguinte gráfico:

**Gráfico 1.** Tipo de violação perpetrada por agentes do Estado

**Fonte:** dados obtidos em nossa análise da jurisprudência da Corte IDH, constante no site www.corteidh.or.cr

É importante ressaltar que em um mesmo processo pode ocorrer mais de um tipo de violação e, na verdade, essa é a regra. Contudo, uma das questões mais perceptíveis (ligada ao dever de proteger direitos imposta pelo artigo 1º da CADH), é a falta de investigação e sanção dos responsáveis no âmbito interno dos Estados[8], que corresponde a aproximadamente 26,7% das incidências fáticas; seguida de um alto número de assassinatos e execuções

8. Genie Lacayo (obstáculos à investigação e impunidade dos responsáveis que eram militares (devido processo legal e execução)); "Panel Blanca" (Paniagua Morales y otros) (sequestro, detenção arbitrária, maus tratos e tortura e execução por parte de agentes do Estado e falta de investigação e impunidade dos responsáveis); Loayza Tamayo (tratamento cruel, desumano e degradante perpetrado por militares, falta de garantias e proteção judicial); Blake (detenção e execução por agentes do Estado, obstáculos à investigação e impunidade dos responsáveis); Suárez Rosero (detenção ilegal e arbitrária por parte dos policiais e falta de diligência no processo); Cantoral Benavides (detenção ilegal e arbitrária, tortura e falta de investigação e sanção dos responsáveis); Cesti Hurtado (detenção e falta de diligência no processo no foro militar); Durand y Ugarte (morte e desaparecimento forçado por agentes do Estado e falta de investigação e sanção dos responsáveis); Caracazo (uso desproporcional da força por parte de militares e policiais e emprego de mecanismos institucionais para assegurar a impunidade dos responsáveis); Trujillo Oroza (desaparecimento forçado por parte de agentes do Estado e falta de investigação e sanção dos responsáveis); Comunidad Mayagna (Sumo) Awas Tingni (falta de determinação do território da comunidade indígena e ineficácia dos recursos processuais); Las Palmeras (execução das vítimas por parte de membros da Polícia nacional e do Exército, falta de investigação e sanção dos responsáveis); Bámaca Velásquez (desaparecimento forçado, falta de investigação e sanção dos responsáveis); Barrios Altos (morte e lesões corporais a um grupo de pessoas por parte de militares, falta de investigação e sanção dos responsáveis); Cantos (denegação de justiça à vítima, falta de reparação pelos danos causados por agentes do Estado).

extrajudiciais[9] que chegam a cerca de 21,4% das ocorrências; de detenções arbitrárias[10] com quase 17,8% das violações; de situações de tortura, maus tratos e atentado à integridade física e moral[11] e de desaparecimentos forçados[12] que juntas chegam a cerca de

---

9. Aloeboetoe y otros (assassinato de 7 pessoas por membros das forças militares); Neira Alegría y otros (execução de detentos pelas forças militares); Cayara (execução, tortura e destruição de propriedade privada por parte de membros das forças militares); El Amparo (execução de 14 pessoas e lesões corporais de 2 pessoas por parte de Militares); Genie Lacayo (obstáculos à investigação e impunidade dos responsáveis que eram militares (devido processo legal e execução)); "Panel Blanca" (Paniagua Morales y otros) (sequestro, detenção arbitrária, maus tratos e tortura e execução por parte de agentes do Estado e falta de investigação e impunidade dos responsáveis); Blake (detenção e execução por agentes do Estado, obstáculos a investigação e impunidade dos responsáveis); "Niños de la Calle" (Villagrán Morales y otros) (detenção e posterior assassinato de menores por agentes policiais); Benavides Cevallos (detenção ilegal, tortura e execução por parte de membros da Infantaria Naval); Durand y Ugarte (morte e desaparecimento forçado por agentes do Estado e falta de investigação e sanção dos responsáveis) ; Las Palmeras (execução das vítimas por parte de membros da Polícia nacional e do Exército, falta de investigação e sanção dos responsáveis); Barrios Altos (morte e lesões corporais a um grupo de pessoas por parte de militares, falta de investigação e sanção dos responsáveis).

10. Velásquez Rodríguez (detenção e desaparecimento forçado efetuado por membros das forças militares); Gangaram Panday (detenção ilegal); Caballero Delgado y Santana (detenção e desaparecimento forçado por membros do Exército); "Panel Blanca" (Paniagua Morales y otros) (sequestro, detenção arbitrária, maus tratos e tortura e execução por parte de agentes do Estado e falta de investigação e impunidade dos responsáveis); Blake (detenção e execução por agentes do Estado, obstáculos à investigação e impunidade dos responsáveis); "Niños de la Calle" (Villagrán Morales y otros) (detenção e posterior assassinato de menores por agentes policiais), Suárez Rosero (detenção ilegal e arbitrária por parte dos policiais e falta de diligência no processo); Benavides Cevallos (detenção ilegal, tortura e execução por parte de membros da Infantaria Naval); Cantoral Benavides (detenção ilegal e arbitrária, tortura e falta de investigação e sanção dos responsáveis); Cesti Hurtado (detenção e falta de diligência no processo no foro militar).

11. Cayara (execução, tortura e destruição de propriedade privada por parte de membros das forças militares); El Amparo (execução de 14 pessoas e lesões corporais de 2 pessoas por parte de Militares); "Panel Blanca" (Paniagua Morales y otros) (sequestro, detenção arbitrária, maus tratos e tortura e execução por parte de agentes do Estado e falta de investigação e impunidade dos responsáveis); Loayza Tamayo (tratamento cruel, desumano e degradante perpetrado por militares, falta de garantias e proteção judicial); Benavides Cevallos (detenção ilegal, tortura e execução por parte de membros da Infantaria Naval); Cantoral Benavides (detenção ilegal e arbitrária, tortura e falta de investigação e sanção dos responsáveis); Caracazo (uso desproporcional da força por parte de militares e policiais e emprego de mecanismos institucionais para assegurar a impunidade dos responsáveis); Barrios Altos (morte e lesões corporais a um grupo de pessoas por parte de militares, falta de investigação e sanção dos responsáveis).

12. Velásquez Rodríguez (detenção e desaparecimento forçado efetuado por membros das forças militares); Fairén Garbi y Solís Corrales (desaparecimento forçado efetuado

14,2% das ocorrências e, finalmente, de situações de ingerência no direito à propriedade privada[13] e violação do direito de receber justa indenização e reparação dos danos sofridos[14] que se aproximam a 3,5% e 1,7%, respectivamente.

Sob a perspectiva dos Estados envolvidos, pode-se observar a seguinte posição:

**Gráfico 2.** Países envolvidos

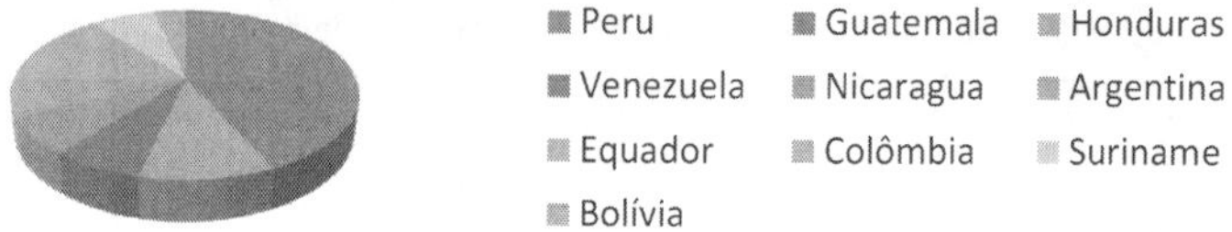


**Fonte:** dados obtidos em nossa análise da jurisprudência da Corte IDH, constante no site www.corteidh.or.cr

O Peru[15] apresenta um número de processos envolvendo agentes do Estado bem superior aos demais países onde esse tipo de incidência foi constatado, chegando a aproximadamente 28,5% dos processos, enquanto que Guatemala[16] e Honduras[17], alcançaram cerca de 14,2 e 10,7% de incidência respectivamente. Nas outras constatações, Venezuela, Nicarágua, Argentina, Equador, Colômbia

por membros das forças militares); Godínez Cruz (desaparecimento forçado efetuado por membros das forças militares); Caballero Delgado y Santana (detenção e desaparecimento forçado por membros do Exército); Garrido y Baigorria (desaparecimento forçado por parte de agentes policiais); Durand y Ugarte (morte e desaparecimento forçado por agentes do Estado e falta de investigação e sanção dos responsáveis); Trujillo Oroza (desaparecimento forçado por parte de agentes do Estado e falta de investigação e sanção dos responsáveis); Bámaca Velásquez (desaparecimento forçado, falta de investigação e sanção dos responsáveis).

13. Cayara (execução, tortura e destruição de propriedade privada por parte de membros das forças militares); Comunidad Mayagna (Sumo) Awas Tingni (falta de determinação do território da comunidade indígena e ineficácia dos recursos processuais).

14. Cantos (denegação de justiça à vítima, falta de reparação pelos danos causados por agentes do Estado)

15. Neira Alegría y otros; Cayara; Castillo Páez; Loayza Tamayo; Cantoral Benavides; Cesti Hurtado; Durand y Ugarte; Barrios Altos.

16. "Panel Blanca" (Paniagua Morales y otros); Blake; "Niños de la Calle" (Villagrán Morales y otros); Bámaca Velásquez.

17. Velásquez Rodríguez; Fairén Garbi y Solís Corrales; Godínez Cruz.

e Suriname[18] chegaram a uma porcentagem aproximada de 7,1% das incidências (cada um desses países), enquanto que a Bolívia ficou em último lugar, com cerca de 3,5% dos processos em que houve participação direta de agentes do Estado na violação de direitos.

Outro critério importante a ser analisado refere-se aos tipos de violação constatados na jurisprudência da Corte IDH entre 1987 e 2001. Sob essa perspectiva, esclarecemos que os dados apresentados são referentes ao total de processos analisados nesse período e não somente em relação àqueles em que houve a participação direta de agentes do Estado. Nesse sentido, o gráfico a seguir mostra as situações fáticas constatadas:

**Gráfico 3.** Tipos de violação cometidos entre 1987 e 2001

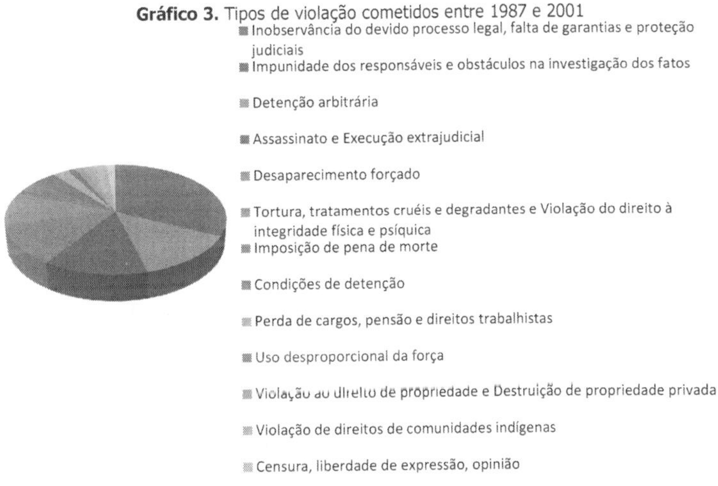


**Fonte:** dados obtidos em nossa análise da jurisprudência da Corte IDH, constante no site www.corteidh.or.cr

Contudo, analisando essas constatações mais detalhadamente, viu-se que é possível identificar essa incidência por tipo de violação, por Estado e por ano, como se verá a seguir:

18. **Venezuela:** El Amparo; Caracazo. **Nicaragua:** Genie Lacayo; Comunidad Mayagna (Sumo) Awas Tingni. **Argentina:** Garrido y Baigorria; Cantos. **Equador:** Suárez Rosero; Benavides Cevallos. **Colômbia:** Caballero Delgado y Santana; Las Palmeras. **Suriname:** Aloeboetoe y otros; Gangaram Panday.

a) **Inobservância do devido processo legal, falta de garantia e proteção judicial**[19]: foi em 1995 a primeira vez que a Corte sentenciou sobre um processo que versava (entre outros fatos), sobre a questão da inobservância do devido processo legal e de todas as implicações que esse tipo de violação pode resultar, como por exemplo, falta de um recurso efetivo ou acesso à justiça. Em relação aos países envolvidos nesses tipos de processo, o Peru, mais uma vez, liderou o número de ocorrências, chegando a cerca de 33,3% dos casos registrados, seguido de Trindade e Tobago, com 25%; Argentina, com 16,6% e Nicarágua, Equador e Panamá, cada um deles com cerca de 8,3% das incidências.

b) **Impunidade dos responsáveis e obstáculos na investigação dos fatos**[20]: embora esse item pudesse ter sido incluído no anterior (devido processo legal), foi apresentado isoladamente, pois refere-se a processos em que a Corte mencionou, expressamente, a necessidade de se combater a impunidade nos Estados. Novamente, foi em 1995 a primeira vez que se constatou esse tipo de situação fática dos processos da Corte, sendo o Peru o país que maior número de processos teve nesse sentido (chegando a 36,3% das incidências). Logo atrás dele está a Guatemala, com cerca de 27,2%, seguida da Bolívia, Venezuela, Colômbia e Nicarágua, cada um deles com aproximadamente 9% dos registros.

19. 1995: Maqueda Vs. Argentina, Genie Lacayo Vs. Nicaragua. 1996: Loayza Tamayo Vs. Perú. 1997: Suárez Rosero Vs. Ecuador. 1998: Castillo Petruzzi y otros Vs. Perú. 1999: Cesti Hurtado Vs. Perú, Tribunal Constitucional Vs. Perú, Baena Ricardo y otros Vs. Panamá. 2001: Hilaire Vs. Trinidad y Tobago, Benjamin y otros Vs. Trinidad y Tobago, Constantine y otros Vs. Trinidad y Tobago, Cantos Vs. Argentina.

20. 1995: Genie Lacayo Vs. Nicaragua. 1996: "Panel Blanca" (Paniagua Morales y otros) Vs. Guatemala; Castillo Páez Vs.Perú; Blake Vs. Guatemala. 1998: Cantoral Benavides Vs. Perú. 1999: Durand y Ugarte Vs. Perú; Caracazo Vs. Venezuela. 2000: Trujillo Oroza Vs. Bolivia; Las Palmeras Vs. Colombia; Bámaca Velásquez Vs. Guatemala. 2001: Barrios Altos Vs. Perú.

c) **Detenção arbitrária**[21]: a Guatemala superou o Peru em relação a esse tipo de violação, chegando a registrar 30% dos processos, seguida do Equador e do Peru, ambos com 20% das incidências. Equador, Colômbia, Suriname e Honduras, cada um deles, registrou apenas um processo em que se constatou situação de detenção ilegal, o que representa uma porcentagem de 10% por Estado. Contudo, vale destacar que esse tipo de violação foi um dos primeiros julgados pelo Tribunal interamericano, já que a primeira sentença registrada data de 1987.

d) **Assassinato e Execução extrajudicial**[22]: o primeiro ano em que se constatou esse tipo de violação foi em 1991 e, novamente, Peru e Guatemala foram os países que tiveram maior número de ocorrências nesse sentido. Os processos envolvendo ambos os países chegaram, respectivamente, a 30% do total entre os anos de 1987 e 2001. Na sequência está a Venezuela, Nicarágua, Colômbia e Suriname com 10% das incidências em cada um deles.

e) **Desaparecimento forçado**[23]: o ano de 1987 foi o primeiro em que a Corte sentenciou sobre esse tema e Honduras lidera o número de processos nesse sentido, alcançando aproximadamente 33,3% das incidên-

21. 1987: Velásquez Rodríguez Vs. Honduras. 1991: Gangaram Panday Vs. Surinam. 1994: Caballero Delgado y Santana Vs. Colombia. 1996: "Panel Blanca" (Paniagua Morales y otros) Vs. Guatemala; Blake Vs. Guatemala. 1997: " Niños de la Calle" (Villagrán Morales y otros) Vs. Guatemala; Suárez Rosero Vs. Ecuador. 1998: Benavides Cevallos Vs. Ecuador; Cantoral Benavides Vs. Perú. 1999: Cesti Hurtado Vs. Perú.

22. 1991: Aloeboetoe y otros Vs. Surinam; Neira Alegría y otros Vs. Perú. 1993: Cayara Vs. Perú. 1995: El Amparo Vs. Venezuela; Genie Lacayo Vs. Nicaragua. 1996: "Panel Blanca" (Paniagua Morales y otros) Vs. Guatemala; Blake Vs. Guatemala. 1997: " Niños de la Calle" (Villagrán Morales y otros) Vs. Guatemala. 2000: Las Palmeras Vs. Colombia. 2001: Barrios Altos Vs. Perú.

23. 1987: Velásquez Rodríguez Vs. Honduras; Fairén Garbi y Solís Corrales Vs. Honduras; Godínez Cruz Vs. Honduras. 1994: Caballero Delgado y Santana Vs. Colombia. 1996: Castillo Páez Vs.Perú; Garrido y Baigorria Vs. Argentina. 1999: Durand y Ugarte Vs. Perú. 2002: Trujillo Oroza Vs. Bolivia; Bámaca Velásquez Vs. Guatemala.

cias, seguido do Peru, com cerca de 22,2%, Argentina, Colômbia, Bolívia e Guatemala com quase 11,1% de processos registrados (cada um desses países).

f) **Tortura, tratamentos cruéis e degradantes e violação do direito à integridade física e psíquica**[24]: o Peru novamente liderou a porcentagem de registros, chegando a cerca de 57% dos casos, seguido da Venezuela, Guatemala e Equador, cada um deles com, aproximadamente, 14% das incidências. O primeiro ano em que a Corte sentenciou sobre esse tipo de situação fática foi em 1993.

g) **Perda de cargos, aposentadoria e direitos trabalhistas e Violação do direito de propriedade e destruição de propriedade privada**[25]: em relação aos processos que envolveram o direito à propriedade, Peru e Nicarágua tiveram, respectivamente, um processo registrado em 1993 e 2000. Já no tocante às violações de direitos trabalhistas (e previdenciários), Peru e Panamá também envolveram-se em um processo cada e ambos sentenciados em 1999.

h) **Imposição de pena de morte e Condições de detenção**: Trindade e Tobago foi o único país sentenciado nesse sentido. Essas sentenças foram proferidas no ano de 2001, totalizando três (3) processos[26] distintos.

---

24. Embora os processos que trataram sobre a imposição da pena de morte pudessem ser inseridos nesse tópico, preferimos pela análise separada dessas duas questões. 1993: Cayara Vs. Perú. 1995: El Amparo Vs. Venezuela. 1996: Panel Blanca (Paniagua Morales y otros) Vs. Guatemala; Loayza Tamayo Vs. Perú. 1998: Benavides Cevallos Vs. Ecuador; Cantoral Benavides Vs. Perú. 2001: Barrios Altos Vs. Perú.

25. **Direito de propriedade:** Cayara Vs. Perú (1993). **Direitos trabalhistas:** Tribunal Constitucional Vs. Perú; Baena Ricardo y otros Vs. Panamá (1999). **Direito de propriedade:** Comunidad Mayagna (Sumo) Awas Tingni Vs. Nicaragua (2000).

26. Hilaire Vs. Trinidad y Tobago; Benjamin y otros Vs. Trinidad y Tobago; Constantine y otros Vs. Trinidad y Tobago

i) **Uso desproporcional da força; Violação de direitos de comunidades indígenas; Censura, liberdade de expressão e opinião; Perda da nacionalidade e de direitos ligados à nacionalidade e Denegação do direito de receber indenização**[27]: no ano de 1999, Venezuela e Peru foram sentenciados pela Corte IDH (cada um deles com um processo) por questões ligadas ao uso desproporcional da força e perda da nacionalidade (e dos direitos ligados à nacionalidade), respectivamente. Em 2000, a Nicarágua viu-se envolvida em um processo que versava sobre violação de direitos de comunidades indígenas. E, em 2001, verificou-se a incidência de dois processos relativos ao direito de receber indenização e reparação de danos e às liberdades de expressão e opinião livres de censura, envolvendo a Argentina e o Chile.

Em relação à dimensão dos Estados envolvidos nos processos contenciosos, dois tipos de observação devem ser feitos, a primeira delas diz respeito à identificação dos tipos de violação praticados e, a segunda, relativa ao nível de reincidência de cada país em relação a cada tipo de violação (analisada isoladamente).

A importância de apresentarmos os dados referentes ao nível de reincidência dos países justificou-se, sobretudo, pela necessidade de avaliarmos a extensão dos efeitos preventivos que as sentenças podem chegar a produzir. Para melhor apresentarmos essas informações, decidimos que a avaliação deveria ser feita por país, conforme o gráfico a seguir:

27. **1999:** Uso desproporcional da força: Caracazo Vs. Venezuela; Perda da nacionalidade e de direitos ligados à nacionalidade: Ivcher Bronstein Vs. Perú. **2000:** Violação de direitos de comunidades indígenas: Comunidad Mayagna (Sumo) Awas Tingni Vs. Nicaragua. **2001:** Denegação do direito de receber indenização: Cantos Vs. Argentina, Censura, liberdade de expressão, opinião: "La Última Tentación de Cristo" (Olmedo Bustos y otros) Vs. Chile.

**Gráfico 4. Número de violação por Estado entre 1987 e 2001**

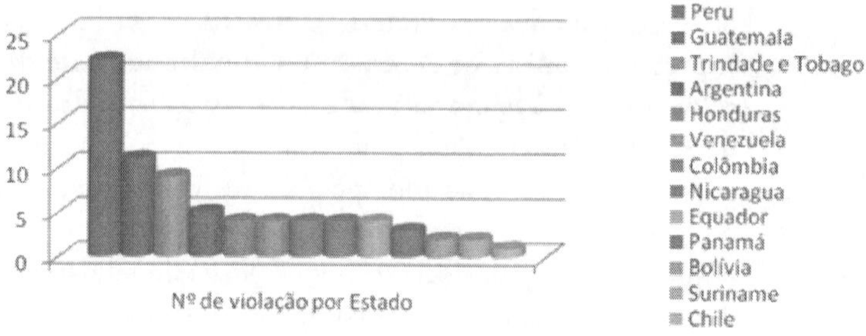


**Fonte:** dados obtidos em nossa análise da jurisprudência da Corte IDH, constante no site www.corteidh.or.cr

O Peru foi o país que mais vezes teve sua responsabilidade internacional declarada pela Corte IDH, em relação aos processos contenciosos analisados entre 1987 e 2001. O número de incidências[28] registradas para esse país superou o resultado da soma das incidências identificadas para Venezuela, Colômbia, Nicarágua, Equador, Panamá, Bolívia, Suriname e Chile.

## 2.1.2. Dimensões e critérios relativos aos direitos violados

O artigo 33 da CADH prevê que a Comissão Interamericana de Direitos Humanos (CIDH) e a Corte são os órgãos competentes para "conhecer dos assuntos relacionados com o cumprimento dos compromissos assumidos pelos Estados". A extensão das competências judicial e interpretativa da Corte está prevista no artigo 62 que, embora mencione que esse tribunal é competente para "conhecer de qualquer caso relativo à interpretação e aplicação das disposições desta Convenção", faz menção a algumas limitações. Este dispositivo estabelece que tal competência será exercida em relação ao processo "que lhe seja submetido", tendo como base normativa de atuação os dispositivos previstos na CADH.

28. A expressão "número de incidências" não deve ser entendida como número de processos, mas sim como tipo(s) de violação constante(s) em cada processo. Considerando-se que em um mesmo processo pode ser declarado mais de um tipo de violação de direito.

A fim de reforçar o limite de atuação da Corte, o artigo 62 estabeleceu também que, além do fato de esse tribunal poder utilizar de suas competências no caso concreto, especifica que isso acontecerá "desde que os Estados Partes, no caso, tenham reconhecido ou reconheçam a referida competência, seja por declaração especial, como preveem os incisos anteriores, seja por convenção especial". Vemos aqui uma ressalva, pois dispõe que essa competência só será exercida se os Estados Partes tiverem reconhecido a validade da CADH. Embora haja essa limitação, o artigo 64 possibilitou a abertura progressiva do trabalho hermenêutico da Corte.

Em outras palavras, a Corte poderá ser chamada a interpretar "outros tratados concernentes à proteção dos direitos humanos nos Estados americanos". Essa ideia é reforçada quando o dispositivo afirma: "a Corte, a pedido de um Estado membro da Organização, poderá emitir pareceres sobre a compatibilidade entre qualquer de suas leis internas e os mencionados instrumentos internacionais". Nesse contexto, a CADH possibilitou a abertura interpretativa extensiva a outros tratados e demais instrumentos internacionais que versem sobre direitos humanos. Mas, embora a Convenção Americana tenha possibilitado tal abertura, os princípios que regem o cumprimento dos tratados internacionais não podem ser esquecidos, sendo eles: a) o principio *ex consensu advenit vinculum*, que vincula as partes uma vez que estas deram seu consentimento, ou seja, a livre expressão soberana dos Estados é fundamental para determinar se este está ou não obrigado a respeitar o tratado; b) o princípio *pacta sunt servanda*, que determina que aquilo que foi acordado pelas partes de um tratado deve ser fielmente cumprido por eles, materializando assim o princípio da boa-fé dos Estados; c) o princípio *pacta tertiis nec nocent nec prosunt (res inter alias acta)*, que, de forma complementar aos princípios anteriores, determina que um acordo será obrigatório somente para as partes destes, não se estendendo a terceiros (outros Estados que não ratificaram o tratado) seus efeitos e consequências[29]. Tais princípios deixam claros os padrões de aplicabilidade, eficácia e validade de um tratado no plano interno dos Estados.

29. IIDH, 2015, *op. cit.*, p. 21.

Nesse sentido, um instrumento normativo internacional passa a produzir efeitos internos (vinculantes), quando o Estado pode expressar livremente sua vontade de reconhecer sua validade, quando abriu mão de parte de seu direito à autodeterminação. Isso ocorre quando se aceita que normas externas ao ordenamento pátrio estabeleçam limites à atuação do ente estatal, que acontecerá quando: a) as disposições forem claras e predeterminadas pelo texto convencional (o que não impossibilita alterações das regras, desde que o rito de alteração seja respeitado[30]); b) a alteração do texto do tratado ou de sua extensão seja igualmente aceita pelos Estados Partes (os quais

30. Sobre a possibilidade de alteração e emenda de um tratado, a Convenção de Viena sobre o Direito dos Tratados diz o seguinte:

**Artigo 39: Regra Geral Relativa à Emenda de Tratados**

"Um tratado poderá ser emendado por acordo entre as partes". (...)

**Artigo 40: Emenda de Tratados Multilaterais**

(...)

2. Qualquer proposta para emendar um tratado multilateral entre todas as partes deverá ser notificada a todos os Estados contratantes, cada um dos quais terá o direito de participar: a) na decisão quanto à ação a ser tomada sobre essa proposta; b) na negociação e conclusão de qualquer acordo para a emenda do tratado.

3. Todo Estado que possa ser parte no tratado poderá igualmente ser parte no tratado emendado.

4. O acordo de emenda não vincula os Estados que já são partes no tratado e que não se tornaram partes no acordo de emenda; em relação a esses Estados, aplicar-se-á o artigo 30, parágrafo 4 (b).

5. Qualquer Estado que se torne parte no tratado, após a entrada em vigor do acordo de emenda, será considerado, a menos que manifeste intenção diferente: a) parte no tratado emendado; e b) parte no tratado não emendado em relação às partes no tratado não vinculadas pelo acordo de emenda.

**Artigo 41: Acordos para Modificar Tratados Multilaterais somente entre Algumas Partes**

1. Duas ou mais partes num tratado multilateral podem concluir um acordo para modificar o tratado, somente entre si, desde que: a) a possibilidade de tal modificação seja prevista no tratado; ou b) a modificação em questão não seja proibida pelo tratado; e c) não prejudique o gozo pelas outras partes dos direitos provenientes do tratado nem o cumprimento de suas obrigações; d) não diga respeito a uma disposição cuja derrogação seja incompatível com a execução efetiva do objeto e da finalidade do tratado em seu conjunto.

2. A não ser que, no caso previsto na alínea a do parágrafo 1, o tratado disponha de outra forma, as partes em questão notificarão as outras partes sua intenção de concluir o acordo e as modificações que este introduz no tratado.

têm o direito de participar tanto na decisão de alteração quando na negociação e conclusão da proposta de emenda)[31].

Foi a partir dessas premissas que entendemos a importância da dimensão relativa aos direitos violados, pois sua análise permite identificar a trajetória da formação e ampliação do *corpus juris* interamericano. Além disso, ela é um dos aspectos que pode influenciar o aumento (ou diminuição) da força vinculante das sentenças da Corte IDH; isso porque se um Estado não se vê obrigado a cumprir um tratado cuja validade não é reconhecida, dificilmente cumprirá as obrigações oriundas de uma sentença fundamentada nessa norma.

Mesmo assim, é importante ressaltarmos o mérito o trabalho do tribunal interamericano no sentido de criar (e fortalecer) o corpo normativo interamericano, por meio da criação de estandes suficientemente fortes, capazes de possibilitar, além da promoção dos direitos humanos, a prevenção de futuras violações.

#### 2.1.2.1. Aplicação da Convenção Interamericana de Direitos Humanos nos processos contenciosos da Corte

Os critérios observados na dimensão dos direitos violados entre 1987 e 2001 foram: a) os direitos mais violados nesse período e b) a identificação dos Estados que mais violaram cada tipo de direito;

a) Direitos mais violados entre 1987 e 2001.

Ao se tomar como ponto de partida a pesquisa quantitativa geral dos dispositivos da Convenção Americana de Direitos Humanos citados e analisados nos processos da Corte entre 1987 e 2001, tem-se os seguintes gráficos:

31. "Deve ainda ser ressaltado que, no âmbito internacional, a dificuldade em ratificar acordos, leva os Estados a proporem textos abertos, com lacunas e termos vagos a serem preenchidos pela atuação de cortes e tribunais como no caso do Sistema Interamericano de Direitos Humanos". (SILVA, Alice Rocha da; ECHEVERRIA, Andrea de Quadros Dantas. **Tentativas de contenção do ativismo judicial da Corte Interamericana de Direitos Humanos**. Revista Brasileira de Políticas Públicas. Brasília, v. 5, Número Especial, 2015, p. 396).

**Gráfico 5. Artigos da CADH analisados nos processos da Corte IDH entre 1987 e 2001: artigos 1 ao 13**

**Fonte:** dados obtidos em nossa análise da jurisprudência da Corte IDH, constante no site www.corteidh.or.cr

**Gráfico 6. Artigos da CADH analisados nos processos da Corte IDH entre 1987 e 2001: artigos 14 ao 26 e 29**

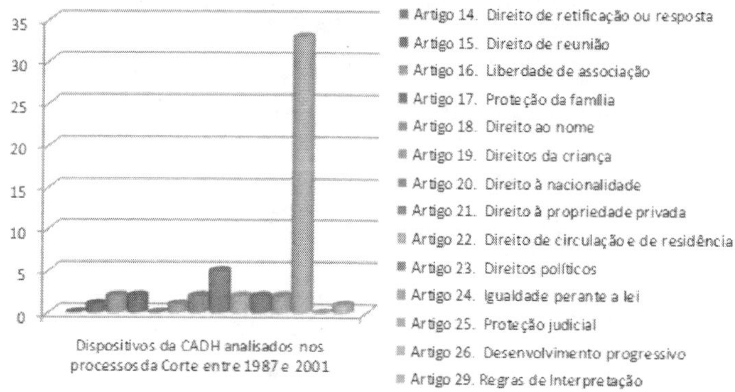


**Fonte:** dados obtidos em nossa análise da jurisprudência da Corte IDH, constante no site www.corteidh.or.cr

Desses gráficos extraímos a conclusão da maior incidência de alguns artigos em relação a outros. Isso pode ser considerado como um dos fatores que demonstram padrões sistemáticos de violação de direitos[32] pelos países membros do SIDH. Além da alta incidência de violação do artigo 1º, referente às obrigações

32. Ver nota explicativa nº. 27, sobre a definição de violações sistemática de direitos.

de respeitar direitos[33], outros dispositivos foram seguidamente citados (e, por consequência, violados), nesses processos, tais como: direito à proteção judicial (artigo 25, analisado em trinta e três (33) processos)[34]; direito às garantias judiciais (artigo 8, analisado em trinta (30) processos)[35]; direitos à integridade pessoal[36] e à liberdade pessoal[37] (artigos 5 e 7 respectivamente, ambos analisados

33. Obrigação esta que, por si só, poderia ser considerada como pré-requisito fundamental em relação a todos os demais dispositivos da CADH. Esse artigo foi analisado em 37 processos entre os anos de 1987 e 2001, quais sejam: Velásquez Rodríguez; Fairén Garbi y Solís Corrales; Godínez Cruz; Aloeboetoe y otros; Gangaram Panday; Neira Alegría y otros; Cayara; Caballero Delgado y Santana; Maqueda; El Amparo; Genie Lacayo; "Panel Blanca" (Paniagua Morales y otros); Castillo Páez; Loayza Tamayo; Garrido y Baigorria; Blake; "Niños de la Calle" (Villagrán Morales y otros); Suárez Rosero; Benavides Cevallos; Cantoral Benavides; Castillo Petruzzi y otros; Cesti Hurtado; Durand y Ugarte; Ivcher Bronstein; Tribunal Constitucional; Caracazo; Baena Ricardo y otros; Trujillo Oroza; Comunidad Mayagna (Sumo) Awas Tingni; Las Palmeras; Bámaca Velásquez; "La Última Tentación de Cristo" (Olmedo Bustos y otros); Barrios Altos; Hilaire; Benjamin y otros; Constantine y otros; Cantos.

34. Aloeboetoe y otros; Gangaram Panday; Neira Alegría y otros; Cayara; Caballero Delgado y Santana; Maqueda; El Amparo; Genie Lacayo; "Panel Blanca" (Paniagua Morales y otros); Castillo Páez; Loayza Tamayo; Garrido y Baigorria; Blake; "Niños de la Calle" (Villagrán Morales y otros); Suárez Rosero; Benavides Cevallos; Cantoral Benavides; Castillo Petruzzi y otros; Cesti Hurtado; Durand y Ugarte; Ivcher Bronstein; Tribunal Constitucional; Caracazo; Baena Ricardo y otros; Trujillo Oroza; Comunidad Mayagna (Sumo) Awas Tingni; Las Palmeras; Bámaca Velásquez; Barrios Altos; Hilaire; Benjamin y otros; Constantine y otros; Cantos.

35. Neira Alegría y otros; Cayara; Caballero Delgado y Santana; Maqueda; Genie Lacayo; "Panel Blanca" (Paniagua Morales y otros); Castillo Páez; Loayza Tamayo; Garrido y Baigorria; Blake; "Niños de la Calle" (Villagrán Morales y otros); Suárez Rosero; Benavides Cevallos; Cantoral Benavides; Castillo Petruzzi y otros; Cesti Hurtado; Durand y Ugarte; Ivcher Bronstein; Tribunal Constitucional; Caracazo; Baena Ricardo y otros; Trujillo Oroza; Las Palmeras; Bámaca Velásquez; Barrios Altos; Hilaire; Benjamin y otros; Constantine y otros; Cantos.

36. Velásquez Rodríguez; Fairén Garbi y Solís Corrales; Godínez Cruz; Aloeboetoe y otros; Gangaram Panday; Cayara; Caballero Delgado y Santana; El Amparo; "Panel Blanca" (Paniagua Morales y otros); Castillo Páez; Loayza Tamayo; Garrido y Baigorria; Blake; "Niños de la Calle" (Villagrán Morales y otros); Suárez Rosero; Benavides Cevallos; Cantoral Benavides; Castillo Petruzzi y otros; Cesti Hurtado; Caracazo; Trujillo Oroza; Bámaca Velásquez; Barrios Altos; Hilaire; Benjamin y otros; Constantine y otros.

37. Velásquez Rodríguez; Fairén Garbi y Solís Corrales; Godínez Cruz; Aloeboetoe y otros; Gangaram Panday; Neira Alegría y otros; Cayara; Caballero Delgado y Santana; "Panel Blanca" (Paniagua Morales y otros); Castillo Páez; Loayza Tamayo; Garrido y Baigorria; Blake; "Niños de la Calle" (Villagrán Morales y otros); Suárez Rosero; Benavides Cevallos; Cantoral Benavides; Castillo Petruzzi y otros; Cesti Hurtado; Durand y Ugarte; Caracazo; Trujillo Oroza; Bámaca Velásquez; Hilaire; Benjamin y otros; Constantine y otros.

– isoladamente – em vinte e seis (26) processos); direito à vida (artigo 4, analisado em vinte e cinco (25) processos)[38] e dever de adotar disposições de direito interno (previsto no artigo 2, observado em vinte e um (21) processos)[39].

Levando-se em conta a possibilidade de um padrão sistemático de violações cometidas nesse período e combinando esse padrão com as informações obtidas no item relativo às violações perpetradas no âmbito interno dos Estados (item 2.1.1.1), é possível afirmar que, dentre os trinta e sete processos analisados, aproximadamente 75% deles relacionaram-se com crimes praticados por agentes do Estado. Dessa porcentagem, as violações mais constantes estiveram relacionadas à/ao: devido processo legal e impunidade dos responsáveis; detenção arbitrária e desaparecimento forçado; tortura, maus tratos e atentado à integridade física e moral.

Juntando essas informações àquelas relacionadas aos artigos da CADH mais violados, é possível traçar um perfil de violação de direitos entre 1987 e 2001. Em outras palavras, cabe a observação de que a maioria dos processos levados à Corte nesses anos tratou, basicamente, de dois tipos de incidência:

a) a primeira versa sobre a omissão do Estado diante do dever de proteger direitos, corroborada pelo alto índice de violação dos artigos 25º (garantias judiciais) e 21º (dever de adotar disposições de direito interno), que se confirma pelos tipos de violação relacionados à inobservância do devido processo legal – e suas implicações e

38. Velásquez Rodríguez; Fairén Garbi y Solís Corrales; Godínez Cruz; Aloeboetoe y otros; Gangaram Panday; Neira Alegría y otros; Cayara; Caballero Delgado y Santana; El Amparo; "Panel Blanca" (Paniagua Morales y otros); Castillo Páez; Garrido y Baigorria; Blake; "Niños de la Calle" (Villagrán Morales y otros); Benavides Cevallos; Durand y Ugarte; Caracazo; Trujillo Oroza; Comunidad Mayagna (Sumo) Awas Tingni; Las Palmeras; Bámaca Velásquez; Barrios Altos; Hilaire; Benjamin y otros; Constantine y otros.

39. Aloeboetoe y otros; Gangaram Panday; Neira Alegría y otros; Caballero Delgado y Santana; Maqueda; El Amparo; Genie Lacayo; Cantoral Benavides; Castillo Petruzzi y otros; Cesti Hurtado; Durand y Ugarte; Tribunal Constitucional; Caracazo; Baena Ricardo y otros; Comunidad Mayagna (Sumo) Awas Tingni; "La Última Tentación de Cristo" (Olmedo Bustos y otros); Barrios Altos; Hilaire; Benjamin y otros; Constantine y otros; Cantos.

vertentes de análise –, e ao alto nível de impunidade e falta de sanção dos responsáveis no âmbito interno dos Estados.

b) a segunda trata de situações fáticas em que houve ação do ente estatal, ou seja, falamos aqui dos crimes cometidos por agentes do Estado que, majoritariamente, implicaram na violação dos artigos 5º (direito à integridade pessoal); 7º (direito à liberdade pessoal) e 4º (direito à vida), fatos esses que podem ser corroborados pela incidência dos tipos de violação predominantes nesse período, quais sejam: detenção arbitrária, desaparecimento forçado e tortura, maus tratos e atentado à integridade física e moral.

Em relação aos demais artigos da CADH mencionados nos gráficos 17 e 18[40], todos eles, salvo algumas poucas exceções, estiveram presentes nos processos levados à Corte, contudo, com uma média de incidência aproximada de 2,25 processos cada um deles. Esse nível é relativamente baixo se comparado à média obtida na análise da incidência dos artigos 1, 2, 4, 5, 7, 8 e 25, que chegou a 28,28 processos.

40. **Artigo 21.** Direito à propriedade privada - (Cayara; Cesti Hurtado; Ivcher Bronstein; Comunidad Mayagna (Sumo) Awas Tingni; Cantos). **Artigo 13**. Liberdade de pensamento e de expressão - (Blake; Ivcher Bronstein; "La Última Tentación de Cristo" (Olmedo Bustos y otros); Barrios Altos); **Artigo 3**. Direito ao reconhecimento da personalidade jurídica - (Benavides Cevallos; Trujillo Oroza; Bámaca Velásquez); **Artigo 9**. Princípio da legalidade e da retroatividade - (Cantoral Benavides; Castillo Petruzzi y otros; Baena Ricardo y otros); **Artigo 11**. Proteção da honra e da dignidade - (Suárez Rosero; Cesti Hurtado; Comunidad Mayagna (Sumo) Awas Tingni); **Artigo 12**. Liberdade de consciência e de religião - (Comunidad Mayagna (Sumo) Awas Tingni; "La Última Tentación de Cristo" (Olmedo Bustos y otros)); **Artigo 16**. Liberdade de associação - (Baena Ricardo y otros; Comunidad Mayagna (Sumo) Awas Tingni); **Artigo 17.** Proteção da família - (Castillo Páez; Suárez Rosero); **Artigo 20**. Direito à nacionalidade - (Castillo Petruzzi y otros; Ivcher Bronstein); **Artigo 22**. Direito de circulação e de residência - (Blake; Comunidad Mayagna (Sumo) Awas Tingni); **Artigo 23**. Direitos políticos - (Tribunal Constitucional; Comunidad Mayagna (Sumo) Awas Tingni); **Artigo 24**. Igualdade perante a lei - (El Amparo; Genie Lacayo); **Artigo 10**. Direito à indenização - (Baena Ricardo y otros); **Artigo 15**. Direito de reunião - (Baena Ricardo y otros); **Artigo 19**. Direitos da criança - ("Niños de la Calle" (Villagrán Morales y otros)); **Artigo 29**. Regras de Interpretação - (Castillo Petruzzi y otros).

As exceções acima citadas dizem respeito aos artigos da CADH que não foram objeto de análise nos processos apresentados à Corte entre 1987 e 2001. São eles: Artigo 6 (Proibição da escravidão e da servidão); Artigo 14 (Direito de retificação ou resposta); Artigo 18 (Direito ao nome) e Artigo 26 (Desenvolvimento progressivo). Nenhum desses dispositivos foi observado nas sentenças de fundo proferidas pelo tribunal. Essa constatação deverá ser confrontada com os processos analisados entre 2002 e 2017 (outubro) para verificar se houve alteração na agenda da Corte IDH[41].

b) Estados que mais violaram cada tipo de direito

Importante é lembrarmos que os dados resultantes desse item devem ser observados de forma complementar às demais dimensões já apresentadas, a fim de se identificar (e confirmar) os padrões de violação e nível de reincidência de cada país. Aqui, essas duas questões são apresentadas, separadamente, já que não são sinônimas. A primeira expressão, 'padrão de violação', implica a prática constante (mínimo de três incidências) passível de observação e prova. Já o termo 'reincidência' pode ser verificado em apenas dois processos que versem sobre o mesmo tipo de violação, ou mesmo fundamento normativo violado. Consideramos situação de reincidência aquela em que os países violaram o mesmo direito em dois ou mais processos e padrão de violação, nas situações em que um mesmo direito foi violado em três ou mais processos.

Da observação geral das informações relativas ao nível de violação por artigo e por país, temos as tabelas a seguir:

41. Essa análise é importante para confirmar (ou não) a alteração do tipo de violação constatado no período entre 2002 e 2017, o que pode implicar, no mínimo, em três observações: a) que as jovens democracias superaram os resquícios dos regimes anteriores e passaram a enfrentar novos desafios estruturais, como pobreza e situações de trabalho escravo; b) que houve mudança no perfil de processos que determinam a agenda da Corte e c) que os padrões sistemáticos de violação de direitos passaram a ter uma nova proporção, uma vez que se trata de questões de ordem estrutural. Qualquer uma dessas situações justificaria a alteração do padrão decisório da Corte.

**TABELA 1.1 Artigos da CADH violados pelos Estados nos processos da Corte entre 1987 e 2001 (artigos 1 a 13)**

| Estado | Art. 1 | Art. 2 | Art. 3 | Art. 4 | Art. 5 | Art. 6 | Art. 7 | Art. 8 | Art. 9 | Art. 10 | Art. 11 | Art. 12 | Art. 13 |
|---|---|---|---|---|---|---|---|---|---|---|---|---|---|
| Peru | 11 | 7 | - | 5 | 7 | - | 8 | 11 | 2 | - | 1 | - | 2 |
| Guatemala | 4 | - | 3 | 4 | 4 | - | 4 | 4 | - | - | - | - | 1 |
| Trind. e Tobago | 3 | 3 | 3 | 3 | - | - | 3 | 3 | - | - | - | - | - |
| Equador | 2 | - | 1 | 1 | 2 | - | 2 | 2 | - | - | 1 | - | - |
| Argentina | 3 | 2 | - | 1 | 1 | - | 1 | 3 | - | - | - | - | - |
| Nicarágua | 2 | 2 | - | 1 | - | - | - | 1 | - | - | 1 | 1 | - |
| Venezuela | 2 | 2 | - | 2 | 2 | - | 1 | 2 | - | - | - | - | - |
| Honduras | 3 | - | - | 3 | 3 | - | 3 | - | - | - | - | - | - |
| Suriname | 2 | 2 | - | 2 | 2 | - | 2 | - | - | - | - | - | - |
| Colômbia | 2 | 1 | - | 1 | 1 | - | 1 | 2 | - | - | - | - | - |
| Panamá | 1 | 1 | - | - | - | - | - | 1 | 1 | 1 | - | - | - |
| Bolívia | 1 | - | 2 | 1 | 1 | - | 1 | 1 | - | - | - | - | - |
| Chile | 1 | 1 | - | - | - | - | - | - | - | - | - | 1 | 1 |

**Fonte:** dados obtidos em nossa análise da jurisprudência da Corte IDH, constante no site www.corteidh.or.cr

**TABELA 1.2 Artigos da CADH violados pelos Estados nos processos da Corte entre 1987 e 2001 (artigos 14 a 25 e 29)**

| Estado | Art. 14 | Art. 15 | Art. 16 | Art. 17 | Art. 18 | Art. 19 | Art. 20 | Art. 21 | Art. 22 | Art. 23 | Art. 24 | Art. 25 | Art. 29 |
|---|---|---|---|---|---|---|---|---|---|---|---|---|---|
| Peru | - | - | - | 1 | - | - | 1 | 3 | - | 1 | 1 | 11 | 1 |
| Guatemala | - | - | - | - | - | 1 | - | - | 1 | - | - | 3 | - |
| Trind. e Tobago | - | - | - | - | - | - | - | - | - | - | - | 3 | - |
| Equador | - | - | - | 1 | - | - | - | - | - | - | - | 2 | - |
| Argentina | - | - | - | - | - | - | - | 1 | - | - | - | 3 | - |
| Nicarágua | - | - | 1 | - | - | - | - | 1 | 1 | 1 | 1 | 2 | - |
| Venezuela | - | - | - | - | - | - | - | - | - | - | 1 | 2 | - |
| Honduras | - | - | - | - | - | - | - | - | - | - | - | - | - |
| Suriname | - | - | - | - | - | - | - | - | - | - | - | 2 | - |
| Colômbia | - | - | - | - | - | - | - | - | - | - | - | 2 | - |
| Panamá | - | 1 | 1 | - | - | - | - | - | - | - | - | 1 | - |
| Bolívia | - | - | - | - | - | - | - | - | - | - | - | 1 | - |
| Chile | - | - | - | - | - | - | - | - | - | - | - | - | - |

**Fonte:** dados obtidos em nossa análise da jurisprudência da Corte IDH, constante no site www.corteidh.or.cr

Como vemos, foram reincidentes os seguintes países em relação aos seguintes artigos:

- **Artigo 1:** Peru; Guatemala; Trindade e Tobago; Equador; Argentina; Nicarágua; Venezuela; Honduras; Suriname; Colômbia
- **Artigo 2:** Peru; Trindade e Tobago; Argentina; Nicarágua; Venezuela; Suriname
- **Artigo 3:** Guatemala; Trindade e Tobago; Bolívia
- **Artigo 4:** Peru; Guatemala; Trindade e Tobago; Venezuela; Honduras; Suriname
- **Artigo 5:** Peru; Guatemala; Equador; Venezuela; Honduras; Suriname
- **Artigo 7:** Peru; Guatemala; Trindade e Tobago; Equador; Honduras; Suriname
- **Artigo 8:** Peru; Guatemala; Trindade e Tobago; Equador; Argentina; Venezuela; Colômbia
- **Artigo 9:** Peru
- **Artigo 21:** Peru
- **Artigo 25:** Peru; Guatemala; Trindade e Tobago; Equador; Argentina; Nicarágua; Venezuela; Suriname; Colômbia.

Já em relação aos padrões de violação (mais de três processos envolvendo um mesmo país em que se declarou a violação de um determinado artigo), temos:

- **Artigo 1:** Peru; Guatemala; Trindade e Tobago; Argentina; Honduras
- **Artigo 2:** Peru; Trindade e Tobago; Argentina
- **Artigo 3:** Guatemala; Trindade e Tobago
- **Artigo 4:** Peru; Guatemala; Trindade e Tobago; Honduras
- **Artigo 5:** Peru; Guatemala; Honduras

- **Artigo 7:** Peru; Guatemala; Trindade e Tobago; Honduras
- **Artigo 8 :** Peru; Guatemala; Trindade e Tobago; Argentina
- **Artigo 21:** Peru
- **Artigo 25:** Peru; Guatemala; Trindade e Tobago; Argentina

Ao utilizarmos o mesmo critério (mais de três Estados envolvidos em mais de três processos distintos baseados na violação de um mesmo artigo da CADH), para identificarmos o padrão geral de violação (excluindo-se a violação do artigo 1º que trata do dever de respeitar os demais direitos previstos na Convenção[42]), e cruzando esses dados com os apresentados no item 2.1.1.1 (Violações perpetradas no âmbito interno dos Estados), é possível detectar um padrão sistemático geral de violação[43] entre 1987 e 2001 por meio da seguinte lógica:

a) considerando que 75% das violações constatadas, nesse período, foram praticadas diretamente por agentes do Estado;

b) considerando que as violações mais praticadas por esses agentes foram relativas à/ao: devido processo legal e impunidade dos responsáveis; detenção arbitrária, desaparecimento forçado, tortura, maus tratos e atentado à integridade física e moral;

c) considerando que, de forma geral (quando se observa 100% das incidências), as situações fáticas mais constatadas foram: devido processo legal e impunidade dos responsáveis, detenção arbitrária, assassinato e execução, extrajudicial, desaparecimento forçado e tortura, maus tratos e atentado à integridade física e moral;

42. Novamente, reafirmamos aqui que a violação do Artigo 1º normalmente será declarada quando o Estado descumpriu esse dever, seja por ação, seja por omissão, o que se dá em relação a todas as incidências constatadas.

43. Sobre o conceito de padrão sistemático de violação, ver nota explicativa nº. 27.

d) considerando que o padrão de violações identificado individualmente (por país) nas tabelas 1.1 e 1.2 foram relativas aos artigos: Artigo 2. Dever de adotar disposições de direito interno (Peru; Trindade e Tobago; Argentina); Artigo 3. Direito ao reconhecimento da personalidade jurídica (Guatemala; Trindade e Tobago); Artigo 4. Direito à vida (Peru; Guatemala; Trindade e Tobago; Honduras); Artigo 5. Direito à integridade pessoal (Peru; Guatemala; Honduras); Artigo 7. Direito à liberdade pessoal (Peru; Guatemala; Trindade e Tobago; Honduras); Artigo 8. Garantias judiciais (Peru; Guatemala; Trindade e Tobago; Argentina); Artigo 21.Direito à propriedade privada (Peru) e Artigo 25. Proteção judicial (Peru; Guatemala; Trindade e Tobago; Argentina);

e) considerando que, por padrão sistemático de violação da região do SIDH, deve ser levado em conta os padrões identificados que envolveram pelo menos três Estados, a saber: Artigo 2. Dever de adotar disposições de direito interno (Peru; Trindade e Tobago; Argentina); Artigo 4. Direito à vida (Peru; Guatemala; Trindade e Tobago; Honduras); Artigo 5. Direito à integridade pessoal (Peru; Guatemala; Honduras); Artigo 7. Direito à liberdade pessoal (Peru; Guatemala; Trindade e Tobago; Honduras); Artigo 8. Garantias judiciais (Peru; Guatemala; Trindade e Tobago; Argentina); Artigo 25. Proteção judicial (Peru; Guatemala; Trindade e Tobago; Argentina),

**Temos o seguinte:** na região formada pelos países membros do Sistema Interamericano de proteção dos Direitos Humanos, há dois padrões sistemáticos de violação de direitos identificados, no âmbito geral do sistema, entre 1987 e 2001, cujas práticas atentatórias foram perpetradas, em sua maioria, por agentes dos Estados. O primeiro deles, de caráter formal, refere-se a situações fáticas em que os entes estatais não adotaram normas no direito interno, não previram ou colocaram em prática as garantias judiciais necessárias e não possibilitaram (suficientemente) a devida proteção judicial. O segundo padrão, de caráter material, refere-se a situações em que os Estados não respeitaram o dever de garantir, promover e proteger o direito à vida, à integridade e à liberdade pessoal.

#### 2.1.2.2. A ampliação do corpus juris interamericano

Como já mencionamos, a extensão do trabalho hermenêutico da Corte ultrapassa o texto da CADH, dando lugar a um verdadeiro *corpus juris* interamericano formado a partir da *mise en place* das competências do tribunal. Nesse conjunto de normas incluem-se basicamente os seguintes tratados: Convenção Americana de Direitos Humanos[44]; Declaração Americana dos Direitos e Deveres do Homem e do Cidadão[45]; a Declaração Universal de Direito Humanos[46]; o Protocolo Adicional à Convenção Americana sobre Direitos Humanos em matéria de Direitos Econômicos, Sociais e Culturais (Protocolo de San Salvador)[47]; o Protocolo à Convenção Americana sobre Direitos Humanos relativo à Abolição da Pena de Morte[48]; a Convenção Interamericana para Prevenir e Sancionar a Tortura[49]; a Convenção Interamericana sobre o Desaparecimento Forçado de Pessoas[50]; a Convenção Interamericana para Prevenir, Sancionar e Erradicar a Violência contra a Mulher (Convenção de Belém do Pará)[51]; a Convenção Interamericana para a Eliminação de Todas as Formas de Discriminação contra as Pessoas com

44. Assinada na Conferência Especializada Interamericana sobre Direitos Humanos, São José, Costa Rica, em 22 de novembro de 1969.

45. Aprovada em abril de 1948, durante a Nona Conferência Interamericana, em Bogotá, Colômbia.

46. Da Organização das Nações Unidas, de 10 de dezembro de 1948.

47. Adotado em São Salvador, El Salvador, em 17 de novembro de 1988, no 18º período ordinário de sessões da Assembleia Geral da OEA.

48. Adotado em Assunção, Paraguai, em 8 de junho de 1990, no 20º período ordinário de sessões da Assembleia Geral da OEA.

49. Adotada em Cartagena das Índias, Colômbia, em 9 de dezembro de 1985, no 15º período ordinário de sessões da Assembleia Geral da OEA.

50. Adotada em Belém do Pará, Brasil, em 9 de junho de 1994, no 24º período ordinário de sessões da Assembleia Geral da OEA.

51. Adotada em Belém do Pará, Brasil, em 9 de junho de 1994, no 24º período ordinário de sessões da Assembleia Geral da OEA.

Deficiência[52]; a Convenção Interamericana contra o Racismo, a Discriminação Racial e Formas Conexas de Intolerância[53]; a Convenção Interamericana contra Toda Forma de Discriminação e Intolerância[54] e a Convenção Interamericana sobre a Proteção dos Direitos Humanos das Pessoas Maiores[55].

Há quem mencione que, além dessas, outras fontes são igualmente utilizadas pela Corte em seu trabalho interpretativo[56]. Nesse sentido, o Instituto Interamericano de Direitos Humanos (IIDH) mencionou que também servem de parâmetros de interpretação outros tratados alheios às normas normalmente utilizadas pela Corte, sobretudo, em relação às suas opiniões consultivas as quais igualmente gozam de efeito vinculante.

> En este sentido, la jurisprudencia de la Corte IDH es esclarecedora al señalar que la labor interpretativa que debe cumplir la Corte en ejercicio de su competencia consultiva busca no sólo desentrañar el sentido, propósito y razón de las normas internacionales sobre derechos humanos, sino, sobre todo, asesorar y ayudar a los Estados miembros y a los órganos de la OEA para que cumplan de manera cabal y efectiva sus obligaciones internacionales en la materia. Por tanto, en la medida que la interpretación de tratados ajenos al corpus juris interamericano sea entendida como una contribución de

52. Adotada na Cidade de Guatemala, Guatemala, em 7 de junho de 1999, no 29º período ordinário de sessões da Assembleia Geral da OEA.

53. Aprovada em La Antigua, Guatemala, em 6 de maio de 2013, no 43º período ordinário de sessões da Assembleia Geral da OEA.

54. Aprovada em La Antigua, Guatemala, em 6 de maio de 2013, no 43º período ordinário de sessões da Assembleia Geral da OEA.

55. Adotada em Washington, D.C., Estados Unidos da América, em 15 de junho de 2015, no 45º período ordinário de sessões da Assembleia Geral da OEA.

56. "**La aplicación de estos tratados ha supuesto una reelaboración de la jurisprudencia "sobre ideas, métodos y conceptos jurídicos**, que en muchos casos se encuentran ya presentes de manera previa y como latente dentro de la tradición jurídica occidental", así como también el "conjunto de instrumentos internacionales de contenido y efectos jurídicos variados (tratados, convenios, resoluciones y declaraciones). **Su evolución dinámica ha ejercido un impacto positivo en el Derecho Internacional**, en el sentido de afirmar y desarrollar la aptitud de este último para regular las relaciones entre los estados y los seres humanos bajo sus respectivas jurisdicciones". (GARCÍA, 2016, *op. cit.*, pp. 74-76. Destaque nosso).

> la Corte Interamericana para el cumplimiento de las obligaciones internacionales de los Estados con dichos tratados, tal intepretación debe valorarse positivamente y asumirme como vinculante. (IIDH, 2015, p. 73)[57].

Para podermos demonstrar o que afirmamos acima, apresentamos a seguinte tabela:

**TABELA 2. Incidência dos tratados internacionais analisados nos processos da Corte IDH entre 1987 e 2001**

| Tratado | Nº de incidências | Processo |
|---|---|---|
| Convención de Viena sobre el Derecho de los Tratados – Naciones Unidas | 8 | Caso Caballero Delgado y Santana Vs. Colombia<br>Caso de la "Panel Blanca" (Paniagua Morales y otros) Vs. Guatemala<br>Caso Loayza Tamayo Vs. Perú<br>Caso Cesti Hurtado Vs. Perú<br>Caso Hilaire Vs. Trinidad y Tobago<br>Caso Benjamin y otros Vs. Trinidad y Tobago<br>Caso Constantine y otros Vs. Trinidad y Tobago<br>Caso Cantos Vs. Argentina |
| Convenio Europeo para la Protección de los Derechos Humanos y de las Libertades Fundamentales (Convención Europea de Derechos Humanos) – Consejo de Europa | 5 | Caso Genie Lacayo Vs. Nicaragua<br>Caso de los " Niños de la Calle" (Villagrán Morales y otros) Vs. Guatemala<br>Caso Cantoral Benavides Vs. Perú<br>Caso "La Última Tentación de Cristo" (Olmedo Bustos y otros) Vs. Chile<br>Caso Cantos Vs. Argentina |

57. "Nesse sentido, a jurisprudência da Corte IDH é esclarecedora ao sinalizar que o trabalho interpretativo que deve cumprir a Corte no exercício de suas competência consultiva busca não somente desenrolar o sentido, propósito e razão das normas internacionais sobre direitos humanos, como também, sobretudo, assessorar e ajudar os Estados membros e os órgãos da OEA para que cumpram de maneira séria e efetiva suas obrigações internacionais na matéria. Portanto, na medida em que a interpretação de tratados alheios ao *corpus juris* interamericano seja entendida como uma contribuição da Corte Interamericana para o cumprimento das obrigações internacionais dos Estados com referidos tratados, tal interpretação deve ser vista positivamente e assumida como vinculante". (IIDH, 2015, p. 73. Tradução livre)

| Tratado | Nº de incidências | Processo |
|---|---|---|
| Convención Interamericana para Prevenir y Sancionar La Tortura | 4 | Caso de la "Panel Blanca" (Paniagua Morales y otros) Vs. Guatemala<br>Caso de los " Niños de la Calle" (Villagrán Morales y otros) Vs. Guatemala<br>Caso Cantoral Benavides Vs. Perú<br>Caso Bámaca Velásquez Vs. Guatemala |
| Pacto Internacional de Derechos Civiles y Políticos – Naciones Unidas | 5 | Caso Loayza Tamayo Vs. Perú<br>Caso de los " Niños de la Calle" (Villagrán Morales y otros) Vs. Guatemala<br>Caso Suárez Rosero Vs. Ecuador<br>Caso Cantoral Benavides Vs. Perú<br>Caso Bámaca Velásquez Vs. Guatemala |
| Convención Interamericana sobre Desaparición Forzada de Personas | 2 | Caso Blake Vs. Guatemala<br>Caso Bámaca Velásquez Vs. Guatemala |
| Declaración sobre la Protección de Todas las Personas contra las Desapariciones Forzadas – Naciones Unidas | 2 | Caso Blake Vs. Guatemala<br>Caso Durand y Ugarte Vs. Perú |
| Convención sobre los Derechos del Niño – Naciones Unidas, Convención de Viena sobre el Derecho de los Tratados – Naciones Unidas | 1 | Caso de los " Niños de la Calle" (Villagrán Morales y otros) Vs. Guatemala |
| Convención contra la Tortura y Otros Tratos o Penas Crueles, Inhumanos o Degradantes – Naciones Unidas | 2 | Caso Cantoral Benavides Vs. Perú<br>Caso Cesti Hurtado Vs. Perú |
| Convención de Viena sobre Relaciones Consulares – Naciones Unidas | 1 | Caso Castillo Petruzzi y otros Vs. Perú |
| Declaración Universal de Derechos Humanos – Naciones Unidas | 1 | Caso Castillo Petruzzi y otros Vs. Perú |
| Principios Básicos sobre la Función de los Abogados relativo a las salvaguardias especiales en asuntos penales | 1 | Caso Castillo Petruzzi y otros Vs. Perú |
| Carta de la Organización de los Estados Americanos | 1 | Caso Cesti Hurtado Vs. Perú |

| Tratado | Nº de incidências | Processo |
|---|---|---|
| Principios Básicos relativos a la independencia de la judicatura – Naciones Unidas | 1 | Caso del Tribunal Constitucional Vs. Perú |
| Protocolo Adicional a la Convención Americana sobre Derechos Humanos en Materia de Derechos Económicos, Sociales y Culturales ("Protocolo de San Salvador") | 1 | Caso Baena Ricardo y otros Vs. Panamá |
| Convenio 87 sobre la libertad sindical y la protección del derecho de sindicación – Organización Internacional del Trabajo | 1 | Caso Baena Ricardo y otros Vs. Panamá |
| Convenio 169 sobre Pueblos Indígenas y Tribales en Países Independientes – Organización Internacional del Trabajo | 1 | Caso de la Comunidad Mayagna (Sumo) Awas Tingni Vs. Nicaragua |
| Convenios de Ginebra de 1949 – Naciones Unidas | 2 | Caso Las Palmeras Vs. Colombia<br>Caso Bámaca Velásquez Vs. Guatemala |
| Declaración Americana de los Derechos y Deberes del Hombre | 2 | Caso Bámaca Velásquez Vs. Guatemala<br>Caso Cantos Vs. Argentina |

**Fonte:** dados obtidos em nossa análise da jurisprudência da Corte IDH, constante no site www.corteidh.or.cr

Dessas informações, temos que os tratados mais analisados pela Corte, além (obviamente) da Convenção Americana, foram a Convenção de Viena sobre o Direito dos Tratados das Nações Unidas; o Convênio Europeu para a Proteção dos Direitos Humanos e das Liberdades Fundamentais (ou Convenção Europeia de Direitos Humanos do Conselho da Europa – CEDH), o Pacto Internacional de Direitos Civis e Políticos das Nações Unidas e a Convenção Interamericana para Prevenir e Sancionar a Tortura.

Uma observação válida refere-se ao fato de que um dos tratados internacionais mais citados nos processos levados à Corte e que, por sua vez, forma parte do *corpus juris* interamericano pertence a outro sistema regional de proteção de Direitos Humanos. Fazemos alusão à Convenção Europeia (CEDH) que, em inúmeras vezes, serviu de apoio à análise contenciosa e consultiva dos juízes do SIDH. É nesse momento em que se levanta a questão dos padrões de aplicabilidade, validade e eficácia já mencionados no item 2.1.2 (Dimensões e critérios relativos aos direitos violados). Em outras palavras, quando os juízes da Corte mostram certa tendência a fundamentar suas decisões em tratados "estrangeiros" àqueles adotados no âmbito do SIDH, pode-se indicar um elemento que facilita a contestação das sentenças por parte dos Estados. Esse critério pode ser considerado como um dos indicadores da maior ou menor força vinculante dessas decisões, já que, como se viu na tabela acima, foram várias as ocasiões em que normas externas foram utilizadas como parâmetro interpretativo pelo tribunal.

Sobre os direitos reconhecidos na CADH, em outros tratados internacionais e nas normas de proteção dos direitos humanos adotadas pelos Estados, a Corte vem se pronunciando pela aplicação da cláusula mais favorável, ou seja, "[...] si a una misma situación son aplicables la Convención Americana y otro tratado internacional, debe prevalecer la norma más favorable a la persona humana [...]"[58].

Pacheco destaca a extensão *erga omnes* das obrigações estatais decorrentes dos tratados internacionais que versam sobre esses direitos. Para o autor deve haver uma distinção entre as obrigações dos Estados em face da comunidade internacional e aquelas assumidas frente a outro Estado. Na primeira hipótese se estabelece a responsabilidade desses entes diante da obrigação de proteger e promover os direitos humanos[59]. "Tales obligaciones derivan, por ejemplo, en el Derecho internacional contemporáneo, de los actos ilegales de agresión, del genocidio, y también de los principios y reglas concernientes a los derechos fundamentales de la persona

58. "[...] se a uma mesma situação são aplicados a Convenção Americana e outro tratado Internacional, deve prevalecer a norma mais favorável à pessoa humana [...]" (OC-5/85, pág. 52. Tradução livre).

59. PACHECO, Máximo G. La competencia consultiva de la Corte Interamericana de Derechos Humanos. In: Corte Interamericana de Derechos Humanos. **Memoria del seminario "El sistema interamericano de protección de los derechos humanos en el umbral del siglo XXI"**. Tomo I, 2ª edición. San José, Costa Rica: 23 y 24 de noviembre de 1999, p. 79.

humana"[60]. Essa mesma posição foi reafirmada pela Corte IDH que mencionou em sua Opinião Consultiva OC-9/87 "[...] la obligación de respetar ciertos derechos humanos esenciales es considerada hoy como una obligación *erga omnes.*"[61]

A Corte IDH, enquanto órgão judicial internacional, visa garantir os direitos previstos nos tratados internacionais que formam o *corpus juris* do sistema interamericano[62], de forma a proteger toda pessoa, "[...] independientemente de su nacionalidad, tanto frente a su propio Estado como frente a los otros Estados contratantes"[63].

A aprovação dessas normas implica a submissão dos Estados a uma ordem legal internacional com vistas ao bem comum[64] das nações e do ser humano de forma geral. Isso resulta no reconhecimento de várias obrigações não somente em relação aos demais entes estatais, mas, sobretudo, aos indivíduos que se encontram sob sua jurisdição[65].

---

60. "Tais obrigações derivam, por exemplo, no Direito internacional contemporâneo, dos atos ilegais de agressão, do genocídio, e também dos princípios e regras referentes aos direitos fundamentais da pessoa humana" (Corte Internacional de Justicia, Barcelona Traction Light and Power Company Limited, arrét, CIJ, Recueil, 1970. Tradução livre).

61. "[...] a obrigação de respeitar certos direitos humanos essenciais é considerada hoje como uma obrigação *erga omnes.*" (Corte IDH. Garantías Judiciales en Estados de Emergencia (arts. 27.2, 25 y 8 Convención Americana sobre Derechos Humanos). Opinião Consultiva OC-9/87 de 06 de outubro de 1987. Série A No. 9, § 38. Tradução livre).

62. LLORENS, Jorge Cardona. La función contenciosa de la Corte Interamericana de Derechos Humanos. Consideraciones sobre la naturaleza jurídica de la función contenciosa de la corte a la luz de su jurisprudencia. In: Corte Interamericana de Derechos Humanos. **Memoria del seminario "El sistema interamericano de protección de los derechos humanos en el umbral del siglo XXI"**. Tomo I, 2ª edición. San José, Costa Rica: 23 y 24 de noviembre de 1999, p. 314.

63. "[...] independentemente de sua nacionalidade, tanto em face ao seu próprio Estado como em face aos outros Estados contratantes" (Idem, p. 315. Tradução livre).

64. A Corte IDH, por unanimidade, entendeu por "bem comum" o seguinte: "[...] un concepto referente a las condiciones de la vida social que permiten a los integrantes de la sociedad alcanzar el mayor grado de desarrollo personal y la mayor vigencia de los valores democráticos" (OC 5/85, § 66), esclarecendo ainda que "[...] de ninguna manera podrían invocarse el orden público o el bien común como medios para suprimir un derecho garantizado por la Convención o para desnaturalizarlo o privarlo de contenido real" (OC-5/85, párr. 67).

65. LLORENS, 1999, *op. cit.*, p. 315.
Essa postura reflete a posição de outros órgãos e tribunais internacionais, como por exemplo, a Corte Internacional de Justiça, na "Advisory Opinion on Reservations to

A fim de complementarmos a análise conjunta das informações apresentadas até então, foi importante observar, ainda, a evolução do processo decisório da Corte Interamericana, para podermos propor uma metodologia e indicadores de análise mais detalhados sobre o trabalho desse tribunal.

## 2.2. ANÁLISE DO PROCESSO DECISÓRIO DO JUIZ INTERAMERICANO

O tribunal interamericana tem como uma de suas principais funções o processo e julgamento de situações atentatórias aos direitos humanos. Seja pelo exercício de sua função contenciosa, seja pelo exercício de sua função consultiva, a verdade é que esse órgão é a instância mais qualificada para a interpretação e aplicação da CADH. Embora sua competência tenha sido reconhecida por boa parte desses Estados, suas decisões, assim como as recomendações da Comissão Interamericana de Direitos Humanos (CIDH), seguem sendo objeto de controvérsia no plano interno dos países.

---

the Convention on the Prevention and Punishment of the Crime of Genocide" (I.C.J. Reports, 1951, p. 15), que menciona "[...] nesse tipo de tratado, os Estados contratantes não têm interesses próprios; somente têm, acima de tudo, um interesse comum: a consecução dos propósitos que são a razão de ser da Convenção"; a Comissão Europeia de Direitos Humanos (European Commission of Human Rights, Decision as to the Admissibility of Application No. 788/60, Austria vs. Italy case, Yearbook of the European Convention on Human Rights, The Hague, M. Nijhoff, 1961, vol. 4, p. 140) quando diz que as obrigações assumidas pelos Estados em relação à Convenção Europeia de Direitos Humanos "[...] são essencialmente de caráter objetivo, desenhadas para proteger os direitos fundamentais dos seres humanos de violações pelas Altas Partes Contratantes ao invés de criar direitos subjetivos e recíprocos entre as Altas Partes Contratantes"; e a Corte Europeia de Direitos Humanos que afirmou no caso *Irlanda vs. Reino Unido* (1978), que "à diferença dos tratados internacionais do tipo clássico, a Convenção compreende mais que simples compromissos recíprocos entre os Estados Partes. Cria, por cima de um conjunto de compromissos bilaterais, mútuos, obrigações objetivas que, nos termos do Preâmbulo, contam com uma 'garantia coletiva" (Eur. Court HR, Ireland vs. United Kingdom case, judgment of 18 January 1978, Series A no. 25, p. 90, §239) e no caso *Soering vs. Reino Unido* (1989), quando a CorteEDH declarou que a Convenção Europeia "deve ser interpretada em função do seu caráter específico de tratado de garantia coletiva de dereitos humanos e liberdades fundamentais, e que o objeto e fim desse instrumento de proteção de seres humanos exigem compreender e aplicar suas disposições de maneira que torne efetivas e concretas aquelas exigências" (Eur. Court H.R., Soering Case, decision of 26 January 1989, Series A nº. 161, §87). (Tradução libre).

No projeto de resolução[66] que visava responder aos informes do Conselho Permanente sobre a avaliação e aperfeiçoamento do SIDH[67] e ao informe do Comitê de Assuntos Jurídicos e Políticos, foi solicitado aos países que adotassem as medidas necessárias para o cumprimento das decisões da Corte, em conformidade com o disposto no artigo 68 da CADH. No caso dos Estados que reconheceram sua competência obrigatória, foi pedido que realizassem seus melhores esforços para garantir a efetividade e eficácia interna das recomendações e decisões dos órgãos do sistema, em conformidade com o princípio da boa-fé[68].

Conforme destacado por Bicudo, os instrumentos de aceitação da cláusula facultativa da jurisdição obrigatória da Corte (artigo 62, §1º da CADH), pressupõem a admissão, pelos Estados, do reconhecimento do direito desse tribunal resolver qualquer controvérsia relativa à sua jurisdição[69]. "Una objeción o cualquier otro acto interpuesto por el Estado con el propósito de afectar la competencia de la Corte es inocuo, pues en cualesquiera circunstancias la Corte retiene la *compétence de la compétence,* por ser maestra de su jurisdicción"[70]. O *status* convencional do artigo 62 da CADH[71] (que estabelece a competência contenciosa da Corte) é

66. Aprovado na Sessão de 06 de abril de 2000.

67. Apresentados em cumprimento da Resolução n. 1633, da Assembleia Geral da Organização dos Estados Americanos (OEA).

68. BICUDO, Helio. Cumplimiento de las sentencias de la Corte Interamericana de Derechos Humanos y de las recomendaciones de la Comisión Interamericana de Derechos Humanos. In: Corte Interamericana de Derechos Humanos. **Memoria del seminario "El sistema interamericano de protección de los derechos humanos en el umbral del siglo XXI"**. Tomo I, 2ª edición. San José, Costa Rica: 23 y 24 de noviembre de 1999, p. 232.

69. Idem, p. 233.

70. "Uma objeção ou qualquer outro ato interposto pelo Estado com o propósito de afetar a competência da Corte é inócuo, pois em quaisquer circunstâncias a Corte retém a *compétence de la compétence* (competência das competências), por ser mestra de sua jurisdição" (Ibidem. Tradução livre).

71. **Artigo 62**

1. Todo Estado Parte pode, no momento do depósito do seu instrumento de ratificação desta Convenção ou de adesão a ela, ou em qualquer momento posterior, declarar que reconhece como obrigatória, de pleno direito e sem convenção especial, a competência da Corte em todos os casos relativos à interpretação ou aplicação desta Convenção.

de cláusula pétrea que inviabiliza tentativas de supressão e limitação não abarcadas por este dispositivo. Isso implica a impossibilidade de os Estados apresentarem justificativas de ordem interna para o não reconhecimento dessa competência.

De acordo com a Opinião Consultiva OC-14, a Corte destacou que nem mesmo leis internas (nacionais) podem isentar os Estados da obrigação de cumprir as normas ditadas pela CADH, ocasião em que manifestou, por unanimidade,

> 1. Que la expedición de una ley manifiestamente contraria a las obligaciones asumidas por un Estado, al ratificar o adherir a la Convención, constituye una violación de ésta y, en el caso de que esa violación afecte derechos y libertades protegidos respecto de individuos determinados, genera la responsabilidad internacional del Estado.
>
> 2. Que el cumplimiento por parte de agentes o funcionarios del Estado de una ley manifiestamente violatoria de la Convención genera responsabilidad internacional para el Estado. En caso de que el acto de cumplimiento constituya *per se* un crimen internacional, genera también la responsabilidad internacional de los agentes o funcionarios que ejecutaron el acto". (OC-14/94, § 58).[72]

---

2. A declaração pode ser feita incondicionalmente, ou sob condição de reciprocidade, por prazo determinado ou para casos específicos. Deverá ser apresentada ao Secretário-Geral da Organização, que encaminhará cópias aos outros Estados membros da Organização e ao Secretário da Corte.

3. A Corte tem competência para conhecer de qualquer caso relativo à interpretação e aplicação das disposições desta Convenção que lhe seja submetido, desde que os Estados Parte no caso tenham reconhecido ou reconheçam a referida competência, seja por declaração especial, como preveem os incisos anteriores, seja por convenção especial.

72. 1. Que a expedição de uma lei manifestamente contrária às obrigações assumidas por um Estado, ao ratificar ou aderir à Convenção, constitui uma violação e, no caso de que essa violação afete direitos e liberdades protegidos em relação a determinados indivíduos, gera a responsabilidade internacional do Estado.

2. Que o cumprimento por parte de agentes ou funcionários do Estado de uma lei manifestamente violatória da Convenção gera responsabilidade internacional para o Estado. No caso de que o ato de cumprimento constitua *per se* um crime internacional, gera também a responsabilidade internacional dos agentes ou funcionários que executaram o ato". (OC-14/94, § 58. Tradução livre).

Nessa ocasião e, aplicando regras de direito internacional, a Corte afirmou que nenhum Estado poderia invocar disposições de direito interno como justificativa para descumprir um tratado internacional[73].

Contudo, ainda se constata a resistência dos países em relação às decisões e recomendações da Corte. Um dos motivos disso está relacionado à mudança do padrão decisório interamericano[74] nos últimos anos. Essa mudança se deu pela implementação gradativa de certas medidas de reparação de efeitos mais extensivos. Na maioria dos exemplos observados, tais medidas são capazes de produzir efeitos *extra partes* àquelas envolvidas direta e indiretamente nos processos. São medidas que, por sua abrangência e extensão, podem incidir sobre as políticas governamentais – o que acaba resultando consequências diretas na agenda pública dos Estados e dependem de um nível muito maior de articulação institucional interna [75].

Tal mudança resultou na adoção de medidas de reparação com efeitos mais extensivos, sendo constatada gradativamente entre 1987 e 2000, contando com uma efetiva alteração a partir do ano de 2001. Um dos fatores que responderiam a isso está relacionado com os padrões de violação identificados tanto em nível de cada país quanto em nível regional. Isso porque uma postura mais ativa da Corte justificou-se pela necessidade de contenção e prevenção de novos e antigos padrões sistemáticos de violação de direitos76 (identificados no item 2.1.2.1).

73. Idem, §35.

74. Ver nota explicativa nº. 06.

75. Duarte mostra que os elementos constitutivos de uma política pública são: ação, coordenação, processo e programa. Em relação à coordenação, a incidência da articulação na ação governamental é fundamental para a racionalidade das decisões que constarão na pauta deliberativa. Essa articulação se dá tanto por meio da inter-relação dos diferentes Poderes, quanto pelo diálogo entre os Entes Federativos ou ainda pela necessidade de se manter uma ótica multidisciplinar no processo de construção das ações governamentais. (DUARTE, Clarice Seixas. O Ciclo das Políticas Públicas. In: SMANIO, Gianpaolo Poggio e BERTOLIN, Patricia Tuma Martins (orgs.). **O Direito e as Políticas Públicas no Brasil**. São Paulo, Atlas, 2013, p. 21).

### 2.2.1. Efeitos das medidas de reparação nas sentenças proferidas entre 1987 e 2001

Em sua Opinião Consultiva sobre a responsabilidade internacional por expedição e aplicação de leis que violam a CADH, a Corte mencionou que sua jurisdição contenciosa se exerce com a finalidade de proteger os direitos e liberdades de pessoas determinadas e não de resolver situações abstratas. Menciona que não há na Convenção Americana qualquer disposição que lhe permita decidir sobre um processo em que uma lei não tenha afetado algum dos direitos e liberdades protegidos na Convenção[76].

> La competencia contenciosa de la Corte no tiene por objeto la revisión de las legislaciones nacionales en abstracto, sino que es ejercida para resolver casos concretos en que se alegue que un acto del Estado, ejecutado contra personas determinadas, es contrario a la Convención. La Corte, al conocer del fondo del asunto, tendrá que examinar si la conducta del Gobierno se ajustó o no a la Convención, pues, como ya ha dicho: tendría que considerar y resolver si el acto que se imputa al Estado constituye una violación de los derechos y libertades protegidos por la Convención, independientemente de que esté o no de acuerdo con la legislación interna del Estado [...]. (Caso *Genie Lacayo,* Exceções Preliminares, sentença de 27 de janeiro de 1995, Série C nº. 21, §50)[77].

76. Opinión Consultiva OC-14/94. **Responsabilidad Internacional por expedición y aplicación de leyes violatorias de la Convención (arts. 1 y 2 Convención Americana Sobre Derechos Humanos),** del 9 de Diciembre de 1994, Solicitada por la Comisión Interamericana de Derechos Humanos, Serie A No. 14, párr. 49.

77. "A competência contenciosa da Corte não tem por objetivo a revisão das legislações nacionais em abstrato, mas sim, deve ser exercida para resolver casos concretos em que se alegue que um ato do Estado, executado contra pessoas determinadas, é contrário à Convenção. A Corte, ao conhecer o fundo do assunto, terá que examinar se a conduta do Governo se ajustou ou não à Convenção, pois, como já dito: teria que considerar e resolver se o ato que se imputa ao Estado constitui uma violação dos direitos e liberdades protegidos pela Convenção, independentemente de que esteja ou não de acordo com a legislação interna do Estado [...]. (Caso *Genie Lacayo,* Exceções Preliminares, sentença de 27 de janeiro de 1995, Série C nº. 21, §50. Tradução livre).

No caso Velásquez Rodríguez, a Corte deixou claro que o exercício de sua competência não tem por escopo a determinação da culpabilidade dos autores das violações aos direitos; para ela, "[...] es irrelevante la intención o motivación del agente que materialmente haya violado los derechos reconocidos por la Convención, hasta el punto que la infracción a la misma puede establecerse incluso si dicho agente no está individualmente identificado"[78]. O que realmente importa é saber se houve uma violação, se essa se deu com o apoio ou tolerância do poder público ou se o Estado, ele mesmo, foi o agente que deu causa à violação. Ou seja, o que importa é determinar se tal violação é resultado da inobservância, por parte do ente estatal, dos deveres e obrigações de respeitar e garantir as disposições da CADH, conforme a imposição do artigo 1º, §1[79].

Como resultado do exercício de sua competência contenciosa, a Corte tem a possibilidade de assegurar ao prejudicado o "gozo de seu direito ou liberdade violados"[80], podendo determinar tanto a reparação dos danos causados sempre que haja prejuízo[81], quanto o "pagamento de indenização justa à parte lesada"[82]. Sobre isso, Llorens menciona que o artigo 63, §1º reproduz o texto de uma norma consuetudinária que constitui um dos princípios fundamentais do atual direito internacional relativo à responsabilidade dos Estados[83]. Ramírez, por sua vez, complementa essa ideia dizendo que esse dispositivo dá lugar a um "completo y complejo sistema

78. "[...] é irrelevante a intenção ou motivação do agente que materialmente tenha violado os direitos reconhecidos pela Convenção, ao ponto de que a infração à mesma pode estabelecer-se, inclusive, se esse agente não tenha sido individualmente identificado". (Caso *Velásquez Rodríguez*, Sentença de 29 de Julho de 1988, Série C nº. 4, §172. Nesse mesmo sentido ver: LLORENS, 1999, *op. cit.*, p. 339. Tradução livre).

79. Idem, §173.

80. Artigo 63, §1.

81. Ibidem.

82. Ibidem.

83. LLORENS, Jorge Cardona. La función contenciosa de la Corte Interamericana de Derechos Humanos. Consideraciones sobre la naturaleza jurídica de la función contenciosa de la corte a la luz de su jurisprudencia. In: Corte Interamericana de Derechos Humanos. **Memoria del seminario "El sistema interamericano de protección de los derechos humanos en el umbral del siglo XXI"**. Tomo I, 2ª edición. San José, Costa Rica: 23 y 24 de noviembre de 1999, p. 328.

de reparaciones, y en este sentido resulta más amplio y enfático que su correspondiente europeo"[84], por não depender da eficácia dos instrumentos de reparação previstos no direito interno dos Estados[85].

Da observação das sentenças de fundo da Corte, foi possível verificar que elas além de declararem a ocorrência de uma violação, agregam efeitos jurídicos ao descumprimento do Estado[86]. Nesses processos, identificaram-se três fases. A primeira relativa à verificação da incidência (ou não) de violação de um direito ou liberdade contemplado na Convenção. A segunda, que visa declarar (ou não) a violação do texto convencional e, finalmente, a terceira que visa dizer as implicações que surgem para os Estados em face de sua responsabilidade internacional.

Para melhor demonstrarmos a alteração do padrão decisório da Corte, apresentamos os dados obtidos na análise dessa terceira fase por meio da observação das medidas de reparação e seus efeitos para os Estados.

84. "Completo e complexo sistema de reparações, e nesse sentido resulta mais amplo e enfático que seu correspondente europeu" (RAMÍREZ, Sergio García. Las reparaciones en el sistema interamericano de protección de los derechos humanos. In: Corte Interamericana de Derechos Humanos. **Memoria del seminario "El sistema interamericano de protección de los derechos humanos en el umbral del siglo XXI"**. Tomo I, 2ª edición. San José, Costa Rica: 23 y 24 de noviembre de 1999, p. 130. Tradução livre).

Ramírez menciona ainda: "En efecto, este último instrumento propone la consideración de un doble plano reparatorio: primero, ante la autoridad doméstica; luego, ante el órgano transnacional. El artículo 50 del Convenio de Roma señala que si el tribunal europeo encuentra que alguna resolución o medida de cualquier autoridad se opone a las obligaciones que derivan de aquel Convenio, "y si el derecho interno (...) sólo permite de manera imperfecta reparar las consecuencias de esta resolución o medida, la decisión del Tribunal concederá, si procede, una satisfacción equitativa a la parte lesionada" (Ibidem).

85. "Ninguna parte (del artículo 63.1) hace mención ni condiciona las disposiciones de la Corte a la eficacia de los instrumentos de reparación existentes en el derecho interno del Estado Parte responsable de la infracción, de manera que aquélla no se establece en función de los defectos, imperfecciones o insuficiencias del derecho nacional, sino con independencia del mismo" (Caso *Velásquez Rodríguez c. Honduras*, **Reparaciones y Costas. Sentencia de 21 de julio de 1989. Serie C No. 7**, §30).

86. RAMÍREZ, 1999, *op. cit.*, p. 132.

#### *2.2.1.1. Dimensão relativa ao tipo de medidas de reparação implementadas pelo tribunal interamericano*

Como já mencionado, nosso referencial teórico para a determinação das dimensões e dos critérios de análise das sentenças e resoluções da Corte IDH foi o trabalho de Theo Von Boven, autor do relatório sobre os Princípios e Diretrizes básicos das Nações sobre os direitos das vítimas de violações manifestas das normas de Direito Internacional dos Direitos Humanos e de violações graves do Direito Internacional Humanitário de interpor recursos e obter reparações[87]. A teoria desenvolvida por ele também foi inspiração para a criação dos princípios internacionais de reparação, seguidos tanto pelas Nações Unidas quanto pelos sistemas regionais de proteção, sobretudo, pelo SIDH, no caso da aplicação e extensão dada ao artigo 63.1 da Convenção Americana que dá margem ao instituto da reparação integral, que implica,

> [...] la acreditación de daños en la esfera materia e inmaterial, al mismo tiempo que el otorgamiento de medidas como: a) la investigación de los hechos; la restitución de derechos, bienes y libertades; c) la rehabilitación física, psicológica o social; d)

87. United Nations Audiovisual Library of International Law, 2010. COMISION DE DERECHOS HUMANOS. **Estudio relativo al derecho de restitución, Indemnización y rehabilitación a las víctimas de violaciones flagrantes de los derechos humanos y las libertades fundamentals.** Informe definitivo presentado por el Sr. Theo van Boven, Relator Especial. Subcomisión de Prevención de Discriminaciones y Protección a las Minorías, 45º período de sesiones. E/CN.4/Sub.2/1993/8, del 02 de julio de 1993. ORGANIZACIÓN DE LAS NACIONES UNIDAS. **Las directrices de Bassiouni 1999. Informe del Sr. M. Cherif Bassiouni, experto independiente sobre el derecho de restitución, indemnización y rehabilitación de las víctimas de violaciones graves de los derechos humanos y las libertades fundamentales, presentado de conformidad con la resolución 1998/43 de la Comisión de Derechos Humanos.** Comisión de Derechos Humanos, 55º período de sesiones, Consejo Económico y Social. E/CN.4/1999/65, del 08 de febrero de 1993. ORGANIZACIÓN DE LAS NACIONES UNIDAS. **Las directrices de Bassiouni 2000. Informe final del Relator Especial, Sr. M. Cherif Bassiouni, presentado en virtud de la resolución 1999/33 de la Comisión.** Los derechos civiles y políticos, en particular las cuestiones relacionadas con: La independencia del poder judicial, la administración de justicia, la impunidad. El derecho de restitución, indemnización y rehabilitación de las víctimas de violaciones graves de los derechos humanos y las libertades fundamentals. Consejo Económico y Social, Comisión de Derechos Humanos, 56º período de sesiones. E/CN.4/2000/62, del 18 de enero de 2000.

> la satisfacción mediante actos en beneficio de las víctimas; e) las garantías de no repetición de las violaciones, y f) la indemnización compensatoria por daño material e inmaterial. (CALDERÓN GAMBOA, 2013, p. 11)[88].

O conceito de reparação integral foi decisivo para o estabelecimento da metodologia proposta nesta pesquisa e tomando como referência os trabalhos de Van Boven, observamos a incidência das seguintes medidas de reparação nos processos contenciosos da Corte:

**Medidas de restituição:** buscam reestabelecer (ao máximo), a situação em que se encontrava a vítima antes da violação de direitos, por meio do(a)[89]:

- restabelecimento da liberdade;
- restituição do *status quo ante* à violação;
- proteção da identidade;
- proteção da vida familiar;
- proteção da cidadania;
- direito a regressar ao lugar de residência;
- reintegração de emprego;
- garantia de direitos trabalhista e aposentadoria;
- devolução de bens.

---

88. "[...] o gerenciamento de danos na esfera material e moral, ao mesmo tempo que a concessão de medidas como: a) a investigação dos fatos; a restituição de direitos, bens e liberdades; c) a reabilitação física, psicológica ou social; d) a satisfação mediante atos em benefício das vítimas; e) as garantias de não repetição das violações, e f) a indemnização compensatória por dano material e moral". (CALDERÓN GAMBOA, 2013, *op.cit.*, p. 11. Tradução livre).

89. COMISION DE DERECHOS HUMANOS. Estudio relativo al derecho de restitución, indemnización y rehabilitación a las víctimas de violaciones flagrantes de los derechos humanos y las libertades fundamentals. **Informe definitivo presentado por el Sr. Theo van Boven, Relator Especial. Subcomisión de Prevención de Discriminaciones y Protección a las Minorías**, 45° período de sesiones. E/CN.4/Sub.2/1993/8, del 02 de julio de 1993, §§ 8 a 11. VAN BOVEN, Theo. **Principios y Directrices básicos de las Naciones Unidas sobre el derecho de las víctimas de violaciones manifiestas de las normas internacionales de Derechos Humanos y de violaciones graves del Derecho Internacional Humanitario a interponer recursos y obtener reparaciones.** United Nations Audiovisual Library of International Law, 2010, p. 05.

**Medidas de indenização:** visam indenizar os danos econômicos resultantes das violações perpetradas. Sua gradação deve ser proporcional à gravidade dos danos, os quais podem ser físicos ou mentais[90]. São estabelecidas por meio de:

- indenização por dano físico ou mental; material ou moral;
- perda de oportunidades (de emprego, educação e prestações sociais);
- indenização por danos morais;
- indenização por gastos de assistência jurídica ou de peritos;
- indenização por gastos e custas processuais;
- indenização por gastos com medicamentos e serviços médicos, psicológicos e/ou sociais.

**Medidas de reabilitação:** que incluem medidas como[91]:

- atenção médica, psicológica, social e jurídica para reabilitação;

**Medidas de satisfação:** incluindo as seguintes medidas[92]:

- adoção de medidas para que cessem as violações;
- direito à verdade;
- busca das pessoas desaparecidas;
- recuperação de cadáveres e nova exumação;
- desculpas públicas;
- reconhecimento formal da responsabilidade por parte do Estado;
- sanções judiciais e/ou administrativas;
- publicação da sentença e publicidade dos fatos;

90. Ibidem.
91. Ibidem.
92. Ibidem.

- sentença por si só enquanto medida de reparação;
- comemorações;
- formações e cursos sobre direitos humanos;
- criação de fundações, associações, monumentos, escolas etc.

**Medidas para garantir a não repetição:** incluindo amplas medidas estruturais de natureza normativa[93], tais como:

- reformas institucionais e medidas no direito interno;
- reformas institucionais para garantia do controle das forças militares e de segurança;
- melhoria das condições de detenção;
- fortalecimento da independência judicial;
- proteção dos defensores de DH;
- observância das normas de direitos humanos pela administração pública;
- observância das normas de direitos humanos pelas forças de segurança;
- observância das normas de direitos humanos pelos meios de informação;
- observância das normas de DH pelos serviços psicológicos e sociais.

### 2.2.1.2. *Dimensão relativa aos períodos e intervalos de tempo em que as medidas de reparação foram implementadas*

Levando-se em conta as medidas acima descritas e analisando as sentenças proferidas entre 1987 e 2001, temos a seguinte tabela:

93. Ibidem.

**TABELA 3. Incidência das medidas de reparação implementadas pela Corte IDH entre 1987 e 2001**

| | 1988 | 1989 | 1993 | 1994 | 1995 | 1996 | 1997 | 1998 | 1999 | 2000 | 2001 |
|---|---|---|---|---|---|---|---|---|---|---|---|
| **A) RESTITUIÇÃO** | | | | | | | | | | | |
| restabelecimento da liberdade | - | - | - | - | - | - | 1 | - | 3 | 3 | **2** |
| restituição do *status quo ante* a violação | - | - | - | - | - | - | - | - | - | - | **-** |
| proteção da identidade | - | - | - | - | - | - | - | - | - | - | **-** |
| proteção da vida familiar | - | - | - | - | - | - | - | - | - | - | **-** |
| proteção da cidadania | - | - | - | - | - | - | - | - | - | - | **-** |
| direito a regressar ao lugar de residência | - | - | - | - | - | - | - | - | - | - | **-** |
| reintegração de emprego | - | - | - | - | - | - | - | 1 | - | - | **1** |
| garantia de direitos trabalhista e aposentadoria | - | - | - | - | - | - | - | 1 | 1 | - | **2** |
| devolução de bens | - | - | - | - | - | - | - | - | - | - | **-** |
| **B) INDENIZAÇÃO** | | | | | | | | | | | |
| indenização por dano físico ou mental; material ou moral | 1 | 3 | 1 | 1 | 3 | 2 | 5 | 5 | 3 | 3 | **8** |
| perda de oportunidades (de emprego, educação e prestações sociais) | - | - | - | - | - | - | - | - | - | - | **2** |
| indenização por danos morais | - | - | - | - | - | - | - | - | 1 | - | **7** |
| indenização por gastos de assistência jurídica ou de peritos | - | - | - | - | - | - | - | 3 | 1 | - | **1** |
| indenização por gastos e custas processuais | - | - | - | - | 2 | - | 4 | 4 | 4 | - | **8** |
| indenização por gastos com medicamentos e serv. médicos, psicológicos e/ou sociais | - | - | - | - | - | - | - | - | 1 | - | **1** |
| **C) REABILITAÇÃO** | | | | | | | | | | | |
| atenção médica, psicológica, social e jurídica para reabilitação | - | - | - | - | - | - | - | - | - | - | **3** |
| **D) SATISFAÇÃO** | | | | | | | | | | | |
| adoção de medidas para que cessem as violações | - | - | - | - | - | - | - | - | 1 | - | **-** |
| direito à verdade | - | - | - | - | 1 | - | - | - | - | - | **-** |
| busca das pessoas desaparecidas | - | - | - | - | 1 | 1 | 1 | 1 | - | 1 | **2** |
| recuperação de cadáveres e nova exumação | - | - | - | - | - | 1 | 1 | - | - | 1 | **3** |

| | 1988 | 1989 | 1993 | 1994 | 1995 | 1996 | 1997 | 1998 | 1999 | 2000 | 2001 |
|---|---|---|---|---|---|---|---|---|---|---|---|
| desculpas públicas | - | - | - | - | - | - | - | - | - | - | **2** |
| reconhecimento formal da responsabilidade por parte do Estado | - | - | - | - | - | - | - | - | - | - | **-** |
| sanções judiciais e/ou administrativas | - | - | - | - | 1 | 1 | 1 | 5 | 1 | 2 | **8** |
| publicação da sentença e publicidade dos fatos | - | - | - | - | - | - | - | - | - | 1 | **5** |
| sentença por si só enquanto medida de reparação | - | - | - | - | - | - | - | - | - | - | **1** |
| comemorações | - | - | - | - | - | - | - | - | - | - | **-** |
| formações e cursos sobre direitos humanos | - | - | - | - | - | - | - | - | - | - | **-** |
| criação de fundações, associações, monumentos, escolas etc. | - | - | 1 | - | - | - | - | - | - | - | **2** |
| **e) GARANTIAS DE NÃO REPETIÇÃO:** | | | | | | | | | | | |
| reformas institucionais e medidas no direito interno | - | - | - | - | - | - | - | 2 | 2 | - | **6** |
| reformas institucionais para garantia do controle das forças militares e de segurança | - | - | - | - | - | - | - | - | - | - | **-** |
| melhoria das condições de detenção | - | - | - | - | - | - | - | - | - | - | **-** |
| fortalecimento da independência judicial | - | - | - | - | - | - | - | - | - | - | **-** |
| proteção dos defensores de DH | - | - | - | - | - | - | - | - | - | - | **-** |
| observância das normas de direitos humanos pela administração pública | - | - | - | - | - | - | - | - | - | - | **-** |
| observância das normas de direitos humanos pelas forças de segurança | - | - | - | - | - | - | - | - | - | - | **-** |
| observância das normas de direitos humanos pelos meios de informação | - | - | - | - | - | - | - | - | - | - | **-** |
| observância das normas de DH pelos serviços psicológicos e sociais | - | - | - | - | - | - | - | - | - | - | **-** |

* O número de incidências foi estabelecido por ano e refere-se a cada vez que determinada medida de reparação foi inserida em uma sentença da Corte (por ano e por sentença)

**Fonte:** dados obtidos em nossa análise da jurisprudência da Corte IDH, constante no site www.corteidh.or.cr

Para medirmos o impacto que essas medidas podem causar em relação ao efeito vinculante das sentenças, adotamos dois critérios de análise. O primeiro deles ligado aos efeitos que elas são capazes de produzir e, o segundo, referente à extensão desses efeitos.

a) Tipos de efeitos produzidos pelas sentenças da Corte

Quando determinamos esse critério, pensamos, sobretudo, na importância de entendermos quais eram os efeitos que as medidas de reparação da Corte poderiam chegar a produzir. Como resultado de nossa análise, duas constatações foram possíveis: i) essas medidas podem produzir efeitos *inter partes*, cujos fins atenderão às vítimas diretas e indiretas envolvidas no processo e ii) elas podem gerar, também, efeitos *extra partes*, estendendo-se a outras pessoas não envolvidas no processo.

Na primeira constatação, as vítimas são aquelas cujos direitos foram direta ou indiretamente violados (por exemplo, no caso de familiares de pessoas desaparecidas, dos filhos que perderam seus pais em situações de assassinatos etc.). As medidas de reparação, nesse caso, produzem efeitos em relação a essas pessoas e tendem a determinar restituição, indenização ou reabilitação. Já em relação às medidas com efeitos mais extensivos ou *extra partes*, o rol de pessoas que podem se beneficiar de uma decisão nesse sentido é bem mais amplo. Muitas dessas medidas, para serem implementadas, acabam incidindo sobre programas e políticas públicas adotadas no âmbito interno dos Estados e se estendem, em algumas situações, a toda sociedade (ou grande grupo de indivíduos, minorias nacionais ou grupos vulneráveis). Nessa categoria de efeitos estão as medidas de satisfação e de garantia de não repetição.

A Corte, desde o início de sua atividade contenciosa, veio decidindo nesse sentido. Entre 1988 e 1994, o tribunal recorreu basicamente a dois tipos de medida, a de indenização por dano físico ou mental; material ou moral[94] e, em uma única ocasião, a

94. Velásquez Rodríguez: Sentencia de 29.07.1988; Godínez Cruz: Sentencia de 20.01.1989; Velásquez Rodríguez: Sentencia de 21.07.1989; Godínez Cruz: Sentencia

de criação de fundações, associações, monumentos, escolas etc.[95]. Nos anos seguintes, entre 1995 e 2000, as medidas começaram a ser mais diversificadas, com a implementação da reintegração de emprego[96]; da garantia de direitos trabalhistas e de aposentadoria[97]; da indenização por danos morais[98]; da indenização por gastos de assistência jurídica ou de peritos[99]; da indenização por gastos e custas processuais[100]; da indenização por gastos com medicamentos e

de 21.07.1989; Aloeboetoe y otros: Sentencia de 10.09.1993; Gangaram Panday: Sentencia de 21.01.1994; El Amparo: Sentencia de 18.01.1995; Neira Alegría y otros: Sentencia de 19.01.1995; Caballero Delgado y Santana: Sentencia de 08.12.1995; El Amparo: Sentencia de 14.09.1996; Neira Alegría y otros: Sentencia de 19.09.1996; Genie Lacayo: Sentencia de 29.01.1997; Caballero Delgado y Santana: Sentencia de 29.01.1997; Loayza Tamayo: Sentencia de 17.09.1997; Castillo Páez: Sentencia de 03.11.1997; Suárez Rosero: Sentencia de 12.11.1997; Blake: Sentencia de 24.01.1998; "Panel Blanca" (Paniagua Morales y otros): Sentencia del 08.03.1998; Garrido y Baigorria: Sentencia de 27.08.1998; Loayza Tamayo: Sentencia de 27.11.1998; Castillo Páez: Sentencia de 27.11.1998; Suárez Rosero: Sentencia de 20.01.1999; Blake: Sentencia de 22.01.1999; Cesti Hurtado: Sentencia de 29.09.1999; Durand y Ugarte: Sentencia de 16.08.2000; Cantoral Benavides: Sentencia de 18.08.2000; Bámaca Velásquez: Sentencia de 25.11.2000; Baena Ricardo y otros: Sentencia de 02.01.2001; Barrios Altos: Sentencia de 14.03.2001; "Panel Blanca" (Paniagua Morales y otros): Sentencia de 25.05.2001; "Niños de la Calle" (Villagrán Morales y otros): Sentencia de 26.05.2001; Cesti Hurtado: Sentencia de 31.05.2001; Barrios Altos: Sentencia de 30.11.2001; Cantoral Benavides: Sentencia de 03.12.2001; Durand y Ugarte: Sentencia de 03.12.2001.

95. Aloeboetoe y otros: Sentencia de 10.09.1993.

96. Loayza Tamayo: Sentencia de 27.11.1998; Baena Ricardo y otros: Sentencia de 02.02.2001.

97. Loayza Tamayo: Sentencia de 27.11.1998; Suárez Rosero: Sentencia de 20.01.1999; Tribunal Constitucional: Sentencia de 31.01.2001; Baena Ricardo y otros: Sentencia de 02.02.2001.

98. Blake: Sentencia de 22.01.1999; Baena Ricardo y otros: Sentencia de 02.02.2001; Ivcher Bronstein: Sentencia de 06.02.2001; "Panel Blanca" (Paniagua Morales y otros): Sentencia de 25.05.2001; "Niños de la Calle" (Villagrán Morales y otros): Sentencia de 26.05.2001; Cesti Hurtado: Sentencia de 31.05.2001; Comunidad Mayagna (Sumo) Awas Tingni: Sentencia de 31.08.2001; Cantoral Benavides: Sentencia de 03.12.2001.

99. Garrido y Baigorria: Sentencia de 27.08.1998; Loayza Tamayo: Sentencia de 27.11.1998; Blake: Sentencia de 22.01.1999; Cesti Hurtado: Sentencia de 31.05.2001.

100. Neira Alegría y otros: Sentencia de 19.01.1995; Caballero Delgado y Santana: Sentencia de 08.12.1995; Caballero Delgado y Santana: Sentencia de 29.01.1997; Loayza Tamayo: Sentencia de 17.09.1997; Castillo Páez: Sentencia de 03.11.1997; Suárez Rosero: Sentencia de 12.11.1997; Blake: Sentencia de 24.01.1998; Garrido y Baigorria: Sentencia de 27.08.1998; Loayza Tamayo: Sentencia de 27.11.1998; Castillo Páez: Sentencia de 27.11.1998; Suárez Rosero: Sentencia de 20.01.1999; Blake: Sentencia de 22.01.1999; Castillo Petruzzi y otros: Sentencia de 30.05.1999; Cesti Hurtado: Sentencia de 29.09.1999; Tribunal Constitucional: Sentencia de 31.01.2001; Baena

serviços médicos, psicológicos e/ou sociais[101]; da adoção de medidas para que cessem as violações[102]; do direito à verdade[103]; da busca das pessoas desaparecidas[104]; da recuperação de cadáveres e nova exumação[105]; da publicação da sentença e publicidade dos fatos[106] e de reformas institucionais e medidas no direito interno. A maior parte dessas medidas é classificada como medidas de restituição e indenização que produzem efeitos *inter partes*.

Utilizando o mesmo critério de análise do padrão de violação de direitos no âmbito regional e por país (determinado no item 2.1.2), definimos que somente poderíamos falar em mudança do padrão decisório da Corte quando fosse possível detectar, ao menos, três incidências de uma determinada medida registrada em um mesmo ano em processos distintos. Tendo por base esse critério e considerando que as medidas capazes de produzir efeitos *extra partes* são as de satisfação e de garantia de não repetição, temos o ano de 2001 como o marco temporal decisivo para a constatação dessa mudança.

Foi nesse ano que a Corte passou a adotar novas medidas extensivas e a intensificar a implementação de outras medidas antes

---

Ricardo y otros: Sentencia de 02.02.2001; "La Última Tentación de Cristo" (Olmedo Bustos y otros): Sentencia de 05.02.2001; Ivcher Bronstein: Sentencia de 06.02.2001; "Panel Blanca" (Paniagua Morales y otros): Sentencia de 25.05.2001; "Niños de la Calle" (Villagrán Morales y otros): Sentencia de 26.05.2001; Cesti Hurtado: Sentencia de 31.05.2001; Comunidad Mayagna (Sumo) Awas Tingni: Sentencia de 31.08.2001.

101. Blake: Sentencia de 22.01.1999; Barrios Altos: Sentencia de 30.11.2001.

102. Castillo Petruzzi y otros: Sentencia de 30.05.1999.

103. Caballero Delgado y Santana: Sentencia de 08.12.1995.

104. Caballero Delgado y Santana: Sentencia de 08.12.1995; Neira Alegría y otros: Sentencia de 19.09.1996; Caballero Delgado y Santana: Sentencia de 29.01.1997; Garrido y Baigorria: Sentencia de 27.08.1998; Durand y Ugarte: Sentencia de 16.08.2000; Barrios Altos: Sentencia de 30.11.2001; Durand y Ugarte: Sentencia de 03.12.2001.

105. Neira Alegría y otros: Sentencia de 19.09.1996; Caballero Delgado y Santana: Sentencia de 29.01.1997; Durand y Ugarte: Sentencia de 16.08.2000; "Panel Blanca" (Paniagua Morales y otros): Sentencia de 25.05.2001; "Niños de la Calle" (Villagrán Morales y otros): Sentencia de 26.05.2001; Durand y Ugarte: Sentencia de 03.12.2001.

106. Bámaca Velásquez: Sentencia de 25.11.2000; Tribunal Constitucional: Sentencia de 31.01.2001; Barrios Altos: Sentencia de 14.03.2001; Barrios Altos: Sentencia de 30.11.2001; Cantoral Benavides: Sentencia de 03.12.2001; Durand y Ugarte: Sentencia de 03.12.2001.

registradas nesse sentido. Exemplo disso é o número de incidências que observamos em relação à medida "reformas institucionais e medidas no direito interno"[107]. Como podemos verificar, essa mudança aconteceu ano a ano, mas foi somente a partir de 2001 que o número de incidências passou a ser amplamente verificado.

b) Extensão dos efeitos produzidos nos processos entre 1998 e 2001

No tocante à extensão dos efeitos produzidos, observaremos três níveis. O primeiro deles refere-se a medidas cujos efeitos se restringem somente às partes do processo. Nessa hipótese, a implementação da medida depende de um baixo nível de articulação institucional[108], o que facilita seu rápido e total cumprimento pelo Estado. Inserem-se, nesse nível, as medidas relativas à restituição e à indenização.

O segundo nível está ligado a medidas que dependem da existência de políticas públicas e de programas internos para serem implementadas. Aqui, para que a medida possa ser cumprida, o país deve garantir um maior nível de articulação institucional, pois deve inseri-la no âmbito de execução dos programas e políticas já existentes. Fazem parte desse nível, as medidas de reabilitação e a maioria das medidas de satisfação.

E, finalmente, o terceiro nível, que diz respeito às medidas de reparação que acabam gerando a necessidade de adoção de novas políticas e programas. É nesse exemplo, sobretudo, em que se encontram as medidas mais contestadas pelos Estados. Para que possam ser cumpridas, elas dependem de grande capacidade

107. Loayza Tamayo Vs. Perú: Sentencia de 27.11.1998; Castillo Páez Vs. Perú: Sentencia de 27.11.1998; Blake Vs. Guatemala: Sentencia de 22.01.1999; Castillo Petruzzi y otros Vs. Perú: Sentencia de 30.05.1999; "La Última Tentación de Cristo" (Olmedo Bustos y otros) Vs. Chile: Sentencia de 05.02.2001; Barrios Altos Vs. Perú: Sentencia de 14.03.2001; "Panel Blanca" (Paniagua Morales y otros) Vs. Guatemala: Sentencia de 25.05.2001; "Niños de la Calle" (Villagrán Morales y otros) Vs. Guatemala: Sentencia de 26.05.2001; Comunidad Mayagna (Sumo) Awas Tingni Vs. Nicaragua: Sentencia de 31.08.2001; Barrios Altos Vs. Perú: Sentencia de 30.11.2001.

108. Ver nota explicativa nº. 99 e item 1.2.2 sobre a força vinculante sob a perspectiva da teoria das políticas públicas.

e articulação institucional e acabam influenciando diretamente o curso da agenda pública interna. Ademais desses fatores, a questão orçamentária é frequentemente levantada pelos entes estatais, já que necessitam realocar o dinheiro público para a implementação dessas medidas. Nesse último exemplo, inserem-se algumas medidas de satisfação e todas as medidas de não repetição.

### 2.2.2. Análise das opiniões dissidentes

A última dimensão de análise refere-se ao impacto das opiniões dissidentes na força vinculante das sentenças da Corte. Aqui, observamos os seguintes critérios: a) se houve processos em que se constataram opiniões dissidentes em relação a todas as medidas de reparação adotadas pela maioria dos juízes; b) qual tipo de sentença tende a gerar maior dissidência; c) quais juízes marcaram essa tendência, d) se essa tendência representa um padrão crescente na Corte ou se está vinculada somente ao juiz que diverge; e) quais as medidas de reparação que mais ocasionam essas opiniões e f) quais Estados estiveram envolvidos nos processos em que houve dissidência na sentença.

a) Sobre o primeiro critério, foram constatados três processos[109] em que houve opiniões dissidentes em relação a todas as medidas de reparação adotadas pela maioria dos juízes entre 1987 e 2001. As três constatações referiram-se a sentenças sobre exceções preliminares levantadas pelos Estados, não se adentrando na análise de fundo e as dissidências foram sobre a desconsideração por parte da Corte, das exceções interpostas pelos entes estatais.

109. Neira Alegría y otros Vs. Perú: Sentencia de 11.12.1991. Opinião dissidente do juiz *ad hoc* Jorge E. Orihuela Iberico que discordou da desconsideração das "excepciones opuestas por el Gobierno del Perú"; "Panel Blanca" (Paniagua Morales y otros) Vs. Guatemala: Sentencia de 25.01.1996. Opinião dissidente apresentada pelo juiz *ad hoc* Edgar E. Larraondo Salguero, em relação à decisão da Corte em "Desestimar las excepciones preliminares interpuestas por el Gobierno de la República de Guatemala" e "Continuar con el conocimiento del presente caso"; Cantoral Benavides Vs. Perú: Sentencia de 03.09.1998. Opinião dissidente apresentadas pelos juízes Roux Rengifo e Vidal Ramírez, sobre "Desestimar las excepciones preliminares opuestas por el Estado Peruano" e "Continuar con la tramitación del fondo del caso".

b) No tocante ao tipo de sentença que gera maior dissidência, identificamos que ela ocorre, majoritariamente, em relação às medidas implementadas nas sentenças de fundo, reparações e custas processuais, alcançando um total de 70% das sentenças em que observamos tais opiniões[110]. Os demais 30%, referem-se às sentenças que versam sobre exceções preliminares[111].

Quanto aos juízes que votaram nesse sentido, vemos o seguinte gráfico:

**Gráfico 7. Opiniões dissidentes (O.D.) emitidas por juiz da Corte IDH (entre 1987 e 2001)**

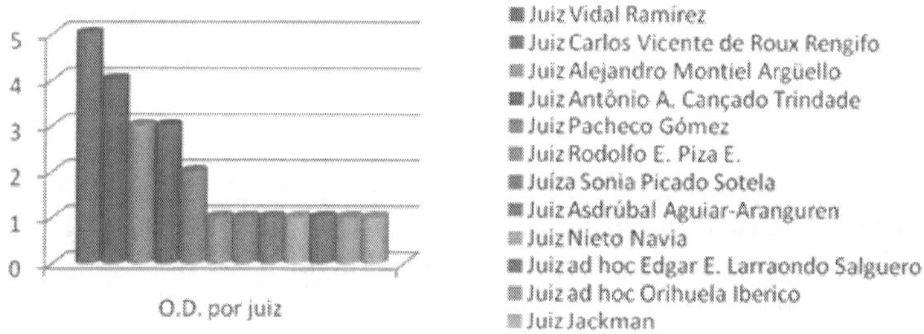


**Fonte:** dados obtidos em nossa análise da jurisprudência da Corte IDH, constante no site www.corteidh.or.cr

110. Velásquez Rodríguez Vs. Honduras , Sentencia de 29.07.1988; Gangaram Panday Vs. Surinam, Sentencia de 21.01.1994; Caballero Delgado y Santana Vs. Colombia, Sentencia de 08.12.1995; El Amparo Vs. Venezuela, Sentencia de 14.09.1996; Neira Alegría y otros Vs. Perú, Sentencia de 19.09.1996; Genie Lacayo Vs. Nicaragua, Sentencia de 29.01.1997; Caballero Delgado y Santana Vs. Colombia, Sentencia de 29.01.1997; Loayza Tamayo Vs. Perú, Sentencia de 17.09.1997; Blake Vs. Guatemala, Sentencia de 24.01.1998; Loayza Tamayo Vs. Perú, Sentencia de 27.11.1998; Castillo Petruzzi y otros Vs. Perú, Sentencia de 30.05.1999; Durand y Ugarte Vs. Perú, Sentencia de 16.08.2000; Cantoral Benavides Vs. Perú, Sentencia de 18.08.2000; Comunidad Mayagna (Sumo) Awas Tingni Vs. Nicaragua, Sentencia de 31.08.2001.

111. Neira Alegría y otros Vs. Perú, Sentencia de 11.12.1991; "Panel Blanca" (Paniagua Morales y otros) Vs. Guatemala, Sentencia de 25.01.1996; Cantoral Benavides Vs. Perú, Sentencia de 03.09.1998; Castillo Petruzzi y otros Vs. Perú, Sentencia de 04.09.1998; Durand y Ugarte Vs. Perú, Sentencia de 28.05.1999; Las Palmeras Vs. Colombia, Sentencia de 04.02.2000.

Se esses dados forem considerados individualmente (por juiz), indicam que, na maioria dos processos, as opiniões dissidentes são proferidas de forma isolada, não se caracterizando como uma tendência do tribunal. Contudo, mesmo sob essa perspectiva, há juízes que mostram essa tendência, tais como Vidal Ramírez, Carlos Vicente de Rouz Rengifo, Alejandro Montiel Argüello e Antônio A. Cançado Trindade, em cujos votos constataram-se três ou mais situações de dissidência em distintos processos.

De forma distinta, se essas informações forem consideradas no âmbito geral da Corte, elas indicam a existência crescente dessas opiniões, sobretudo, entre os anos de 1994 e 2000[112].

Entre 1987 e 2001, a maior parte das opiniões foi relativa aos seguintes direitos:

112. **1988**: Juíz Rodolfo E. Piza E., O.D. no processo Velásquez Rodríguez Vs. Honduras - Sentencia de 29.07.1988. **1994**: Juíz Antônio A. Cançado Trindade, O.D. no processo: Gangaram Panday Vs. Surinam - Sentencia de 21.01.1994; Juíza Sonia Picado Sotela, O.D. no processo: Gangaram Panday Vs. Surinam - Sentencia de 21.01.1994; Juíz Asdrúbal Aguiar-Aranguren, O.D. no processo:Caso Gangaram Panday Vs. Surinam - Sentencia de 21.01.1994. **1995**: Juíz Nieto Navia, O.D. no processo: Caballero Delgado y Santana Vs. Colombia - Sentencia de 08.12.1995; Juíz Pacheco Gómez, O.D. no processo: Caballero Delgado y Santana Vs. Colombia - Sentencia de 08.12.1995. **1996:** Juíz ad hoc Edgar E. Larraondo Salguero, O.D. no processo: "Panel Blanca" (Paniagua Morales y otros) Vs. Guatemala - Sentencia de 25.01.1996; Juíz Antônio A. Cançado Trindade, O.D. no processo: El Amparo Vs. Venezuela - Sentencia de 14.09.1996; Juíz ad hoc Orihuela Iberico, O.D. no processo: Neira Alegría y otros Vs. Perú - Sentencia de 19.09.1996. **1997:** Juíz Antônio A. Cançado Trindade, O.D. no processo: Caballero Delgado y Santana Vs. Colombia - Sentencia de 29.01.1997; Juíz Pacheco Gómez, O.D. no processo: Genie Lacayo Vs. Nicaragua - Sentencia de 29.01.1997; Juíz Alejandro Montiel Argüello, Loayza Tamayo Vs. Perú - Sentencia de 17.09.1997. **1998:** Juíz Alejandro Montiel Argüello, O.D. no processo: Blake Vs. Guatemala - Sentencia de 24.01.1998; Juíz Vidal Ramírez, O.Ds. nos processos: Cantoral Benavides Vs. Perú - Sentencia de 03.09.1998 e Castillo Petruzzi y otros Vs. Perú - Sentencia de 04.09.1998; Juíz Carlos Vicente de Roux Rengifo, O.Ds. nos processos: Cantoral Benavides Vs. Perú - Sentencia de 03.09.1998; Castillo Petruzzi y otros Vs. Perú - Sentencia de 04.09.1998; Loayza Tamayo Vs. Perú - Sentencia de 27.11.1998. **1999:** Juíz Vidal Ramírez, O.Ds. nos processos: Durand y Ugarte Vs. Perú - Sentencia de 28.05.1999; Castillo Petruzzi y otros Vs. Perú - Sentencia de 30.05.1999. **2000:** Juíz Jackman, O.D. no processo: Las Palmeras Vs. Colombia - Sentencia de 04.02.2000; Juíz Carlos Vicente de Roux Rengifo, O.D. no processo: Durand y Ugarte Vs. Perú - Sentencia de 16.08.2000; Juíz Vidal Ramírez, O.D. no processo: Cantoral Benavides Vs. Perú - Sentencia de 18.08.2000. **2001:** Juíz Alejandro Montiel Argüello. O.D. no processo: Comunidad Mayagna (Sumo) Awas Tingni Vs. Nicaragua - Sentencia de 31.08.2001.

**Gráfico 8. O.Ds. por tipo de direito violado (entre 1987 e 2001)**

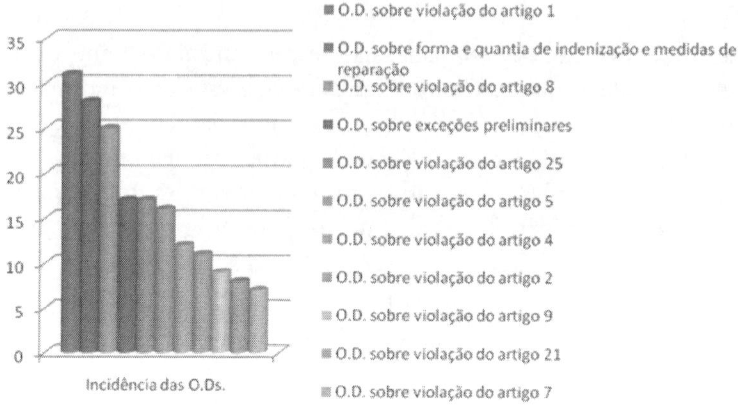


**Fonte:** dados obtidos em nossa análise da jurisprudência da Corte IDH, constante no site www.corteidh.or.cr

A maior parte das dissidências ocorreu em relação às decisões que visavam implementar a obrigação de respeitar os direitos (Artigo 1), de prever garantias judiciais (Artigo 8) e de garantir proteção judicial no âmbito interno dos Estados (Artigo 25).

Já no que diz respeito aos Estados envolvidos nos processos em que se constaram opiniões dissidentes, temos o seguinte gráfico:

**Gráfico 9. Número de O.Ds. por sentença emitida por país**

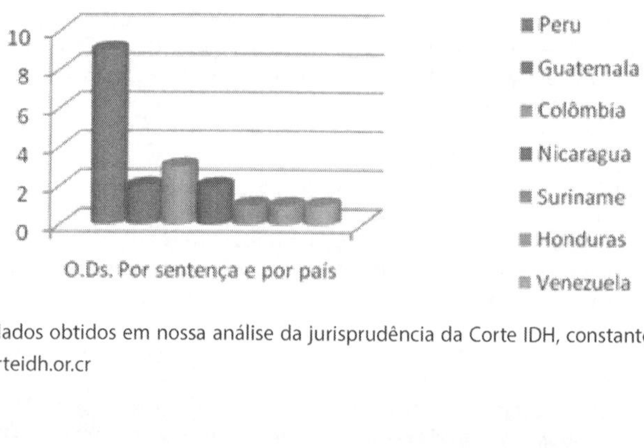


**Fonte:** dados obtidos em nossa análise da jurisprudência da Corte IDH, constante no site www.corteidh.or.cr

Como vimos anteriormente, o Peru foi o país que apresentou maior nível de reincidência nas violações, seguido logo atrás pela Guatemala. É semelhante a observação feita sobre as opiniões dissidentes, já que foi em face desses dois países que observamos o maior número de sentenças entre os anos de 1987 e 2001. Vale ressaltar, contudo, que o número de sentenças analisadas não equivale ao número de processos, uma vez que para cada processo pode haver ser emitida mais de uma sentença[113].

113. **PERU** - 9 Sentenças que integram 5 Processos: Neira Alegría y otros Vs. Perú (1991); Neira Alegría y otros Vs. Perú (1996); Loayza Tamayo Vs. Perú (1997); Cantoral Benavides Vs. Perú (1998); Castillo Petruzzi y otros Vs. Perú (1998); Loayza Tamayo Vs. Perú (1998); Castillo Petruzzi y otros Vs. Perú (1999); Durand y Ugarte Vs. Perú (2000); Cantoral Benavides Vs. Perú (2000). **GUATEMALA** - 2 Sentenças que integram 2 Processos: "Panel Blanca" (Paniagua Morales y otros) Vs. Guatemala (1996) e Blake Vs. Guatemala (1998). **COLÔMBIA** - 3 Sentenças que integram 2 Processos: Caballero Delgado y Santana Vs. Colombia (1995); Caballero Delgado y Santana Vs. Colombia (1997); Las Palmeras Vs. Colombia (2000). **NICARAGUA** - 2 Sentenças que integram 2 Processos: Genie Lacayo Vs. Nicaragua (1997); Comunidad Mayagna (Sumo) Awas Tingni Vs. Nicaragua (2001). **SURINAME** - 1 Sentença que integra 1 Processo: Gangaram Panday Vs. Surinam (1994). **HONDURAS** - 1 Sentença que integra 1 Processo: Velásquez Rodríguez Vs. Honduras (1988). **VENEZUELA** - 1 Sentença que integra 1 Processo: El Amparo Vs. Venezuela (1995).

## Capítulo 3

# PANORAMA DO SISTEMA DE REPARAÇÃO DA CORTE IDH ENTRE 2002 E 2017

Foram apresentados, no capítulo anterior, os dados relativos ao período entre 1987 e 2001. Nesse momento, apresentaremos a análise referente ao intervalo de tempo que vai do ano de 2002 ao mês de outubro de 2017.

Ressaltamos, novamente, que tal divisão justificou-se metodologicamente, já que permitiu, mais objetivamente, entender o nível da força vinculante das sentenças do tribunal interamericano e analisar o impacto do processo decisório e das medidas de reparação sobre essa força. Essa escolha metodológica possibilitou demonstrar a alteração do padrão decisório dos juízes da Corte IDH constatada a partir de 2001[1]. Nesse período, as medidas de reparação adotadas passaram a produzir efeitos extensivos com capacidade de alcançar toda a sociedade ou grupos maiores de pessoas que aquelas envolvidas no processo.

Concomitantemente a esse fenômeno, ocorreu a implementação do novo Regulamento da Corte IDH em 2001, o qual introduziu uma série de mudanças significativas nos regulamentos internos da Corte e da Comissão Interamericana de Direitos Humanos. Foi a partir dessa mudança regulamentar que houve um incremento substancial no número de processos enviados ao tribunal interamericano pela CIDH. Sobre essa questão, observamos

1. Sobre a mudança do padrão decisório da Corte IDH, ver nota explicativa nº. 6.

várias pesquisas[2] que abordam direta ou indiretamente os efeitos que a mudança regulamentar resultou no Sistema Interamericano como um todo, sobretudo, em relação à participação das vítimas

---

2. TRINDADE, Antônio Augusto Cançado. El nuevo reglamento de la Corte Interamericana de Derechos Humanos (2000) y su proyección hacia el futuro: la emancipación del ser humano como sujeto del derecho internacional. In: TRINDADE, Antônio Augusto Cançado; ROBLES, Manuel E. Ventura. **El futuro de la Corte Interamericana de Derechos Humanos.** Costa Rica: Corte Interamericana de Derechos Humanos, Alto Comisionado de las Naciones Unidas para los Refugiados, 2003, p. 11 - 108. ROBLES, Manuel E. Ventura. La Corte Interamericana de Derechos Humanos: camino hacia un tribunal permanente. **Revista IIDH**, vol. 32-33, julio 2000-junio 2001, pp. 271-310. Disponível em: http://www.corteidh.or.cr/tablas/R06718-10.pdf, acesso dia 28/03/2018. TRINDADE, Antônio Augusto Cançado; ROBLES, Manuel E. Ventura. **El futuro de la Corte Interamericana de Derechos Humanos.** Costa Rica: Corte Interamericana de Derechos Humanos, Alto Comisionado de las Naciones Unidas para los Refugiados, 3ª edición actualizada y ampliada, 2005. QUIROGA, Cecilia Medina. Modificación de los reglamentos de la Corte Interamericana de Derechos Humanos y de la Comisión Interamericana de Derechos Humanos al procedimiento de peticiones individuales ante la Corte. **Anuario de Derechos Humanos**, 2011, pp. 117-126. RAMANZINI, Isabela Gerbelli Garbin. **"O prometido é devido": *Compliance* no Sistema Interamericano de Direitos Humanos.** Tese de Doutorado apresentado ao Instituto de Relações Internacionais da Universidade de São Paulo. Universidade de São Paulo, Instituto de Relações Internacionais. São Paulo, Março de 2014. PEREIRA, Taís Mariana Lima. O cumprimento das decisões da Corte Interamericana de Direitos Humanos pelo Brasil. **EJJL,** Chapecó, v. 14, n. 2, p. 315-348, jul./dez. 2013. FRANCO, Thalita Leme. **Efetividade das decisões proferidas pela Corte Interamericana de Direitos Humanos: identificação dos marcos teóricos e análise da conduta do Estado brasileiro**. Dissertação (Mestrado) apresentada ao Instituto de Relações Internacionais da Universidade de São Paulo, Instituto de Relações Internacionais. São Paulo: 2014. ENGSTROM, Par. Reconceitualizando o Impacto do Sistema Interamericano de Direitos Humanos. **Rev. Direito e Práx**., Rio de Janeiro, Vol. 2, N. 8, p. 1250-1285. ABRAMOVICH, Víctor. De las Violaciones Masivas a los Patrones Estructurales: Nuevos Enfoques y Clásicas Tensiones en el Sistema Interamericano de Derechos Humanos. **SUR. Revista Internacional de Direitos Humanos / Sur – Rede Universitária de Direitos Humanos** - vol. 6, n. 11. São Paulo, DIC. 2009, pp. 07 – 39. CALDERÓN HAMBOA, Jorge Francisco. **La evolución de la "reparación integral" en la jurisprudencia de la Corte Interamericana de Derechos Humanos.** Colección Sistema Interamericano de Derechos Humanos, Comisión Nacional de los Derechos Humanos, México, diciembre 2013. DULITZKY, Ariel. 50 años del sistema interamericano de derechos humanos: una propuesta de reflexión sobre cambios estratégicos necesarios. Ponencia ofrecida en el seminario conmemorativo de la Declaración Americana de los Derechos y Deberes del Hombre que llevó adelante el IIDH el 28 de mayo de 2008 en Bogotá D.C., en colaboración con la Alcaldía Mayor. **Revista IIDH - Instituto Interamericano de Derechos Humanos.** Vol. 46, 2007, pp. 33 – 42. CORTE IDH. **Exposición de motivos de la Reforma Reglamentaria**. Disponível en: http://www.corteidh.or.cr/sitios/reglamento/nov_2009_motivos_esp.pdf, consultado dia 28/03/2018.

no processo. Embora sejam de grande relevância, tais estudos não observaram e/ou identificaram o impacto dessa alteração no plano interno do processo decisório, ou seja, quais os impactos decorrentes da alteração regulamentar nas medidas de reparação adotadas pelo tribunal. Este será o enfoque buscado nessa etapa do trabalho.

## 3.1. PROCESSO DECISÓRIO DO JUIZ INTERAMERICANO ENTRE 2002 E 2017

Embora a entrada em vigor do quarto Regulamento da Corte IDH tenha se dado em 1º de junho de 2001, após sua adoção em 24 de novembro de 2000, o processo de reforma e fortalecimento do Sistema Interamericano, de forma geral, foi iniciado anos antes, em 1996[3]. Os principais resultados alcançados foram relativos à reforma do Regulamento da Comissão (CIDH), após vinte e dois anos sem alterações, e, à reforma do Regulamento da Corte, ensejando a adoção de sua quarta versão.

Como aponta Cançado Trindade, os antecedentes históricos desses resultados foram diversos e tiveram como marco inicial a Resolução 1404 da Assembleia Geral da OEA, de 1996, relativa ao Informe Anual que a CIDH encomendou do Conselho Permanente da OEA sobre a avaliação do Sistema Interamericano com vistas ao início dos debates acerca de uma possível reforma[4]. Tal Resolução foi complementada pelo Informe "Hacia una Nueva Visión del Sistema Interamericano de Derechos Humanos", da Secretaria Geral da OEA, apresentado em novembro do mesmo ano[5]. No mês seguinte, a CIDH realizou em Washington D.C. o Seminário "El Sistema Interamericano de Promoción y Protección de los Derechos Humanos", no qual foram amplamente discutidas as suas e as funções da Corte de forma a possibilitar uma avaliação dos resultados de suas atividades[6].

3. ROBLES, julho 2000 - junho 2001, *op. cit.*, pp. 307-308.
4. TRINDADE, In: TRINDADE; ROBLES, 2003, *op. cit.*, p. 15.
5. OEA, doc. OEA/Ser.G/CP/doc.2828/96.
6. TRINDADE, In: TRINDADE; ROBLES, 2003, *op. cit.*, p. 16.

Em 1997, a Assembleia Geral da OEA, em sua Resolução 1488, solicitou à Comissão de Assuntos Jurídicos e Políticos (CAJP) do Conselho Permanente da OEA que os diferentes aspectos do Sistema Interamericano continuassem a ser considerados integralmente, observando-se a incidência de possíveis reformas[7]. Essa tendência foi corroborada pelas Resoluções 1546 e 1547, ambas de 1998, nas quais a Assembleia Geral reafirmou a necessidade de se adotar medidas concretas para o aperfeiçoamento do Sistema e para a consideração do Projeto "Programa Interamericano de Promoción Internacional de los Derechos Humanos", apresentado pela CIDH na Resolução 1489[8].

No ano seguinte, 1999, a Assembleia Geral da OEA, em sua Resolução 1633, solicitou ao Conselho Permanente que esse assunto continuasse a ser considerado sob a ótica de um diálogo interinstitucional, no qual seria levada em conta a "cooperación entre los órganos del sistema interamericano de protección, y otras entidades tales como el IIDH, además de otras organizaciones gubernamentales y no-gubernamentales"[9].

A Corte, também em 1999, tomou importantes iniciativas nesse sentido, designando um *rapporteur* específico para analisar a questão do fortalecimento do SIDH[10], designando, ainda, o juiz Cançado Trindade como relator, criando uma Comissão de Seguimento das consultas que passaria a realizar a partir de então[11] e realizando um Seminário e reuniões com grandes especialistas na área[12].

Todas essas medidas demonstraram o esforço desses órgãos na busca pelo aperfeiçoamento constante do Sistema (SIDH),

7. Ibidem.

8. Idem, p. 17.

9. "Cooperação entre os órgãos do sistema interamericano de proteção e outras entidades tais como o IIDH, além de outras organizações governamentais e não-governamentais". (Ibidem. Tradução libre).

10. Idem, pp. 17–18.

11. Idem, pp. 14–15.

12. Idem, p. 18.

sobretudo, em relação aos diálogos institucionais estabelecidos nesse sentido, como destaca Quiroga,

> Una vez recibidos todos los comentarios, cada órgano los procesó. La Corte convocó, además, a una audiencia para escuchar a los Estados y a las organizaciones no gubernamentales que los habían presentado y se produjo un interesante debate. Después de todo esto, cada órgano discutió la versión final y se publicaron los dos reglamentos. (QUIROGA, 2011, p. 121).[13]

A reforma trazida pelo quarto Regulamento legitimou a participação direta das vítimas, de seus familiares e de seus representantes legais durante todas as etapas do processo contencioso na Corte[14], possibilitou a participação de organizações da sociedade civil internacional, criou "um fundo de assistência legal às vítimas e à defensoria interamericana"[15].

> Con el otorgamiento del *locus standi in judicio* a las presuntas víctimas, sus familiares o sus representantes legales, en todas las etapas del proceso ante la Corte, pasan ellos a disfrutar de todas las facultades y obligaciones, en materia procesal, que, hasta el Reglamento de 1996, eran privativos únicamente de la CIDH y del Estado demandado (excepto en la etapa de reparaciones). Esto implica que, en el procedimiento ante la Corte, podrán coexistir, y manifestarse, tres posturas distintas: la de la presunta víctima (o sus familiares o representantes legales), como sujeto del Derecho Internacional de los Derechos Humanos; la de la CIDH, como órgano de supervisión de la Convención y

13. "Uma vez recebidos todos os comentários, cada órgão processou-os. A Corte convocou, além disso, uma audiência para escutar os Estados e as organizações não governamentais que haviam se apresentado e produziu-se um interessante debate. Depois de tudo isso, cada órgão discutiu a versão final e publicaram-se os dois regulamentos. (QUIROGA, 2011, p. 121. Tradução livre).

14. Idem, p. 46.

15. **RAMANZINI, Isabela Gerbelli Garbin.** "O prometido é devido": ***Compliance* no Sistema Interamericano de Direitos Humanos.** Tese de Doutorado apresentado ao Instituto de Relações Internacionais da Universidade de São Paulo. Universidade de São Paulo, Instituto de Relações Internacionais. São Paulo, Março de 2014, p. 61.

auxiliar de la Corte; y la del Estado demandado. (TRINDADE, In: TRINDADE; ROBLES, 2003, pp. 50-51).[16]

A alteração regulamentar outorgou às vítimas, a seus familiares e representantes a possibilidade de apresentarem, de forma autônoma, seus pedidos, argumentos e provas, incluindo, também, a oportunidade de fazerem uso da palavra durante as audiências públicas[17]. Além disso, outras mudanças foram inseridas em relação às exceções preliminares, à contestação da demanda, em matéria probatória, à possibilidade de acumulação de casos conexos entre si, às medidas provisórias de proteção e ao pronunciamento da Corte sobre reparações e custas em suas sentenças etc.

A reforma de 2001 marcou o que Robles chamou de "quarta etapa" da história das atividades da Corte IDH. Sendo que, para o autor, a primeira iria de setembro de 1979, quando a Corte foi instalada em São José da Costa Rica, até o início de 1986, quando o tribunal recebeu seus primeiros processos contenciosos. A segunda, iniciada a partir desse último período até 1993, quando a Corte começa a analisar as primeiras solicitações de medidas provisórias de proteção e quando, por questões de ordem orçamentária, a Corte se vê obrigada a reformar seu Regulamento. A terceira etapa, que iria de 1994, quando o envio de casos por parte da CIDH se torna mais intenso e quando os primeiros advogados começam a trabalhar no tribunal, até 2001, quando da adoção do quarto Regulamento da Corte, fase essa que marca a quarta etapa de suas atividades, na qual, entre outras alterações, as vítimas (seus

16. "Com a concessão do *locus standi in judicio* às supostas vítimas, seus familiares ou seus representantes legais, em todas as etapas do processo na Corte, esses atores passaram a desfrutar de todas as faculdades e obrigações, em matéria processual, que, até o Regulamento de 1996, eram privativos unicamente da CIDH e do Estado demandado (exceto na etapa de reparações). Isso implica que, no procedimento da Corte, poderão coexistir e manifestar-se, três posturas distintas: a da suposta vítima (ou seus familiares ou representantes legais), como sujeito de Direito Internacional dos Direitos Humanos; a da CIDH, como órgão de supervisão da Convenção e auxiliar da Corte; e a do Estado demandado. (TRINDADE, In: TRINDADE; ROBLES, 2003, *op. cit.*, pp. 50-51. Tradução livre).

17. Artigos 2º, 23º, 35º, 40º do IV Regulamento da Corte Interamericana de Direitos Humanos, de 2001.

familiares e representantes), ganham maior protagonismo no âmbito do contencioso interamericano[18].

O gráfico nº 10 evidencia essa evolução e mostra acentuada mudança no SIDH a partir do ano de 2001.

**Gráfico 10. Atividades consultivas e contenciosas da Corte IDH por etapa entre 1979 e 2017**

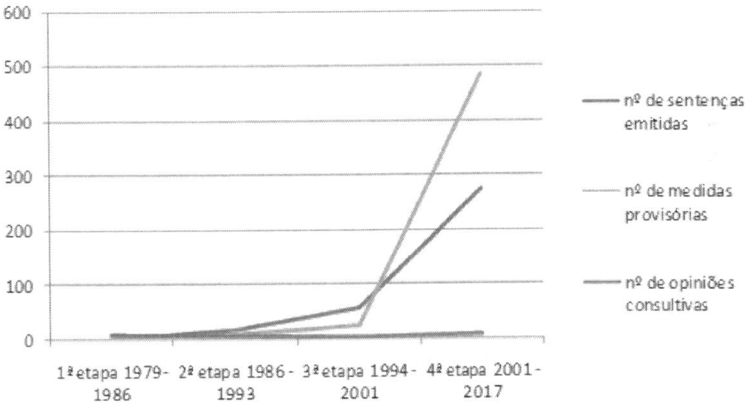


**Fonte:** dados obtidos em nossa análise da jurisprudência da Corte IDH, constante no site www.corteidh.or.cr

Percebemos que a maior incidência de processos contenciosos e, por consequência, de sentenças e opiniões consultivas registradas a partir de 2001 coincide com a reforma regulamentar do tribunal. Essa alteração, de caráter formal, ocasionou outro importante resultado: a mudança do padrão decisório da Corte, que acabou influenciando a força vinculante das sentenças proferidas a partir de então.

### 3.1.1. O padrão decisório dos juízes interamericanos e as medidas de reparação implementadas entre 2002 e 2017

Após análise dos tipos de violação e do processo decisório registrados nas decisões entre 1987 e 2001 (capítulo 2), entendemos que a reforma regulamentar de 2001 foi resultante da identificação,

18. ROBLES, julho 2000 - junho 2001, *op. cit.*, pp. 271-272.

pelo tribunal, de padrões sistemáticos de violação, o que gerou, por sua vez, a necessidade de outorgar às vítimas, incluindo familiares e representantes, maior protagonismo no desenrolar das etapas do processo contencioso. Dessa relação de causa e consequência, observamos outro processo que se deu de forma concomitante, a alteração do padrão decisório da Corte.

Esses novos tipos de medidas, como se verá a seguir, tendem a produzir efeitos mais extensivos que aqueles verificados nas sentenças entre 1987 e 2000, ultrapassando, na maioria dos processos, as vítimas diretamente envolvidas. Muitos deles acabam incidindo diretamente sobre as políticas e agenda públicas dos Estados, o que, por sua vez, depende de um nível de articulação institucional muito mais elevado para o atendimento das demandas da Corte via cumprimento de sentença.

#### 3.1.1.1. Dimensão relativa ao tipo de medida de reparação implementada pelo tribunal interamericano

Entre 2002 e outubro de 2017, constatamos a adoção de várias outras medidas de reparação não antes adotadas pelo tribunal. A tendência à inovação foi identificada a partir, sobretudo, de 2001, incidindo, sobretudo, sobre as medidas de restituição e de garantia de não repetição[19].

Em relação às medidas de restituição, no primeiro período analisado (1987-2001), identificamos a implementação das medidas de restabelecimento da liberdade, restituição do *status quo ante*, de reintegração de emprego e de garantia de direitos trabalhistas, aposentadoria e proventos. Já no segundo período, vimos que, além dessas, a Corte inovou adotando novas medidas, sendo elas: proteção da integridade física e moral, proteção da vida familiar, proteção da nacionalidade e da identidade[20], proteção da propriedade, direito

19. Ver conceito e critérios de análise das medidas de restituição e de não repetição no item 2.2.1.1 (Dimensão relativa ao tipo de medidas de reparação implementadas pelo tribunal interamericano).

20. Como se pode verificar nos trechos de algumas sentenças: **Niñas Yean y Bosico VS. Repúblicas Dominicana:** Sentencia de 08.09.2005: §8. El Estado debe adoptar en

a regressar ao lugar de residência, direito à informação, devolução de bens e concessão de direitos, restituição de valores ao Fundo de Assistência Legal a Vítimas da Corte IDH.

No tocante às medidas de não repetição, foi possível observar que, no primeiro período, a Corte demonstrou certa timidez ao implementar tais medidas. Entre esses anos, foram poucos os processos em que o tribunal decidiu pela necessidade de reformas institucionais e adoção de medidas no direito interno. Contudo, no período entre 2002 e 2017, muitos outros critérios de reparação foram implementados com vistas a não repetição das violações no âmbito nacional, além das reparações visando reformas institucionais e adoção de medidas no direito interno, quais sejam:

---

su derecho interno, dentro de un plazo razonable, de acuerdo con el artículo 2 de la Convención Americana, las medidas legislativas, administrativas y de cualquier otra índole que sean necesarias para regular el procedimiento y los requisitos conducentes a adquirir la nacionalidad dominicana, mediante la declaración tardía de nacimiento. Dicho procedimiento debe ser sencillo, accesible y razonable, en consideración de que, de otra forma, los solicitantes pudieran quedar en condición de ser apátridas. Además, debe existir un recurso efectivo para los casos en que sea denegada la solicitud, en los términos de la Convención Americana, de conformidad con los párrafos 239 a 241 de la presente Sentencia. **Raxcacó Reyes Vs. Guatemala:** Sentencia de 15.09.2005:§11. El Estado debe adoptar, a partir de la notificación de la presente Sentencia, las medidas necesarias para posibilitar que el señor Raxcacó Reyes reciba visitas periódicas de la señora Olga Isabel Vicente. **Personas Dominicanas y Haitianas expulsadas vs. República Dominicana:** Sentencia de 28.08.2014: §13. El Estado debe adoptar, en un plazo de seis meses contado a partir de la notificación de esta Sentencia, las medidas necesarias para que Willian Medina Ferreras, Awilda Medina y Luis Ney Medina cuenten con la documentación necesaria para acreditar su identidad y nacionalidad dominicana, en los términos del párrafo 452 de la presente Sentencia. (...). §14. El Estado debe adoptar, en un plazo de seis meses contado a partir de la notificación de esta Sentencia, las medidas que sean necesarias para que Víctor Jean, Miguel Jean, Victoria Jean, Natalie Jean, sean, según corresponda, debidamente registrados y cuenten con la documentación necesaria para acreditar su identidad y nacionalidad dominicana, en los términos de los párrafos 458 de la presente Sentencia. **Rochac Hernández y otros vs. El salvador:** Sentencia de 14.10.2014:§9. El Estado debe (...) adoptar todas las medidas adecuadas y necesarias para la restitución de la identidad en caso de encontrarse con vida, de conformidad con lo establecido en los párrafos 196 a 199 y 215 de la presente sentencia. **Pueblos Kaliña y Lokono vs. Surinam:** Sentencia de 25.11.2015: §5. El Estado deberá otorgar a los Pueblos Kaliña y Lokono el reconocimiento legal de la personalidad jurídica colectiva, en los términos establecidos en el párrafo 279.i.a de la presente Sentencia. (...) §13. El Estado deberá adoptar las medidas necesarias con el fin de reconocer la personalidad jurídica colectiva de los pueblos indígenas y tribales en Surinam, en los términos establecidos en el párrafo 305.a de la presente Sentencia.

melhoria das condições de detenção, melhoria das condições de vida – questões estruturais[21] –, garantias judiciais, procedimentais e de acesso à justiça, fortalecimento da independência e do controle da justiça e da administração, proteção dos defensores de Direitos Humanos, observância das normas de direitos humanos pela administração pública e observância das normas de direitos humanos pelas forças de segurança.

Também foram inovadoras, embora em menor número, algumas das medidas de satisfação[22] adotadas nesse segundo período. Além de se constatar a determinação de certas medidas reparatórias já identificadas entre 1987 e 2001, (como a adoção de outras medidas para que cessem as violações, busca das pessoas desaparecidas, recuperação de cadáveres e nova exumação, desculpas públicas, sanções judiciais e/ou administrativas, publicação da sentença e publicidade dos fatos, sentença por si só enquanto medida de reparação e criação de fundações, associações, monumentos, escolas etc.), as sentenças emitidas entre 2002 e outubro de 2017 implementaram as medidas de concessão de local para que a família enterre a vítima e demais gastos com o funeral e sepultamento, reconhecimento formal da responsabilidade por parte do Estado, comemorações com o intuito de garantir o direito à memória, formações e cursos sobre direitos humanos e realização de consultas públicas e estudos.

Finalmente, em relação às medidas de reabilitação e indenização[23], foi possível observar que mesmo já tendo sido adotadas entre os critérios decisórios dos juízes interamericanos antes da mudança do Regulamento da Corte IDH (2001), houve um aumento significativo na incidência dessas medidas nas sentenças. Isso se nota, sobretudo, no tocante às medidas de reconhecimento formal da responsabilidade por parte do Estado, sanções judiciais

21. Para maior esclarecimento sobre o conceito daquilo que chamamos de 'questões estruturais', ver nota explicativa nº. 13.

22. Ver conceito e critérios de análise das medidas de satisfação no item 2.2.1.1 (Dimensão relativa ao tipo de medidas de reparação implementadas pelo tribunal interamericano).

23. Idem.

e/ou administrativas, publicação da sentença e publicidade dos fatos, sentença por si só enquanto medida de reparação, formações e cursos sobre direitos humanos, criação de fundações, associações, monumentos, escolas etc. e atenção médica, psicológica, social e jurídica para reabilitação, conforme se pode verificar na tabela abaixo:

**TABELA 4. Incidência das medidas de reparação entre 1987 e 2017 (outubro)**

| TIPO DE MEDIDA | 1987 – 2001 | 2002 - 2017 |
|---|---|---|
| **Medidas de restituição:** | | |
| restabelecimento da liberdade, | 1 processo | 1 processo |
| restituição do status quo ante a violação | 8 sentenças | 34 processos |
| proteção da integridade física e moral, | s/c * | 14 processos |
| proteção da vida familiar | s/c | 3 processos |
| proteção da cidadania, nacionalidade, identidade | s/c | 5 processos |
| proteção da propriedade | s/c | 8 processos |
| direito a regressar ao lugar de residência, | s/c | 7 processos |
| direito à informação | s/c | 24 processos |
| reintegração de emprego | 2 sentenças | 5 processos |
| garantia de direitos trabalhistas, aposentadoria e proventos | 4 sentenças | 8 processos |
| devolução de bens e concessão de direitos | s/c | 7 processos |
| Fundo de Assistência Legal a Vítimas da Corte IDH | s/c | 39 processos |
| **Medidas de indenização:** | | |
| indenização por dano físico ou mental; material ou moral | 35 sentenças | 148 processos |
| perda de oportunidades (de emprego, educação e prestações sociais); | 2 sentenças | 22 processos |
| indenização por danos morais | 7 sentenças | 65 processos |
| indenização por gastos de assistência jurídica ou de peritos | 4 sentenças | 3 processos |
| indenização por gastos e custas processuais | 22 sentenças | 180 processos |
| indenização por gastos com medicamentos e serv. médicos, psicológicos e/ou sociais | 2 sentenças | 9 processos |
| **Medidas de reabilitação:** | | |
| atenção médica, psicológica, social e jurídica para reabilitação | 3 sentenças | 85 processos |
| Medidas de satisfação: | | |
| adoção de outras medidas para que cessem as violações | 1 sentença | 19 processos |
| busca pelas pessoas desaparecidas, | 7 sentenças | 32 processos |
| recuperação de cadáveres e nova exumação, | 6 sentenças | 13 processos |
| concessão de local para que a família enterre a vítima e demais gastos | s/c | 7 processos |
| desculpas públicas | 2 sentenças | 20 processos |
| reconhecimento formal da responsabilidade por parte do Estado | s/c | 67 processos |
| sanções judiciais e/ou administrativas | 19 sentenças | 114 processos |
| publicação da sentença e publicidade dos fatos | 6 sentenças | 172 processos |
| sentença por si só enquanto medida de reparação | 1 sentença | 179 processos |
| comemorações | s/c | 2 processos |
| formações e cursos sobre direitos humanos | s/c | 65 processos |
| criação de fundações, associações, monumentos, escolas etc. | 3 sentenças | 45 processos |
| realização de consultas públicas e estudos | s/c | 2 processos |

| TIPO DE MEDIDA | 1987 – 2001 | 2002 - 2017 |
|---|---|---|
| Medidas para garantir a não repetição: | | |
| reformas institucionais e medidas no direito interno | 10 sentenças | 87 processos |
| melhoria das condições de detenção | s/c | 14 processos |
| melhoria das condições de vida – questões estruturais | s/c | 15 processos |
| garantias judiciais, procedimentais e de acesso à justiça | s/c | 35 processos |
| fortalecimento da independência e controle da justiça e da administração | s/c | 16 processos |
| proteção dos defensores de DH | s/c | 2 processos |
| observância das normas de direitos humanos pela administração pública, | s/c | 3 processos |
| observância das normas de direitos humanos pelas forças de segurança | s/c | 5 processos |

* s/c: sem constatação de incidência

**Fonte:** dados obtidos em nossa análise da jurisprudência da Corte IDH, constante no site www.corteidh.or.cr

Da tabela acima entendemos que, das mil quinhentas e oitenta e quatro (1.584) medidas de reparação implementadas nas sentenças da Corte entre 2002 e outubro de 2017, aproximadamente 46,71% dessas medidas referiram-se à adoção de diferentes formas de satisfação. No tocante aos critérios de caráter indenizatório, constatamos uma porcentagem estimada de 26,95 % das medidas adotadas, enquanto que os de caráter de não repetição, restituição e reabilitação chegaram a uma porcentagem de cerca de 11,17%, 9,78% e 5,36%, respectivamente.

- ***Extensão dos efeitos produzidos pelas medidas de reparação implementadas a partir de 2001***

Consideramos aqui os efeitos já estabelecidos no início desse livro, quais sejam, os efeitos *inter partes* e *extra partes*; contudo, vemos como fator fundamental a possibilidade de as medidas de reparação incidirem sobre políticas públicas no âmbito interno dos países. A escolha desse enfoque justificou-se pelo entendimento de que tais medidas demandam, para seu cumprimento, um esforço muito maior por parte dos Estados, dependendo de arranjos institucionais complexos[24], tendo maior incidência sobre o planejamento orçamentário e financeiro já previsto e em curso e, sobretudo, dependendo de maior pré-disposição e boa vontade desses entes para tanto – fatores esses que incidirão diretamente na maior ou menor força vinculante das sentenças.

24. Para entender o conceito de arranjo institucional, ver nota explicativa nº. 98.

Nesse sentido, os critérios de análise estabelecidos fazem referência aos Estados partes (e respectivos processos) em sentenças que podem incidir sobre políticas públicas e as temáticas observadas nessas medidas.

a) Estados partes e processos que envolveram medidas com efeitos *extra partes* que podem incidir sobre políticas públicas[25]

O Peru foi o país que mais se envolveu em processos em que foram determinados esse tipo de medidas de reparação. Do total de medidas analisadas, o Peru[26] alcançou a porcentagem aproximada de 12,03% delas, seguido logo atrás por Guatemala[27], com de 11,27%, Venezuela[28], com 9,77%, Colômbia[29] com

25. Para entender o fundamento dessa dimensão de análise, ver item 1.2.2 (Força vinculante sob a perspectiva da teoria das políticas públicas), no capítulo 1.

26. Loayza Tamayo: sentencia de 27.11.1998, Castillo Petruzzi y otros: resolución de 17.11.1999, Barrios Altos: sentencias de 14.03.2001, 30.11.2001, Lori Berenson Mejía: sentencia de 25.11.2004, Huilca Tecse: sentencia de 03.03. 2005, Gómez Palomino: sentencia de 22.11.2005, Acevedo Jaramillo y otros: sentencia de 07.02.2006, Baldeón García: sentencia de 06.04.2006, Penal Miguel Castro: sentencia de 25.11.2006, La Cantuta: sentencia de 29.11.2006, Acevedo Buendía y otros: sentencia de 01.07.2009, Anzualdo Castro: sentencia de 22.09.2009, Osorio Rivera y familiares: sentencia de 26.11. 2013, Espinoza Gonzáles: sentencia de 20.11.2014, Quispialaya Vilcapoma: sentencia de 23.11.2015.

27. "Panel Blanca": sentencia de 25.05.2001, Niños de la calle": sentencia de 26.05.2001, Bámaca Velásquez: sentencia de 22.02.2002, Molina Theissen: sentencia de 03.07.2004, Masacre Plan de Sánchez: sentencia de 19.11.2004, Carpio Nicolle y otros: sentencia de 22.11.2004, Fermín Ramírez: sentencia de 20.06.2005, Raxcacó Reyes: sentencia de 15.09.2005, Masacre de las dos Erres: sentencia de 24.11.2009, Masacres de Río Negro: sentencia de 04.09.2012, Gudiel Álvarez y otros: sentencia de 20.11.2012, García y familiares: sentencia de 29.11.2012, Veliz Franco y otros: sentencia de 19.05.2014, Defensor de Derechos Humanos y otros: sentencia de 28.08.2014, Velásquez Paiz y otros: sentencia de 19.11.2015.

28. Caracazo: sentencia de 29.08.2002, Blanco Romero y otros: sentencia de 28.11.2005, Montero Aranguren y otros: sentencia de 05.07.2006, Apitz Barbera y otros: sentencia de 05.08.2008, Ríos y otros: sentencia de 28.01.2009, Reverón Trujillo: sentencia de 30.06.2009, Barreto Leiva: sentencia de 17.11.2009, Usón Ramírez: sentencia de 20.11.2009, Chocrón Chocrón: sentencia de 01.07.2011, Lópes Mendoza: sentencia de 01.09.2011, Familia Barrios: sentencia de 24.11.2011, Díaz Peña: sentencia de 26.06.2012, Granier y otros: sentencia de 22.06.2015.

29. 19 comerciantes: sentencia de 05.07.2004, Gutiérrez Soler: sentencia de 12.09.2005, "Masacre de Mapiripán": sentencia de 15.09.2005, Masacre de Pueblo Bello: sentencia de 31.01.2006, Masacres de Ituango: sentencia de 01.07.2006, Masacre de la Rochela:sentencia de 11.05.2007, Escué Zapata: sentencia de 04.07.2007, Valle Jaramillo y

9,02%, Argentina[30] com 6,76%, Chile[31], Equador[32], Honduras[33] e México[34] com 5,26%, cada um deles, Paraguai[35] e São Salvador[36] com 4,51%, cada, Suriname[37] com 3,75%, República

otros: sentencia de 27.11.2008, Manuel Cepeda Vargas: sentencia de 26.05.2010, Vélez Restrepo y familiares: sentencia de 03.09.2012, Comunidades Afrodescendientes desplazadas de la Cuenca del Río Cacarica: sentencia de 20.11.2013, Rodríguez Vera y otros: sentencia de 14.11.2014.

30. Bulacio: sentencia de 18.09.2003, Kimel: sentencia de 02.05.2008, Bayarri: sentencia de 30.10.2008, Torres Millacura y otros: sentencia de 26.08.2011, Forneron e hija: sentencia de 27.04.2012, Furlan y familiares: sentencia de 31.08.2012, Mendoza y otros: sentencia de 14.05.2013, Gutiérrez y familia: sentencia de 25.11.2013, Argüelles y otros: sentencia de 20.11.2014.

31. "La última tentación de Cristo": sentencia de 05.02.2001, Palamara Iribarne: sentencia de 22.11.2005, Claude Reyes y otros: sentencia de 19.09.2006, Almonacid Arellano y otros: sentencia de 26.09.2006, Atala Riffo y niñas: sentencia de 24.02.2012, Norín Catrimán y otros: sentencia de 29.05.2014, Omar Humberto Maldonado Vargas y otros: sentencia de 02.09.2015.

32. Suárez Rosero: sentencia de 12.11.1997, Tibi: sentencia de 07.09.2004, Zambrano Vélez y otros: sentencia de 04.07.2007, Chaparro Álvarez y Lapo Íñiguez: sentencia de 21.11.2007, Albán Cornejo y otros: sentencia de 22.11.2007, Pueblo indígena Kichwa de Sarayaku: sentencia de 27.06.2012, Gonzales Lluy y otros: sentencia de 01.09.2015.

33. Juan Humberto Sánchez: sentencia de 07.06.2003, López Álvarez: sentencia de 01.02.2006, Servellón García y otros:sentencia de 21.09.2006, Kawas Fernández: sentencia de 03.04.2009, Pacheco Teruel y otros: sentencia de 27.04.2012, Comunidad Garífuna de Punta Piedra y sus miembros: sentencia de 08.10.2015, Comunidad Garífuna Triunfo de la Cruz y sus miembros: sentencia de 08.10.2015.

34. Castañeda Gutman: sentencia de 06.08.2008, González y otras: sentencia de 16.11.2009, Radilla Pacheco: sentencia de 23.11.2009, Fernández Ortega y otros: sentencia de 30.08.2010, Rosendo Cantú y otra: sentencia de 31.08.2010, Cabrera García y Montiel Flores: sentencia de 26.11.2010, García Cruz y Sánchez Silvestre: sentencia de 26.11.2013.

35. "Instituto de reeducación del menor": sentencia de 02.09.2004, Comunidad indígena Yakye Axa: sentencia de 17.06.2005, Comunidad Indígena Sawhoyamaxa: sentencia de 29.03.2006, Goiburú y otros: sentencia de 22.09.2006, Vargas Areco: sentencia de 26.09.2006, Comunidad Indígena Xákmok Kásek: sentencia de 24.08.2010.

36. Hermanas Serrano Cruz: sentencia de 01.03.2005, Contreras y otros: sentencia de 31.08.2011, Masacres de El Mozote y lugares aledaños: sentencia de 25.10.2012, Rochac Hernández y otros: sentencia de 14.10.2014, Ruano Torres y otros: sentencia de 05.10.2015.

37. Aloeboetoe y otros: sentencia de 10.09.1993, Comunidad Moiwana: sentencias de 15.06.2005, 08.02.2006, Pueblo Saramaka: sentencia del 28.11.2007, Pueblos Kaliña y Lokono: sentencia de 25.11.2015.

Dominicana[38] e Bolívia[39] com 3,00% cada, Panamá[40], Brasil[41], Nicarágua[42], Barbados[43], Haiti[44] e Trindade e Tobago[45] com 2,25% cada país e, finalmente, Costa Rica[46] e Uruguai[47] com 0,75% respectivamente[48]. Dessas porcentagens, extraímos o seguinte gráfico:

**Gráfico 11. Nº de processos em que se constatou medidas *"extra partes"* que incidiram ou geraram novas políticas públicas**

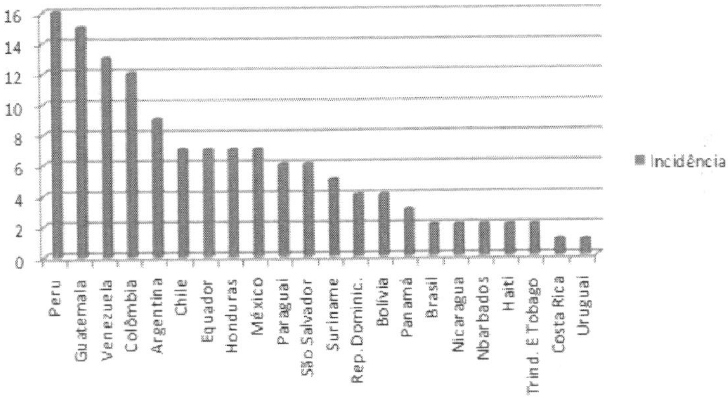


**Fonte:** dados obtidos em nossa análise da jurisprudência da Corte IDH, constante no site www.corteidh.or.cr

38. Niñas Yean y Bosico: sentencia de 08.09.2005, González Medina y familiares: sentencia de 27.02.2012, Nadege Dorzema y otros: sentencia de 24.10.2012, Personas Dominicanas y Haitianas expulsadas: sentencia de 28.08.2014.
39. Trujillo Oroza: sentencia de 27.02.2002, Ticona Estrada y otros: sentencia de 27.11.2008, Ibsen Cárdenas e Ibsen Peña: sentencia de 01.09.2010, Familia Pacheco Tineo: sentencia de 25.11.2013.
40. Heliodoro Portugal: sentencia de 12.08.2008, Vélez Loor: sentencia de 23.11.2010, Pueblos Indígenas Kuna de Madungandí y Emberá de Bayano y sus miembros: sentencia de 14.10.2014.
41. Ximenes Lopes: sentencia de 4 de julio de 2006, Gomes Lund y otros: sentencia de 24.11.2010.
42. Comunidad Mayagna Awas Tingni: sentencia de 31 de agosto de 2001, Yatama: sentencia de 23.06.2005.
43. Boyce y otros: sentencia de 20.11.2007, Dacosta Cadogan: sentencia de 24.09.2009.
44. Yvon Neptune: sentencia de 06.05.2008, Fleury y otros: sentencia de 23.11.2011.
45. Hilaire, Constantine y Benjamin y otros: sentencia de 21.06.2002, Caesar: sentencia de 11.03.2005.
46. Artavia Murillo y otros ("fecundación in vitro"): sentencia de 28.11.2012.
47. Gelman: sentencia de 24.02.2011.
48. Esses valores são aproximativos.

### b) Temáticas observadas nas medidas de reparação que incidem sobre políticas públicas

Em relação às medidas *extra partes*, há que se fazer a distinção destas em três níveis de alcance. Primeiramente, no nível um, estão as medidas que incidem sobre a adoção de novas políticas públicas por parte dos Estados, como no caso, por exemplo, daquelas que decidem pela formação em direitos humanos de agentes da segurança pública, ou que concedem determinado atendimento de saúde a toda população do país (o que se viu no exemplo dos tratamentos de fecundação *in vitro*[49]).

No entanto, tais medidas podem chegar a outros níveis de alcance, estando no segundo nível, as medidas que, para serem cumpridas pelos Estados, necessitam de programas institucionais e políticas já em curso no âmbito nacional, como por exemplo, no caso de medidas de reabilitação que dependem da oferta de tratamento de saúde às vítimas.

Finalmente, no nível três, estão aquelas que não se vinculam à existência prévia, nem resultam na adoção de novas políticas, mas que por serem tão significativas, no plano formal (ordem jurídica interna), podem acabar alterando a agenda pública dos Estados e, indiretamente, incidindo sobre programas de ação governamental. Nesse último caso, podemos citar o exemplo das solicitações de alteração legislativa, criação de órgãos, comissões, associações nacionais etc.

Foi a partir da classificação desses níveis que podemos identificar quais os temas alcançados por tais medidas e como elas vêm incidindo sobre políticas públicas.

Em relação ao primeiro nível, as temáticas mais frequentemente vistas nas sentenças da Corte estiveram relacionadas ao

49. Artavia Murillo y otros ("Fecundación in vitro") vs. Costa Rica: Sentencia de 28.11.2012.

enfrentamento de crimes de desaparecimento forçado de pessoas[50], aos cursos de formação e programas de divulgação dos direitos

50. Essas medidas implicam:

- **busca de pessoas desaparecidas**, identificadas em 32 sentenças: Bámaca Velásquez Vs. Guatemala - Sentencia de 22 de febrero de 2002, Trujillo Oroza Vs. Bolivia - Sentencia de 27 de febrero de 2002. Caracazo Vs. Venezuela - Sentencia de 29 de agosto de 2002, Las Palmeras Vs. Colombia - Sentencia de 26 noviembre de 2002, Hermanas Serrano Cruz Vs. El Salvador - Sentencia de 1 de marzo de 2005, "Masacre de Mapiripán" VS. Colombia - Sentencia de 15 Septiembre de 2005, Blanco Romero y otros vs. Venezuela - Sentencia de 28 de noviembre de 2005, Masacre de Pueblo Belle Vs. Colombia- Sentencia de 31 de enero de 2006, Goiburú y otros Vs. Paraguay - Sentencia de 22 de septiembre de 2006, La Cantuta Vs. Perú - Sentencia de 29 de noviembre de 2006, Tiu Tojín vs. Guatemala - Sentencia de 26 de noviembre de 2008, Ticona Estrada y otros vs. Bolivia - Sentencia de 27 de noviembre de 2008, Anzualdo Castro vs. Perú - Sentencia de 22 de septiembre de 2009, Radilla Pacheco vs. Estados Unidos Mexicanos - Sentencia de 23 de noviembre de 2009, Chitay Nech y otros vs. Guatemala - Sentencia de 25 de mayo de 2010, Ibsen Cárdenas e Ibsen Peña vs. Bolivia - Sentencia de 1 de septiembre de 2010, Gomes Lund y otros ("Guerrilha do Araguaia") vs. Brasil - Sentencia de 24 de noviembre de 2010, Gelman vs. Uruguay - Sentencia de 24 de febrero de 2011, Torres Millacura y otros vs. Argentina - Sentencia de 26 de agosto de 2011, Contreras y otros vs. El Salvador - Sentencia de 31 de agosto de 2011, González Medina y familiares vs. República Dominicana - Sentencia de 27 de febrero de 2012, Masacres de Río Negro vs. Guatemala - Sentencia de 4 de septiembre de 2012, Nadege Dorzema y otros vs. República Dominicana - Sentencia de 24 de octubre de 2012, Masacres de El Mozote y lugares aledaños vs. El Salvador - Sentencia de 25 de octubre de 2012, Gudiel Álvarez y otros ("Diario Militar") vs. Guatemala- Setencia de 20 de noviembre de 2012, García y familiares vs. Guatemala - Sentencia de 29 de noviembre de 2012, Osorio Rivera y familiares vs. Perú - Sentencia de 26 de noviembre de 2013, Rochac Hernández y otros vs. El salvador - Sentencia de 14 de octubre de 2014, Rodríguez Vera y otros (desaparecidos del Palacio de Justicia) vs. Colombia - Sentencia de 14 de noviembre de 2014, Tenorio Roca y otros vs. Perú - Sentencia de 22 de junio de 2016, Miembros de la Aldea Chichupac y Comunidades vecinas del Municipio de Rabinal vs. Guatemala - Sentencia de 30 de noviembre de 2016, Vásquez Durand y otros vs. Ecuador - Sentencia de 15 de febrero de 2017;

- **recuperação de cadáveres e exumação dos restos mortais**, presente em 13 sentenças: Bámaca Velásquez Vs. Guatemala - Sentencia de 22 de febrero de 2002, Caracazo Vs. Venezuela - Sentencia de 29 de agosto de 2002, Las Palmeras Vs. Colombia - Sentencia de 26 noviembre de 2002, Juan Humberto Sánchez Vs. Honduras - Sentencia de 7 de junio de 2003, Molina Theissen Vs. Guatemala - Sentencia de 3 de julio de 2004, 19 Comerciantes Vs. Colombia - Sentencia de 5 de julio de 2004, Comunidad Moiwana Vs. Suriname - Sentencia de 15 de junio de 2005, Gómez Palomino Vs. Perú - Sentencia de 22 de noviembre de 2005, Montero Aranguren y otros (Retén de Catia) Vs. Venezuela - Sentencia de 5 de julio de 2006, Penal Miguel Castro Castro Vs. Perú - Sentencia de 25 de noviembre de 2006, Masacre de Las Dos Erres vs. Guatemala- Sentencia de 24 de noviembre de 2009, Masacres de El Mozote y lugares aledaños vs. El Salvador - Sentencia de 25 de octubre de 2012, Comunidad Campesina de Santa Bárbara vs. Perú - Sentencia de 1 de septiembre de 2015.

humanos[51], ao acesso à informação[52], às medidas gerais para pro-

51. Sobre esse tema, as medidas de reparação implementadas foram sobre:
- **formações e cursos sobre direitos humanos**, constantes em 65 sentenças: Caracazo Vs. Venezuela - Sentencia de 29 de agosto de 2002, Myrna Mack Chang Vs. Guatemala - Sentencia de 25 de noviembre de 2003, Tibi Vs. Ecuador - Sentencia de 07 de septiembre de 2004, Masacre Plan de Sánchez Vs. Guatemala (Reparaciones) - Sentencia de 19 de noviembre de 2004, Huilca Tecse Vs. Perú - Sentencia de 3 de marzo de 2005,,Gutiéres Soler Vs. Colombia - Sentencia de 12 de septiembre de 2005, "Masacre de Mapiripán"VS. Colombia - Sentencia de 15 Septiembre de 2005, Gómez Palomino Vs. Perú - Sentencia de 22 de noviembre de 2005, Blanco Romero y otros vs. Venezuela - Sentencia de 28 de noviembre de 2005, López Álvarez Vs. Honduras - Sentencia de 1 de febrero de 2006, Masacres de Ituango Vs. Colombia- Sentencia de 1 de julio de 2006, Ximenes Lopes Vs. Brasil- Sentencia de 4 dejulio de 2006, Montero Aranguren y otros (Retén de Catia) Vs. Venezuela - Sentencia de 5 de julio de 2006, Servellón García y otros Vs. Honduras - Sentencia de 21 de septiembre de 2006, Goiburú y otros Vs. Paraguay - Sentencia de 22 de septiembre de 2006, Vargas Areco Vs. Paraguay - Sentencia de 26 de septiembre de 2006, Penal Miguel Castro Castro Vs. Perú - Sentencia de 25 de noviembre de 2006, La Cantuta Vs. Perú - Sentencia de 29 de noviembre de 2006, Masacre de La Rochela Vs. Colombia - Sentencia de 11 de Mayo de 2007, Zambrano Vélez y otros Vs. Ecuador - Sentencia de 4 de julio de 2007, Albán Cornejo y otros VS. Ecuador- Sentencia de 22 de noviembre de 2007, Bayarri vs. Argentina - Sentencia de 30 de octubre de 2008, Anzualdo Castro vs. Perú - Sentencia de 22 de septiembre de 2009, González y otras ("Campo Algodonero") vs. México - Sentencia de 16 de noviembre de 2009, Radilla Pacheco vs. Estados Unidos Mexicanos - Sentencia de 23 de noviembre de 2009, Masacre de Las Dos Erres vs. Guatemala- Sentencia de 24 de noviembre de 2009, Fernández Ortega y otros vs. México - Sentencia de 30 de agosto de 2010, Rosendo Cantú y otra vs. México - Sentencia de 31 de agosto de 2010, Ibsen Cárdenas e Ibsen Peña vs. Bolivia - Sentencia de 1 de septiembre de 2010, Vélez Loor vs. Panamá - Sentencia de 23 de noviembre de 2010, Gomes Lund y otros ("Guerrilha do Araguaia") vs. Brasil - Sentencia de 24 de noviembre de 2010, Cabrera García y Montiel Flores vs. México - Sentencia de 26 de noviembre de 2010, Gelman vs. Uruguay - Sentencia de 24 de febrero de 2011, Torres Millacura y otros vs. Argentina - Sentencia de 26 de agosto de 2011, Fleury y otros vs. Haití - Sentencia de 23 de noviembre de 2011, Familia Barrios vs. Venezuela - Sentencia de 24 de noviembre de 2011, Atala Riffo y niñas vs. Chile - Sentencia de 24 de febrero de 2012, Pacheco Teruel y otros vs. Honduras - Sentencia de 27 de abril de 2012, Forneron e hija vs. Argentina - Sentencia de 27 de abril de 2012, Pueblo Indígena Kichwa de Sarayaku vs. Ecuador - Sentencia de 27 de junio de 2012, Vélez Restrepo y familiares vs. Colombia - Sentencia de 3 de septiem bre de 2012, Nadege Dorzema y otros vs. República Dominicana - Sentencia de 24 de octubre de 2012, Masacres de El Mozote y lugares aledaños vs. El Salvador - Sentencia de 25 de octubre de 2012, Artavia Murillo y otros ("Fecundación in vitro") vs. Costa Rica - Sentencia de 28 de noviembre de 2012, Mendoza y otros vs. Argentina - Sentencia de 14 de mayo de 2013, Gutiérrez y familia vs. Argentina - Sentencia de 25 de noviembre de 2013, Familia Pacheco Tineo vs. Estado Plurinacional de Bolivia - Sentencia de 25 de noviembre de 2013, García Cruz y Sánchez Silvestre vs. Estados Unidos Mexicanos - Sentencia de 26 de noviembre de 2013, Osorio Rivera y familiares vs. Perú - Sentencia de 26 de noviembre de 2013, Veliz Franco y otros vs. Guatemala - Sentencia de 19 de

teção dos direitos humanos[53] e as que visam à proteção de terras

---

mayo de 2014, Personas Dominicanas y Haitianas expulsadas vs. República Dominicana - Sentencia de 28 de agosto de 2014, Defensor de Derechos Humanos y otros vs. Guatemala- Sentencia de 28 de agosto de 2014, Rochac Hernández y otros vs. El salvador - Sentencia de 14 de octubre de 2014, Espinoza Gonzáles vs. Perú - Sentencia de 20 de noviembre de 2014, Gonzales Lluy y otros vs. Ecuador- Sentencia de 1 de septiembre de 2015, Ruano Torres y otros vs. El Salvador - Sentencia de 5 de octubre de 2015, Velásquez Paiz y otros vs. Guatemala - Sentencia de 19 de noviembre de 2015, Quispialaya Vilcapoma vs. Perú - Sentencia de 23 de noviembre de 2015, Chinchilla Sandoval vs. Guatemala - Sentencia de 29 de febrero de 2016, Flor Freire vs. Ecuador - Sentencia de 31 de agosto de 2016, Yarce y otras vs. Colombia - Sentencia de 22 de noviembre de 2016, Gómez Murillo y otros vs. Costa Rica - Sentencia de 29 de noviembre 2016, Miembros de la Aldea Chichupac y Comunidades vecinas del Municipio de Rabinal vs. Guatemala - Sentencia de 30 de noviembre de 2016, I.V.* vs. Bolivia - Sentencia de 30 de noviembre de 2016, Favela Nova Brasilia vs. Brasil - Sentencia de 16 febrero de 2017

52. Essa temática esteve presente nas medidas intituladas nessa pesquisa como "**direito à informação**", inseridas em 24 sentenças: Claude Reyes y otros Vs. Chile: Sentencia de 19 de septiembre de 2006, Penal Miguel Castro Castro Vs. Perú: Sentencia de 25 de noviembre de 2006, Ríos y otros vs. Venezuela: Sentencia de 28 de enero de 2009, Perozo y otros vs. Venezuela: Sentencia de 28 de enero de 2009, Dacosta Cadogan vs. Barbados: Sentencia de 24 de septiembre de 2009, González y otras ("Campo Algodonero") vs. México: Sentencia de 16 de noviembre de 2009, Masacre de Las Dos Erres vs. Guatemala: Sentencia de 24 de noviembre de 2009, Comunidad Indígena Xákmok Kásek vs. Paraguay: Sentencia de 24 de agosto de 2010, Rosendo Cantú y otra vs. México: Sentencia de 31 de agosto de 2010, Gomes Lund y otros ("Guerrilha do Araguaia") vs. Brasil: Sentencia de 24 de noviembre de 2010, Gelman vs. Uruguay: Sentencia de 24 de febrero de 2011, Contreras y otros vs. El Salvador: Sentencia de 31 de agosto de 2011, González Medina y familiares vs. República Dominicana. Sentencia de 27 de febrero de 2012, Furlan y familiares vs. Argentina: Sentencia de 31 de agosto de 2012, Nadege Dorzema y otros vs. República Dominicana: Sentencia de 24 de octubre de 2012, Masacres de El Mozote y lugares aledaños vs. El Salvador: Sentencia de 25 de octubre de 2012, Gudiel Álvarez y otros ("Diario Militar") vs. Guatemala: Setencia de 20 de noviembre de 2012, Rochac Hernández y otros vs. El salvador: Sentencia de 14 de octubre de 2014, Rodríguez Vera y otros (desaparecidos del Palacio de Justicia) vs. Colombia: Sentencia de 14 de noviembre de 2014, Comunidad Garífuna de Punta Piedra y sus miembros vs. Honduras: Sentencia de 8 de octubre de 2015, Quispialaya Vilcapoma vs. Perú: Sentencia de 23 de noviembre de 2015, Gómez Murillo y otros vs. Costa Rica: Sentencia de 29 de noviembre 2016, I.V.* vs. Bolivia: Sentencia de 30 de noviembre de 2016, Favela Nova Brasilia vs. Brasil: Sentencia de 16 febrero de 2017.

53. Tema relativo às medidas de

- "**observância das normas de direitos humanos pelas forças de segurança**", identificadas em 5 sentenças (Caracazo Vs. Venezuela - Sentencia de 29 de agosto de 2002, Montero Aranguren y otros (Retén de Catia) Vs. Venezuela - Sentencia de 5 de julio de 2006, Quispialaya Vilcapoma vs. Perú - Sentencia de 23 de noviembre de 2015, Favela Nova Brasilia vs. Brasil - Sentencia de 16 febrero de 2017, Ortiz Hernández y otros vs. Venezuela - Sentencia de 22 de agosto de 2017).

indígenas e do direito de propriedade[54]. Tomando-se, como base, o total das sentenças cujas medidas encontram-se em um desses três níveis de alcance, as que se referem ao primeiro nível representam 28,52% do total de decisões analisadas.

**Gráfico 12. Incidência das medidas do nível um (1) em relação ao total das sentenças analisadas**

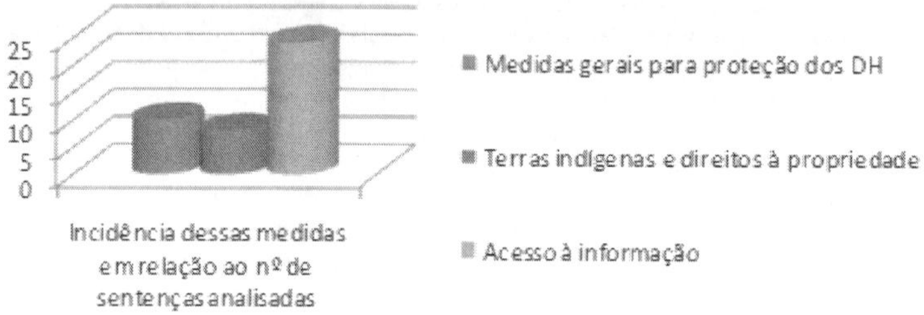


**Fonte:** dados obtidos em nossa análise da jurisprudência da Corte IDH, constante no site www.corteidh.or.cr

No tocante ao segundo nível que trata das medidas de reparação que para serem cumpridas dependem diretamente de políticas públicas já em curso em nível nacional, foi possível destacar

---

- **"observância das normas de direitos humanos pela administração pública"**, inseridas em 3 sentenças (Servellón García y otros Vs. Honduras - Sentencia de 21 de septiembre de 2006, Bayarri vs. Argentina - Sentencia de 30 de octubre de 2008, Miembros de la Aldea Chichupac y Comunidades vecinas del Municipio de Rabinal vs. Guatemala - Sentencia de 30 de noviembre de 2016) e
- **"proteção dos defensores de direitos humanos"**, constantes em 2 sentenças (Kawas Fernández vs. Honduras - Sentencia de 3 de abril de 2009, Acosta y otros vs. Nicaragua - Sentencia de 25 de marzo de 2017).

54. Intituladas nessa pesquisa como "**direito à propriedade**", presentes em 8 sentenças distintas: Comunidad Moiwana Vs. Suriname: Sentencia de 15 de junio de 2005; Comunidad indígena Yakye Axa Vs. Paraguay: Sentencia de 17 de junio de 2005; Comunidad Indígena Sawhoyamaxa Vs. Paraguay: Sentencia de 29 de marzo de 2006; Comunidad Indígena Xákmok Kásek vs. Paraguay: Sentencia de 24 de agosto de 2010; Comunidades Afrodescendientes desplazadas de la cuenca del Río Cacarica (Operación Génesis) vs. Colombia: Sentencia de 20 de noviembre de 2013; Pueblos Indígenas Kuna de Madungandí y Emberá de Bayano y sus miembros vs. Panamá: Sentencia de 14 de octubre de 2014; Comunidad Garífuna Triunfo de La Cruz y sus miembros vs. Honduras: Sentencia de 8 de octubre de 2015; Pueblos Kaliña y Lokono vs. Surinam: Sentencia de 25 de noviembre de 2015).

as seguintes temáticas: políticas de saúde[55], políticas de emprego,

55. Relacionadas às medidas de reparação intituladas como "**atenção médica, psicológica, social e jurídica para reabilitação**", presentes em 85 sentenças: 19 Comerciantes Vs. Colombia: Sentencia de 5 de julio de 2004, "Instituto de Reeducación del Menor" Vs. Paraguay: Sentencia de 2 de septiembre de 2004, Cruz Flores Vs. Perú: Sentencia de 18 de noviembre de 2004, Masacre Plan de Sánchez Vs. Guatemala (Reparaciones): Sentencia de 19 de noviembre de 2004, Lori Berenson Mejía Vs. Perú: Sentencia de 25 de noviembre de 2004, Hermanas Serrano Cruz Vs. El Salvador: Sentencia de 1 de marzo de 2005, Huilca Tecse Vs. Perú: Sentencia de 3 de marzo de 2005, Caesar Vs. Trinidad y Tobago: Sentencia de 11 de marzo de 2005 , Fermín Ramírez Vs. Guatemala: Sentencia de 20 de junio de 2005, Gutiéres Soler Vs. Colombia: Sentencia de 12 de septiembre de 2005, Raxcacó Reyes Vs. Guatemala: Sentencia de 15 de septiembre de 2005, "Masacre de Mapiripán" VS. Colombia: Sentencia de 15 Septiembre de 2005, Gómez Palomino Vs. Perú: Sentencia de 22 de noviembre de 2005, Garcia Asto y Ramirez Rojas Vs. Peru: Sentencia de 25 de noviembre de 2005, Masacre de Pueblo Belle Vs. Colombia: Sentencia de 31 de enero de 2006, Acevedo Jaramillo y otros Vs. Perú: Sentencia de 7 de febrero de 2006, Baldeón García Vs. Perú: Sentencia de 6 de Abril de 2006, Masacres de Ituango Vs. Colombia: sentencia de 1 de julio de 2006, Goiburú y otros Vs. Paraguay: Sentencia de 22 de septiembre de 2006, Vargas Areco Vs. Paraguay: Sentencia de 26 de septiembre de 2006, Penal Miguel Castro Castro Vs. Perú: Sentencia de 25 de noviembre de 2006, La Cantuta Vs. Perú: Sentencia de 29 de noviembre de 2006, Masacre de La Rochela Vs. Colombia: Sentencia de 11 de Mayo de 2007, Escué Zapata Vs. Colombia: Sentencia de 4 de julio de 2007, Cantoral Huamaní y García Santa Cruz vs. Perú: Sentencia de 10 de julio de 2007, García Prieto y otro vs. El Salvador: Sentencia de 20 de noviembre de 2007, Heliodoro Portugal vs. Panamá: Sentencia de 12 de Agosto de 2008, Bayarri vs. Argentina: Sentencia de 30 de octubre de 2008, Ticona Estrada y otros vs. Bolivia: Sentencia de 27 de noviembre de 2008, Valle Jaramillo y otros Vs. Colombia: Sentencia de 27 de noviembre de 2008, Kawas Fernández vs. Honduras: Sentencia de 3 de abril de 2009, Anzualdo Castro vs. Perú: Sentencia de 22 de septiembre de 2009, González y otras ("Campo Algodonero") vs. México: Sentencia de 16 de noviembre de 2009, Radilla Pacheco vs. Estados Unidos Mexicanos: Sentencia de 23 de noviembre de 2009, Masacre de Las Dos Erres vs. Guatemala: Sentencia de 24 de noviembre de 2009, Chitay Nech y otros vs. Guatemala: Sentencia de 25 de mayo de 2010, Manuel Cepeda Vargas vs. Colombia: Sentencia de 26 de mayo de 2010, Fernández Ortega y otros vs. México: Sentencia de 30 de agosto de 2010, Rosendo Cantú y otra vs. México: Sentencia de 31 de agosto de 2010, Ibsen Cárdenas e Ibsen Peña vs. Bolivia: Sentencia de 1 de septiembre de 2010, Gomes Lund y otros ("Guerrilha do Araguaia") vs. Brasil: Sentencia de 24 de noviembre de 2010, Cabrera García y Montiel Flores vs. México: Sentencia de 26 de noviembre de 2010, Contreras y otros vs. El Salvador: Sentencia de 31 de agosto de 2011, Familia Barrios vs. Venezuela: Sentencia de 24 de noviembre de 2011, Atala Riffo y niñas vs. Chile: Sentencia de 24 de febrero de 2012, González Medina y familiares vs. República Dominicana: Sentencia de 27 de febrero de 2012, Pacheco Teruel y otros vs. Honduras: Sentencia de 27 de abril de 2012, Furlan y familiares vs. Argentina: Sentencia de 31 de agosto de 2012, Vélez Restrepo y familiares vs. Colombia: Sentencia de 3 de septiembre de 2012, Uzcátegui y otros vs. Venezuela: Sentencia de 3 de septiembre de 2012, Masacres de Río Negro vs. Guatemala: Sentencia de 4 de septiembre de 2012, Nadege Dorzema y otros vs. República Dominicana: Sentencia de 24 de octubre de 2012, Masacres de El Mozote y lugares aledaños vs. El Salvador: Sentencia de 25 de octubre de 2012, Gudiel Álvarez y otros ("Diario Militar") vs. Guatemala: Setencia de 20 de noviembre de 2012, Artavia Murillo y otros ("Fecundación in vitro")

previdência/segurança social[56], políticas para melhoria das condições

---

vs. Costa Rica: Sentencia de 28 de noviembre de 2012, Masacre de Santo Domingo vs. Colombia: Sentencia de 30 de noviembre de 2012, Mendoza y otros vs. Argentina: Sentencia de 14 de mayo de 2013, Luna López vs. Honduras: Sentencia de 10 de octubre de 2013, Comunidades Afrodescendientes desplazadas de la cuenca del Río Cacarica (Operación Génesis) vs. Colombia: Sentencia de 20 de noviembre de 2013, García Cruz y Sánchez Silvestre vs. Estados Unidos Mexicanos: Sentencia de 26 de noviembre de 2013, Osorio Rivera y familiares vs. Perú: Sentencia de 26 de noviembre de 2013, Veliz Franco y otros vs. Guatemala: Sentencia de 19 de mayo de 2014, Norín Catrimán y otros vs. Chile: Sentencia de 29 de mayo de 2014, Hermanos Landaeta Mejías y otros vs. Venezuela: Sentencia de 27 de agosto de 2014 Defensor de Derechos Humanos y otros vs. Guatemala: Sentencia de 28 de agosto de 2014, Rochac Hernández y otros vs. El salvador: Sentencia de 14 de octubre de 2014, Rodríguez Vera y otros (desaparecidos del Palacio de Justicia) vs. Colombia: Sentencia de 14 de noviembre de 2014, Espinoza Gonzáles vs. Perú: Sentencia de 20 de noviembre de 2014, Espinoza Gonzáles vs. Perú: Sentencia de 20 de noviembre de 2014 Cruz Sánchez y otros vs. Perú: Sentencia de 17 de abril de 2015, Gonzales Lluy y otros vs. Ecuador: sentencia de 1 de septiembre de 2015, Comunidad Campesina de Santa Bárbara vs. Perú: Sentencia de 1 de septiembre de 2015, Galindo Cárdenas y otros vs. Perú: sentencia de 2 de octubre de 2015, Ruano Torres y otros vs. El Salvador: Sentencia de 5 de octubre de 2015, Velásquez Paiz y otros vs. Guatemala: Sentencia de 19 de noviembre de 2015, Quispialaya Vilcapoma vs. Perú: Sentencia de 23 de noviembre de 2015, Tenorio Roca y otros vs. Perú: Sentencia de 22 de junio de 2016, Yarce y otras vs. Colombia: Sentencia de 22 de noviembre de 2016, Miembros de la Aldea Chichupac y Comunidades vecinas del Municipio de Rabinal vs. Guatemala: Sentencia de 30 de noviembre de 2016, I.V.* vs. Bolivia: Sentencia de 30 de noviembre de 2016, Favela Nova Brasilia vs. Brasil: Sentencia de 16 febrero de 2017, Ortiz Hernández y otros vs. Venezuela: Sentencia de 22 de agosto de 2017.

56. Referentes às medidas de

- **garantia de direitos trabalhistas, aposentadoria e proventos**, constantes em 8 sentenças (Trujillo Oroza Vs. Bolivia: Sentencia de 27 de febrero de 2002, Caracazo Vs. Venezuela: Sentencia de 29 de agosto de 2002, 19 Comerciantes Vs. Colombia: Sentencia de 5 de julio de 2004, Cruz Flores Vs. Perú: Sentencia de 18 de noviembre de 2004, Acevedo Jaramillo y otros Vs. Perú: Sentencia de 7 de febrero de 2006, Acevedo Buendía y otros ("Cesantes y jubilados de la Contraloría") vs. Perú: Sentencia de 1 de julio de 2009, Quispialaya Vilcapoma vs. Perú: Sentencia de 23 de noviembre de 2015, Duque vs. Colombia: Sentencia de 26 de febrero de 2016),

- **reintegração de emprego**, identificadas em 5 sentenças (Acevedo Jaramillo y otros Vs. Perú: Sentencia de 7 de febrero de 2006, Apitz Barbera y otros ("Corte Primera de lo Contencioso Administrativo") vs. Venezuela: Sentencia de 5 de agosto de 2008, Reverón Trujillo vs. Venezuela: Sentencia de 30 de junio de 2009, Chocrón Chocrón vs. Venezuela: Sentencia de 1 de julio de 2011, López Lone y otros vs. Honduras: Sentencia de 5 de octubre de 2015) e

- **perda de oportunidades (de emprego, educação e prestações sociais)**, presentes em 22 sentenças distintas (Caracazo Vs. Venezuela: Sentencia de 29 de agosto de 2002, Hermanos Gómez Paquiyauri Vs. Perú: Sentencia de 8 de julio de 2004, "Instituto de Reeducación del Menor" Vs. Paraguay: Sentencia de 2 de septiembre de 2004, Cruz Flores Vs. Perú: Sentencia de 18 de noviembre de 2004, Garcia Asto y Ramirez Rojas Vs. Peru: Sentencia de 25 de noviembre de 2005, Acevedo Jaramillo y otros Vs. Perú: Sentencia de 7 de febrero de 2006, Escué Zapata Vs. Colombia: Sentencia de

de vida (digna)[57], políticas educacionais[58], políticas para melhoria

4 de julio de 2007, Cantoral Huamaní y García Santa Cruz vs. Perú: Sentencia de 10 de julio de 2007, Valle Jaramillo y otros Vs. Colombia: Sentencia de 27 de noviembre de 2008, Fernández Ortega y otros vs. México: Sentencia de 30 de agosto de 2010, Rosendo Cantú y otra vs. México: Sentencia de 31 de agosto de 2010, Familia Barrios vs. Venezuela: Sentencia de 24 de noviembre de 2011, Mendoza y otros vs. Argentina: Sentencia de 14 de mayo de 2013, Corte Suprema de Justicia (Quintana Coello y otros) vs. Ecuador: Sentencia de 23 de agosto de 2013, Tribunal Constitucional (Camba Campos y otros) vs. Ecuador: Sentencia de 28 de agosto de 2013, García Cruz y Sánchez Silvestre vs. Estados Unidos Mexicanos: Sentencia de 26 de noviembre de 2013, Osorio Rivera y familiares vs. Perú: Sentencia de 26 de noviembre de 2013, Norín Catrimán y otros (dirigentes, miembros y activista del pueblo indígena Mapuche) vs. Chile: Sentencia de 29 de mayo de 2014, Gonzales Lluy y otros vs. Ecuador: Sentencia de 1 de septiembre de 2015, Ruano Torres y otros vs. El Salvador: Sentencia de 5 de octubre de 2015, Tenorio Roca y otros vs. Perú: Sentencia de 22 de junio de 2016, Flor Freire vs. Ecuador: Sentencia de 31 de agosto de 2016).

57. Relacionadas com as medidas de

- **"melhoria das condições de vida – questões estruturais"**, inseridas em 15 sentenças (Masacre Plan de Sánchez Vs. Guatemala - Sentencia de 19 de noviembre de 2004, Comunidad indígena Yakye Axa Vs. Paraguay - Sentencia de 17 de junio de 2005, Comunidad Indígena Sawhoyamaxa Vs. Paraguay - Sentencia de 29 de marzo de 2006, Masacres de Ituango Vs. Colombia- Sentencia de 1 de julio de 2006, Servellón García y otros Vs. Honduras - Sentencia de 21 de septiembre de 2006, González y otras ("Campo Algodonero") vs. México - Sentencia de 16 de noviembre de 2009, Comunidad Indígena Xákmok Kásek vs. Paraguay - Sentencia de 24 de agosto de 2010, Fernández Ortega y otros vs. México - Sentencia de 30 de agosto de 2010, Masacres de Río Negro vs. Guatemala - Sentencia de 4 de septiembre de 2012, Masacres de El Mozote y lugares aledaños vs. El Salvador - Sentencia de 25 de octubre de 2012, Comunidades Afrodescendientes desplazadas de la cuenca del Río Cacarica (Operación Génesis) vs. Colombia - Sentencia de 20 de noviembre de 2013, García Cruz y Sánchez Silvestre vs. Estados Unidos Mexicanos - Sentencia de 26 de noviembre de 2013, Gonzales Lluy y otros vs. Ecuador - Sentencia de 1 de septiembre de 2015, Comunidad Campesina de Santa Bárbara vs. Perú - Sentencia de 1 de septiembre de 2015, Comunidad Garífuna de Punta Piedra y sus miembros vs. Honduras - Sentencia de 8 de octubre de 2015) e
- **"proteção da integridade física e moral"**, implementadas em 14 sentenças (19 Comerciantes Vs. Colombia: Sentencia de 5 de julio de 2004, "Instituto de Reeducación del Menor" Vs. Paraguay: Sentencia de 2 de septiembre de 2004, Carpio Nicolle y otros Vs. Guatemala: Sentencia de 22 de noviembre de 2004, Comunidad Moiwana Vs. Suriname: Sentencia de 15 de junio de 2005, Gutiéres Soler Vs. Colombia: Sentencia de 12 de septiembre de 2005, "Masacre de Mapiripán" VS. Colombia: Sentencia de 15 Septiembre de 2005, Masacre de Pueblo Belle Vs. Colombia: Sentencia de 31 de enero de 2006, Masacres de Ituango Vs. Colombia: Sentencia de 1 de julio de 2006, Masacre de La Rochela Vs. Colombia: Sentencia de 11 de Mayo de 2007, Valle Jaramillo y otros Vs. Colombia: Sentencia de 27 de noviembre de 2008, Manuel Cepeda Vargas vs. Colombia: Sentencia de 26 de mayo de 2010, Contreras y otros vs. El Salvador: Sentencia de 31 de agosto de 2011, Pacheco Teruel y otros vs. Honduras: Sentencia de 27 de abril de 2012 , Ortiz Hernández y otros vs. Venezuela: Sentencia de 22 de agosto de 2017).

58. Temática relacionada com as medidas de "**perda de oportunidades (de emprego, educação e prestações sociais)**", inseridas em 22 sentenças (Ver nota nº. 305).

das condições de detenção[59] e políticas que permitam a realização de relatórios, informes e estudos[60]. As medidas que compõem esse nível de alcance foram identificadas em 32,92% das sentenças.

**Gráfico 13. Incidência das medidas do nível dois (2) em relação ao total das sentenças analisadas**

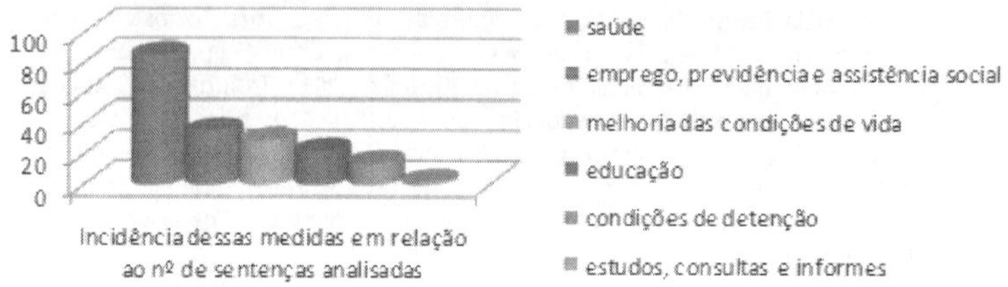


**Fonte:** dados obtidos em nossa análise da jurisprudência da Corte IDH, constante no site www.corteidh.or.cr

Finalmente, o terceiro nível implicou medidas de reparação relacionadas com os seguintes temas: alterações legislativas[61], cria-

59. Relativas às medidas de "**melhoria das condições de detenção**", presentes em 14 sentenças: "Instituto de Reeducación del Menor" Vs. Paraguay - Sentencia de 2 de septiembre de 2004, Lori Berenson Mejía Vs. Perú - Sentencia de 25 de noviembre de 2004, Caesar Vs. Trinidad y Tobago - Sentencia de 11 de marzo de 2005, Fermín Ramírez Vs. Guatemala - Sentencia de 20 de junio de 2005, Gutiéres Soler Vs. Colombia - Sentencia de 12 de septiembre de 2005, Raxcacó Reyes Vs. Guatemala - Sentencia de 15 de septiembre de 2005, López Álvarez Vs. Honduras - Sentencia de 1 de febrero de 2006, Montero Aranguren y otros (Retén de Catia) Vs. Venezuela - Sentencia de 5 de julio de 2006, Boyce y otros vs. Barbados - Sentencia de 20 de noviembre de 2007, Yvon Neptune vs. Haití - Sentencia de 6 mayo de 2008, Vélez Loor vs. Panamá - Sentencia de 23 de noviembre de 2010, Cabrera García y Montiel Flores vs. México - Sentencia de 26 de noviembre de 2010, Pacheco Teruel y otros vs. Honduras - Sentencia de 27 de abril de 2012, Díaz Peña vs. Venezuela - Sentencia de 26 de junio de 2012.

60. Referentes às medidas de "**realização de consultas públicas e estudos**", constantes em 2 sentenças: Comunidad Indígena Xákmok Kásek vs. Paraguay - Sentencia de 24 de agosto de 2010, Pueblo Indígena Kichwa de Sarayaku vs. Ecuador - Sentencia de 27 de junio de 2012.

61. Relacionadas com as medidas de "**reformas institucionais e medidas no direito interno**", previstas em 87 sentenças: Bámaca Velásquez Vs. Guatemala - Sentencia de 22 de febrero de 2002, Trujillo Oroza Vs. Bolivia - Sentencia de 27 de febrero de 2002, Hilaire, Constantine y Benjamin y otros Vs. Trinidad y Tobago - Sentencia de 21 de junio de 2002, Caracazo Vs. Venezuela - Sentencia de 29 de agosto de 2002, Juan Humberto Sánchez Vs. Honduras - Sentencia de 7 de junio de 2003, Bulacio Vs. Argentina - Sentencia de 18 de septiembre de 2003, Myrna Mack Chang Vs. Guatemala - Sentencia de 25 de noviembre de 2003, Herrera Ulloa Vs. Costa Rica - Sentencia de 2 de julio de 2004, Molina Theissen Vs. Guatemala - Sentencia de 3 de julio de 2004,

"Instituto de Reeducación del Menor" Vs. Paraguay - Sentencia de 2 de septiembre de 2004, Masacre Plan de Sánchez Vs. Guatemala (Reparaciones) - Sentencia de 19 de noviembre de 2004, Carpio Nicolle y otros Vs. Guatemala - Sentencia de 22 de noviembre de 2004, Lori Berenson Mejía Vs. Perú - Sentencia de 25 de noviembre de 2004, Hermanas Serrano Cruz Vs. El Salvador - Sentencia de 1 de marzo de 2005, Caesar Vs. Trinidad y Tobago - Sentencia de 11 de marzo de 2005, Comunidad Moiwana Vs. Suriname - Sentencia de 15 de junio de 2005, Comunidad indígena Yakye Axa Vs. Paraguay - Sentencia de 17 de junio de 2005, Fermín Ramírez Vs. Guatemala - Sentencia de 20 de junio de 2005, Yatama Vs. Nicaragua - Sentencia de 23 de Junio de 2005, Niñas Yean y Bosico VS. Repúblicas Dominicana - Sentencia de 8 de septiembre de 2005, Gutiéres Soler Vs. Colombia - Sentencia de 12 de septiembre de 2005, Raxcacó Reyes Vs. Guatemala- Sentencia de 15 de septiembre de 2005, "Masacre de Mapiripán" VS. Colombia - Sentencia de 15 Septiembre de 2005, Palamara Iribarne Vs. Chile - Sentencia de 22 de noviembre de 2005, Gómez Palomino Vs. Perú - Sentencia de 22 de noviembre de 2005, Blanco Romero y otros vs. Venezuela - Sentencia de 28 de noviembre de 2005, Masacre de Pueblo Belle Vs. Colombia- Sentencia de 31 de enero de 2006, Comunidad Indígena Sawhoyamaxa Vs. Paraguay - Sentencia de 29 de marzo de 2006, Montero Aranguren y otros (Retén de Catia) Vs. Venezuela - Sentencia de 5 de julio de 2006, Servellón García y otros Vs. Honduras - Sentencia de 21 de septiembre de 2006, Goiburú y otros Vs. Paraguay - Sentencia de 22 de septiembre de 2006, Almonacid Arellano y otros Vs. Chile - Sentencia de 26 de septiembre de 2006 , Vargas Areco Vs. Paraguay - Sentencia de 26 de septiembre de 2006, Zambrano Vélez y otros Vs. Ecuador - Sentencia de 4 de julio de 2007, Boyce y otros vs. Barbados - Sentencia de 20 de noviembre de 2007, Chaparro Álvarez y Lapo Íñiguez vs. Ecuador - Sentencia de 21 de noviembre de 2007, Kimel vs. Argentina - Sentencia de 2 de mayo de 2008, Yvon Neptune vs. Haití - Sentencia de 6 mayo de 2008, Apitz Barbera y otros ("Corte Primera de lo Contencioso Administrativo") vs. Venezuela - Sentencia de 5 de agosto de 2008, Castañeda Gutman vs. Estados Unidos Mexicanos - Sentencia de 6 de agosto de 2008, Heliodoro Portugal vs. Panamá - Sentencia de 12 de Agosto de 2008, Reverón Trujillo vs. Venezuela - Sentencia de 30 de junio de 2009, Anzualdo Castro vs. Perú - Sentencia de 22 de septiembre de 2009, Dacosta Cadogan vs. Barbados - Sentencia de 24 de septiembre de 2009, González y otras ("Campo Algodonero") vs. México - Sentencia de 16 de noviembre de 2009, Barreto Leiva vs. Venezuela - Sentencia de 17 de noviembre de 2009, Usón Ramírez vs. Venezuela - Sentencia de 20 de noviembre de 2009, Radilla Pacheco vs. Estados Unidos Mexicanos - Sentencia de 23 de noviembre de 2009, Masacre de Las Dos Erres vs. Guatemala- Sentencia de 24 de noviembre de 2009, Comunidad Indígena Xákmok Kásek vs. Paraguay - Sentencia de 24 de agosto de 2010, Fernández Ortega y otros vs. México - Sentencia de 30 de agosto de 2010, Rosendo Cantú y otra vs. México - Sentencia de 31 de agosto de 2010, Vélez Loor vs. Panamá - Sentencia de 23 de noviembre de 2010, Gomes Lund y otros ("Guerrilha do Araguaia") vs. Brasil - Sentencia de 24 de noviembre de 2010, Cabrera García y Montiel Flores vs. México - Sentencia de 26 de noviembre de 2010, Gelman vs. Uruguay - Sentencia de 24 de febrero de 2011, Chocrón Chocrón vs. Venezuela - Sentencia de 1 de julio de 2011, López Mendoza vs. Venezuela - Sentencia de 1 de septiembre de 2011, Pacheco Teruel y otros vs. Honduras - Sentencia de 27 de abril de 2012, Forneron e hija vs. Argentina - Sentencia de 27 de abril de 2012, Pueblo Indígena Kichwa de Sarayaku vs. Ecuador - Sentencia de 27 de junio de 2012, Furlan y familiares vs. Argentina - Sentencia de 31 de agosto de 2012, Nadege Dorzema y otros vs. República Dominicana - Sentencia de 24 de octubre de 2012, Masacres de El Mozote y lugares

ção e funcionamento de órgãos e instituições internas[62], criação

aledaños vs. El Salvador - Sentencia de 25 de octubre de 2012, Artavia Murillo y otros ("Fecundación in vitro") vs. Costa Rica - Sentencia de 28 de noviembre de 2012, García y familiares vs. Guatemala - Sentencia de 29 de noviembre de 2012, Mendoza y otros vs. Argentina - Sentencia de 14 de mayo de 2013, Osorio Rivera y familiares vs. Perú - Sentencia de 26 de noviembre de 2013, Veliz Franco y otros vs. Guatemala - Sentencia de 19 de mayo de 2014, Norín Catrimán y otros (dirigentes, miembros y activista del pueblo indígena Mapuche) vs. Chile - Sentencia de 29 de mayo de 2014, Personas Dominicanas y Haitianas expulsadas vs. República Dominicana - Sentencia de 28 de agosto de 2014, Espinoza Gonzáles vs. Perú - Sentencia de 20 de noviembre de 2014, Ruano Torres y otros vs. El Salvador - Sentencia de 5 de octubre de 2015, Comunidad Garífuna de Punta Piedra y sus miembros vs. Honduras - Sentencia de 8 de octubre de 2015, Comunidad Garífuna Triunfo de La Cruz y sus miembros vs. Honduras - Sentencia de 8 de octubre de 2015, Velásquez Paiz y otros vs. Guatemala - Sentencia de 19 de noviembre de 2015, Quispialaya Vilcapoma vs. Perú - Sentencia de 23 de noviembre de 2015, Pueblos Kaliña y Lokono vs. Surinam - Sentencia de 25 de noviembre de 2015, Maldonado Ordoñez vs. Guatemala - Sentencia de 3 de mayo de 2016, Tenorio Roca y otros vs. Perú - Sentencia de 22 de junio de 2016, Flor Freire vs. Ecuador - Sentencia de 31 de agosto de 2016, Trabajadores de la Hacienda Brasil Verde vs. Brasil - Sentencia de 20 octubre de 2016, Gómez Murillo y otros vs. Costa Rica - Sentencia de 29 de noviembre 2016, Miembros de la Aldea Chichupac y Comunidades vecinas del Municipio de Rabinal vs. Guatemala - Sentencia de 30 de noviembre de 2016, Favela Nova Brasilia vs. Brasil - Sentencia de 16 febrero de 2017, Acosta y otros vs. Nicaragua - Sentencia de 25 de marzo de 2017.

62. Referentes às medidas de

- "**garantias judiciais, procedimentais e de acesso à justiça**", inseridas em 35 sentenças: Fermín Ramírez Vs. Guatemala - Sentencia de 20 de junio de 2005, Niñas Yean y Bosico VS. Repúblicas Dominicana - Sentencia de 8 de septiembre de 2005, Raxcacó Reyes Vs. Guatemala - Sentencia de 15 de septiembre de 2005, Palamara Iribarne Vs. Chile - Sentencia de 22 de noviembre de 2005, Masacre de Pueblo Belle Vs. Colombia- Sentencia de 31 de enero de 2006, Acevedo Jaramillo y otros Vs. Perú - Sentencia de 7 de febrero de 2006, Almonacid Arellano y otros Vs. Chile - Sentencia de 26 de septiembre de 2006, Trabajadores Cesados del Congreso (Aguado Alfaro y otros) Vs. Perú - Sentencia de 24 de noviembre de 2006, Penal Miguel Castro Castro Vs. Perú - Sentencia de 25 de noviembre de 2006, Zambrano Vélez y otros Vs. Ecuador - Sentencia de 4 de julio de 2007, Boyce y otros vs. Barbados - Sentencia de 20 de noviembre de 2007, Yvon Neptune vs. Haití - Sentencia de 6 mayo de 2008, Kawas Fernández vs. Honduras - Sentencia de 3 de abril de 2009, Dacosta Cadogan vs. Barbados - Sentencia de 24 de septiembre de 2009, Barreto Leiva vs. Venezuela - Sentencia de 17 de noviembre de 2009, Comunidad Indígena Xákmok Kásek vs. Paraguay - Sentencia de 24 de agosto de 2010, Fernández Ortega y otros vs. México - Sentencia de 30 de agosto de 2010, Rosendo Cantú y otra vs. México - Sentencia de 31 de agosto de 2010, Barbani Duarte y otros vs. Uruguay - Sentencia de 13 de octubre de 2011, Familia Barrios vs. Venezuela - Sentencia de 24 de noviembre de 2011, González Medina y familiares vs. República Dominicana - Sentencia de 27 de febrero de 2012, Masacres de Río Negro vs. Guatemala - Sentencia de 4 de septiembre de 2012, Mohamed vs. Argentina - Sentencia de 23 de noviembre de 2012, Mémoli vs. Argentina - Sentencia de 22 de agosto de 2013, J. vs. Perú - Sentencia de 27 de noviembre de 2013, Norín Catrimán y otros (dirigentes, miembros y activista del

de fundos específicos, monumentos em memória das vítimas[63] e

pueblo indígena Mapuche) vs. Chile - Sentencia de 29 de mayo de 2014, Wong Ho Wing** vs. Perú - Sentencia de 30 de junio de 2015, Omar Humberto Maldonado Vargas y otros vs. Chile - Sentencia de 2 de septiembre de 2015, Quispialaya Vilcapoma vs. Perú - Sentencia de 23 de noviembre de 2015, Pueblos Kaliña y Lokono vs. Surinam - Sentencia de 25 de noviembre de 2015, Maldonado Ordoñez vs. Guatemala - Sentencia de 3 de mayo de 2016, Gómez Murillo y otros vs. Costa Rica - Sentencia de 29 de noviembre 2016, Andrade Salmón vs. Bolivia - Sentencia de 1 de diciembre de 2016, Favela Nova Brasilia vs. Brasil - Sentencia de 16 febrero de 2017;

- "**fortalecimento da independência e controle da justiça e da administração**", previstas em 16 sentenças: Cruz Flores Vs. Perú - Sentencia de 18 de noviembre de 2004, Carpio Nicolle y otros Vs. Guatemala - Sentencia de 22 de noviembre de 2004, Hermanas Serrano Cruz Vs. El Salvador - Sentencia de 1 de marzo de 2005, Fermín Ramírez Vs. Guatemala - Sentencia de 20 de junio de 2005, Anzualdo Castro vs. Perú - Sentencia de 22 de septiembre de 2009, González y otras ("Campo Algodonero") vs. México - Sentencia de 16 de noviembre de 2009, Fernández Ortega y otros vs. México - Sentencia de 30 de agosto de 2010, Rosendo Cantú y otra vs. México - Sentencia de 31 de agosto de 2010, Forneron e hija vs. Argentina - Sentencia de 27 de abril de 2012, Masacres de El Mozote y lugares aledaños vs. El Salvador - Sentencia de 25 de octubre de 2012, Veliz Franco y otros vs. Guatemala - Sentencia de 19 de mayo de 2014, Defensor de Derechos Humanos y otros vs. Guatemala - Sentencia de 28 de agosto de 2014, Granier y otros (Radio Caracas Televisión) vs. Venezuela - Sentencia de 22 de junio de 2015, Ruano Torres y otros vs. El Salvador - Sentencia de 5 de octubre de 2015, Velásquez Paiz y otros vs. Guatemala - Sentencia de 19 de noviembre de 2015, Favela Nova Brasilia vs. Brasil - Sentencia de 16 febrero de 2017;

- "**adoção de medidas para que cessem as violações**", constantes em 19 sentenças: Hilaire, Constantine y Benjamin y otros Vs. Trinidad y Tobago: Sentencia de 21 de junio de 2002, Yatama Vs. Nicaragua: Sentencia de 23 de Junio de 2005, Niñas Yean y Bosico VS. República Dominicana: Sentencia de 8 de septiembre de 2005, Blanco Romero y otros vs. Venezuela: Sentencia de 28 de noviembre de 2005, Servellón García y otros Vs. Honduras - Sentencia de 21 de septiembre de 2006, La Cantuta Vs. Perú - Sentencia de 29 de noviembre de 2006, Boyce y otros vs. Barbados - Sentencia de 20 de noviembre de 2007, Chaparro Álvarez y Lapo Íñiguez vs. Ecuador - Sentencia de 21 de noviembre de 2007, Yvon Neptune vs. Haití - Sentencia de 6 mayo de 2008, Bayarri vs. Argentina - Sentencia de 30 de octubre de 2008, Anzualdo Castro vs. Perú - Sentencia de 22 de septiembre de 2009, Manuel Cepeda Vargas vs. Colombia - Sentencia de 26 de mayo de 2010, Rosendo Cantú y otra vs. México - Sentencia de 31 de agosto de 2010, Pacheco Teruel y otros vs. Honduras - Sentencia de 27 de abril de 2012, Forneron e hija vs. Argentina - Sentencia de 27 de abril de 2012, Masacres de Río Negro vs. Guatemala - Sentencia de 4 de septiembre de 2012, Gutiérrez y familia vs. Argentina - Sentencia de 25 de noviembre de 2013, Comunidad Garífuna de Punta Piedra y sus miembros vs. Honduras - Sentencia de 8 de octubre de 2015, Pueblos Kaliña y Lokono vs. Surinam - Sentencia de 25 de noviembre de 2015.

63. Relativas às medidas de

- "**criação de fundações, associações, monumentos, escolas etc.**", identificadas em 45 sentenças: Trujillo Oroza Vs. Bolivia - Sentencia de 27 de febrero de 2002, Myrna Mack Chang Vs. Guatemala - Sentencia de 25 de noviembre de 2003, Molina Theissen Vs. Guatemala - Sentencia de 3 de julio de 2004, 19 Comerciantes Vs. Colombia - Sentencia de 5 de julio de 2004, Hermanos Gómez Paquiyauri Vs. Perú - Sentencia de 8 de julio

reconhecimento da personalidade jurídica e não discriminação[64], representando cerca de 38,56% das decisões.

---

de 2004, Tibi Vs. Ecuador - Sentencia de 07 de septiembre de 2004, Masacre Plan de Sánchez Vs. Guatemala (Reparaciones) - Sentencia de 19 de noviembre de 2004, Hermanas Serrano Cruz Vs. El Salvador - Sentencia de 1 de marzo de 2005, Huilca Tecse Vs. Perú - Sentencia de 3 de marzo de 2005, Comunidad Moiwana Vs. Suriname - Sentencia de 15 de junio de 2005, Comunidad indígena Yakye Axa Vs. Paraguay - Sentencia de 17 de junio de 2005, "Masacre de Mapiripán" VS. Colombia - Sentencia de 15 Septiembre de 2005, Masacre de Pueblo Belle Vs. Colombia- Sentencia de 31 de enero de 2006, Comunidad Indígena Sawhoyamaxa Vs. Paraguay - Sentencia de 29 de marzo de 2006, Baldeón García Vs. Perú - Sentencia de 6 de Abril de 2006, Masacres de Ituango Vs. Colombia- Sentencia de 1 de julio de 2006, Servellón García y otros Vs. Honduras - Sentencia de 21 de septiembre de 2006, Goiburú y otros Vs. Paraguay - Sentencia de 22 de septiembre de 2006, Vargas Areco Vs. Paraguay - Sentencia de 26 de septiembre de 2006, Penal Miguel Castro Castro Vs. Perú - Sentencia de 25 de noviembre de 2006, La Cantuta Vs. Perú - Sentencia de 29 de noviembre de 2006, Escué Zapata Vs. Colombia - Sentencia de 4 de julio de 2007, Ticona Estrada y otros vs. Bolivia - Sentencia de 27 de noviembre de 2008, Valle Jaramillo y otros Vs. Colombia - Sentencia de 27 de noviembre de 2008, Kawas Fernández vs. Honduras - Sentencia de 3 de abril de 2009, Anzualdo Castro vs. Perú - Sentencia de 22 de septiembre de 2009, González y otras ("Campo Algodonero") vs. México - Sentencia de 16 de noviembre de 2009, Radilla Pacheco vs. Estados Unidos Mexicanos - Sentencia de 23 de noviembre de 2009, Masacre de Las Dos Erres vs. Guatemala- Sentencia de 24 de noviembre de 2009, Chitay Nech y otros vs. Guatemala - Sentencia de 25 de mayo de 2010, Manuel Cepeda Vargas vs. Colombia - Sentencia de 26 de mayo de 2010, Comunidad Indígena Xákmok Kásek vs. Paraguay - Sentencia de 24 de agosto de 2010, Fernández Ortega y otros vs. México - Sentencia de 30 de agosto de 2010, Ibsen Cárdenas e Ibsen Peña vs. Bolivia - Sentencia de 1 de septiembre de 2010, Gelman vs. Uruguay - Sentencia de 24 de febrero de 2011, Contreras y otros vs. El Salvador - Sentencia de 31 de agosto de 2011, González Medina y familiares vs. República Dominicana - Sentencia de 27 de febrero de 2012, Gudiel Álvarez y otros ("Diario Militar") vs. Guatemala- Setencia de 20 de noviembre de 2012, García y familiares vs. Guatemala - Sentencia de 29 de noviembre de 2012, Rochac Hernández y otros vs. El salvador - Sentencia de 14 de octubre de 2014, Omar Humberto Maldonado Vargas y otros vs. Chile - Sentencia de 2 de septiembre de 2015, Ruano Torres y otros vs. El Salvador - Sentencia de 5 de octubre de 2015, Comunidad Garífuna de Punta Piedra y sus miembros vs. Honduras - Sentencia de 8 de octubre de 2015, Pueblos Kaliña y Lokono vs. Surinam - Sentencia de 25 de noviembre de 2015, Ortiz Hernández y otros vs. Venezuela - Sentencia de 22 de agosto de 2017;

- "**comemorações**", inseridas em 2 sentenças: Hermanas Serrano Cruz Vs. El Salvador - Sentencia de 1 de marzo de 2005, Huilca Tecse Vs. Perú - Sentencia de 3 de marzo de 2005.

64. Relativas às medidas de

- "**direito a regressar ao lugar de residência**", presentes em 7 sentenças: 19 Comerciantes Vs. Colombia: Sentencia de 5 de julio de 2004, Masacres de Ituango Vs. Colombia: Sentencia de 1 de julio de 2006, Contreras y otros vs. El Salvador: Sentencia de 31 de agosto de 2011, Vélez Restrepo y familiares vs. Colombia: Sentencia de 3 de septiembre de 2012, Masacres de El Mozote y lugares aledaños vs. El Salvador: Sentencia de 25 de octubre de 2012, Personas Dominicanas y Haitianas expulsadas

**Gráfico 14. Incidência das medidas do nível três (3) em relação ao total das sentenças analisadas**

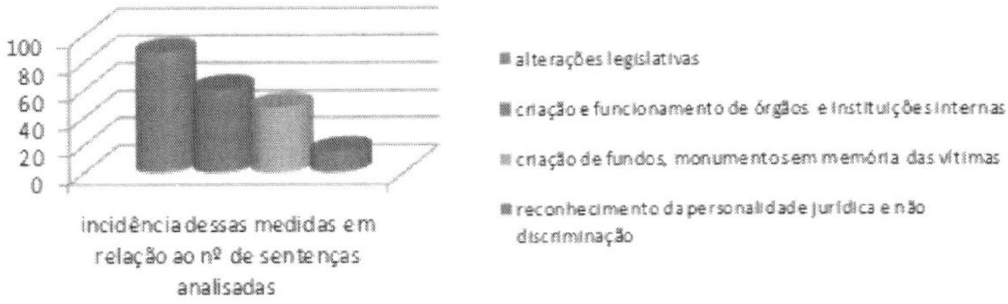


**Fonte:** dados obtidos em nossa análise da jurisprudência da Corte IDH, constante no site www.corteidh.or.cr

O gráfico 15 visa apresentar uma visão geral da incidência das medidas de reparação englobadas nesses três (3) níveis de observação.

**Gráfico 15. Incidência das medidas de reparação *extra* partes que compõem os níveis um, dois e três de observação**

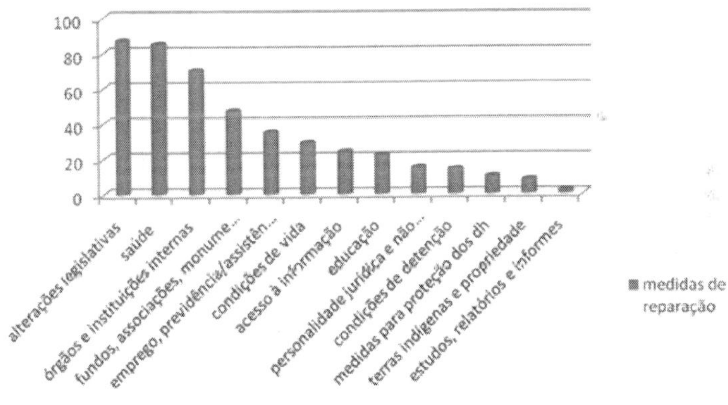


**Fonte:** dados obtidos em nossa análise da jurisprudência da Corte IDH, constante no site www.corteidh.or.cr

---

vs. República Dominicana: Sentencia de 28 de agosto de 2014, Defensor de Derechos Humanos y otros vs. Guatemala: Sentencia de 28 de agosto de 2014;

- "**proteção da cidadania, nacionalidade, identidade**", inseridas em 5 sentenças: Niñas Yean y Bosico VS. República Dominicana: Sentencia de 8 de septiembre de 2005, Raxcacó Reyes Vs. Guatemala: Sentencia de 15 de septiembre de 2005, Personas Dominicanas y Haitianas expulsadas vs. República Dominicana: Sentencia de 28 de agosto de 2014, Rochac Hernández y otros vs. El salvador: Sentencia de 14 de octubre de 2014, Pueblos Kaliña y Lokono vs. Surinam: Sentencia de 25 de noviembre de 2015;

### 3.1.1.2. *Dimensão temporal para análise das novas medidas de reparação implementadas a partir de 2001 e das medidas que incidem sobre políticas públicas*

A dimensão temporal, já destacada anteriormente, foi de grande valia para a validação das conclusões dessa pesquisa. Foi por meio dela que podemos perceber a alteração do padrão decisório da Corte[65] e a maior incidência de medidas de reparação com efeitos *extra partes*. Ambos os fatores são importantes, pois influenciam diretamente o grau da força vinculante das sentenças do tribunal interamericano.

No capítulo anterior, foi possível demonstrar o início de uma nova etapa do sistema de reparação da Corte, por meio da implementação evolutiva de novos critérios de decisão mais extensivos. Nesse capítulo, a mesma metodologia de análise será utilizada, contudo, destacamos duas diferenças importantes, a primeira relativa ao período que se analisa (2001 a outubro de 2017), e a segunda, em relação às medidas que podem incidir direta ou indiretamente em políticas públicas no âmbito interno dos Estados.

a) Dimensão temporal das novas medidas de reparação adotadas a partir de 2001

A primeira questão que merece esclarecimento é o fato de que escolhemos apresentar esses dados a partir de 2001, pois foi nesse ano que se constatou o início de uma nova fase no processo decisório da Corte. Também é importante explicar que, nessa etapa da pesquisa, apresentamos uma análise voltada aos novos critérios de reparação implementados a partir de então. Isso se deve ao fato de que muitas das medidas reparatórias já estavam sendo adotadas desde o início da atividade contenciosa da Corte[66] e, como o foco,

---

- "**proteção da vida familiar**", identificadas em 3 sentenças: 19 Comerciantes Vs. Colombia: Sentencia de 5 de julio de 2004, Raxcacó Reyes Vs. Guatemala: Sentencia de 15 de septiembre de 2005, Gómez Murillo y otros vs. Costa Rica: Sentencia de 29 de noviembre 2016.

65. Sobre a alteração do padrão decisório da Corte, ver nota explicativa nº. 6.

66. Essas medidas foram sendo implementadas lentamente ao longo dos anos, sendo elas: restabelecimento da liberdade, restituição do *status quo ante* a violação, rein-

nesse momento, visa demonstrar a alteração do padrão decisório, entendemos pela apresentação dos dados relativos somente aos novos critérios adotados a partir da mudança regulamentar de 2001.

Nesse sentido, vemos as Tabelas 5.1 e 5.2 que apresentam os dados em relação aos novos critérios decisórios implementados pela Corte entre 2001 e outubro de 2017.

**TABELA 5.1. Incidência das novas medidas de reparação em relação ao total de sentenças analisadas: 2001 a 2009**

| Novas medidas de reparação | 2001 | 2002 | 2003 | 2004 | 2005 | 2006 | 2007 | 2008 | 2009 |
|---|---|---|---|---|---|---|---|---|---|
| **Medidas de restituição:** | | | | | | | | | |
| proteção da integridade física e moral | – | – | – | 3 | 3 | 2 | 1 | 1 | – |
| proteção da vida familiar | – | – | – | 1 | 1 | – | – | – | – |
| proteção da cidadania, nacionalidade, identidade | – | – | – | – | 2 | – | – | – | – |
| proteção da propriedade | – | – | – | – | 2 | 1 | – | – | – |
| direito a regressar ao lugar de residência | – | – | – | 1 | – | 1 | – | – | – |
| direito à informação | – | – | – | – | – | 2 | – | – | 5 |
| devolução de bens e concessão de direitos | – | 1 | – | – | – | – | – | – | – |
| Fundo de Assistência Legal a Vítimas da Corte IDH | – | – | – | – | – | – | – | – | – |
| **Medidas de satisfação:** | | | | | | | | | |
| concessão de local para que a família enterre a vítima e demais gastos | – | – | – | 1 | 2 | 4 | – | – | – |
| reconhecimento formal da responsabilidade por parte do Estado | – | – | 2 | 7 | 4 | 8 | 3 | 3 | 5 |
| Comemorações | – | – | – | – | 2 | – | – | – | – |
| formações e cursos sobre direitos humanos | – | 1 | 1 | 2 | 5 | 9 | 3 | 1 | 4 |
| realização de consultas públicas e estudos | – | – | – | – | – | – | – | – | – |
| desculpas públicas | 2 | 1 | 1 | 6 | 3 | 5 | 1 | – | – |
| sentença por si só enquanto medida de reparação | – | – | 4 | 9 | 16 | 16 | 9 | 9 | 15 |

tegração de emprego, garantia de direitos trabalhistas, aposentadoria e proventos, indenização por dano físico ou mental; material ou moral, indenização por danos morais, indenização por gastos de assistência jurídica ou de peritos, indenização por gastos e custas processuais, indenização por gastos com medicamentos e serv. médicos, psicológicos e/ou sociais, adoção de outras medidas para que cessem as violações, busca das pessoas desaparecidas, recuperação de cadáveres e nova exumação, sanções judiciais e/ou administrativas, publicação da sentença e publicidade dos fatos, sentença por si só enquanto medida de reparação, criação de fundações, associações, monumentos, escolas etc. e reformas institucionais e medidas no direito interno.

| Novas medidas de reparação | 2001 | 2002 | 2003 | 2004 | 2005 | 2006 | 2007 | 2008 | 2009 |
|---|---|---|---|---|---|---|---|---|---|
| **Medidas para garantir a não repetição:** | | | | | | | | | |
| melhoria das condições de detenção | – | – | – | 2 | 4 | 2 | 1 | 1 | – |
| melhoria das condições de vida – questões estruturais | – | – | – | 1 | 1 | – | 3 | – | 1 |
| garantias judiciais, procedimentais e de acesso à justiça | – | – | – | – | 4 | 5 | 2 | 1 | 3 |
| fortalecimento da independência e controle da justiça e da administração | – | – | – | 2 | 2 | – | – | – | 2 |
| proteção dos defensores de DH | – | – | – | – | – | – | – | – | 1 |
| observância das normas de direitos humanos pela administração pública | – | – | – | – | – | 1 | – | 1 | – |
| observância das normas de direitos humanos pelas forças de segurança | – | 1 | – | – | – | 1 | – | – | – |
| **Medidas de indenização** | | | | | | | | | |
| perda de oportunidades (de emprego, educação e prestações sociais) | 2 | 1 | – | 3 | 1 | 1 | 2 | 1 | – |
| **Medidas de reabilitação** | | | | | | | | | |
| atenção médica, psicológica, social e jurídica para reabilitação | 3 | – | – | 5 | 9 | 8 | 4 | 4 | 5 |

**Fonte:** dados obtidos em nossa análise da jurisprudência da Corte IDH, constante no site www.corteidh.or.cr

**TABELA 5.2. Incidência das novas medidas de reparação em relação ao total de sentenças analisadas: 2010 a outubro de 2017**

| Novas medidas de reparação | 2010 | 2011 | 2012 | 2013 | 2014 | 2015 | 2016 | 2017 |
|---|---|---|---|---|---|---|---|---|
| **Medidas de restituição** | | | | | | | | |
| proteção da integridade física e moral | 1 | 1 | 1 | – | – | – | – | 1 |
| proteção da vida familiar | – | – | – | – | – | – | 1 | – |
| proteção da cidadania, nacionalidade, identidade | – | – | – | – | 2 | 1 | – | – |
| proteção da propriedade | 1 | – | – | 1 | 1 | 2 | – | – |
| direito a regressar ao lugar de residência | – | 1 | 2 | – | 2 | – | – | – |
| direito à informação | 3 | 2 | 5 | – | 2 | 2 | 2 | 1 |
| devolução de bens e concessão de direitos | – | 1 | – | 2 | – | 3 | – | – |
| Fundo de Assistência Legal a Vítimas da Corte IDH | – | 3 | 2 | 5 | 9 | 8 | 7 | 5 |
| **Medidas de satisfação** | | | | | | | | |
| concessão de local para que a família enterre a vítima e demais gastos | – | – | – | – | – | – | – | – |
| reconhecimento formal da responsabilidade por parte do Estado | 6 | 3 | 8 | 5 | 4 | 3 | 4 | 2 |
| Comemorações | – | – | – | – | – | – | – | – |

| Novas medidas de reparação | 2010 | 2011 | 2012 | 2013 | 2014 | 2015 | 2016 | 2017 |
|---|---|---|---|---|---|---|---|---|
| formações e cursos sobre direitos humanos | 6 | 4 | 8 | 5 | 5 | 4 | 6 | 1 |
| realização de consultas públicas e estudos | 1 | – | 1 | – | – | – | – | – |
| desculpas públicas | 1 | – | – | 1 | 1 | – | – | – |
| sentença por si só enquanto medida de reparação | 9 | 13 | 17 | 13 | 12 | 16 | 14 | 6 |
| **Medidas para garantir a não repetição:** | | | | | | | | |
| melhoria das condições de detenção | 2 | – | 2 | – | – | – | – | – |
| melhoria das condições de vida – questões estruturais | 2 | – | 2 | 2 | – | 3 | – | – |
| garantias judiciais, procedimentais e de acesso à justiça | 3 | 2 | 3 | 2 | 1 | 4 | 3 | 1 |
| fortalecimento da independência e controle da justiça e da administração | 2 | – | 2 | – | 2 | 3 | – | 1 |
| proteção dos defensores de DH | – | – | – | – | – | – | – | 1 |
| observância das normas de direitos humanos pela administração pública | – | – | – | – | – | – | 1 | – |
| observância das normas de direitos humanos pelas forças de segurança | – | – | – | – | – | 1 | – | 2 |
| **Medidas de indenização** | | | | | | | | |
| perda de oportunidades (de emprego, educação e prestações sociais) | 2 | – | 1 | 5 | 1 | 2 | 2 | – |
| **Medidas de reabilitação** | | | | | | | | |
| atenção médica, psicológica, social e jurídica para reabilitação | 7 | 2 | 12 | 5 | 8 | 7 | 4 | 2 |

**Fonte:** dados obtidos em nossa análise da jurisprudência da Corte IDH, constante no site www.corteidh.or.cr

Da observação dessas tabelas, percebemos a tendência evolutiva do tribunal interamericano no tocante à adoção de novas medidas que deveriam possibilitar maior e mais justa reparação às vítimas (diretas e indiretas). Importante, porém, é comparar esses dados tanto em relação aos votos dissidentes dos juízes entre si, quanto em relação às situações fáticas que originaram os processos contenciosos. Isso se deve a dois fatores, um referente à possibilidade de entender se essa mudança progressiva e constante do padrão decisório é uma vertente unânime no tribunal ou se houve dissidência em relação a esse processo. O outro se relaciona com a origem dessa mudança. Sobre isso, sabemos que a alteração regulamentar ocorrida em 2001 ampliou, significativamente, a participação das vítimas durante todas as etapas do processo na Corte e que esse fator produziu impactos na implementação de novas medidas de reparação. Contudo, esse é um fator de ordem formal, já que se trata de alteração regulamentar, e o que se quer demonstrar, também, é se, como e quais fatores materiais influenciaram esse fenômeno.

Sob o aspecto dos efeitos produzidos por tais (novas) medidas, cabe destacar de imediato, que esse fenômeno foi progressivo e que seguiu a tendência à implementação de medidas com efeitos *extra partes*. Com exceção das medidas de desculpas públicas; sentença por si só enquanto medida de reparação e reconhecimento formal da responsabilidade por parte do Estado (que entram no quadro das medidas de satisfação do Estado em relação às vítimas, mas, sobretudo, em relação à sociedade), as medidas de formações e cursos sobre direitos humanos, garantias judiciais, procedimentais e de acesso à justiça, perda de oportunidades (de emprego, educação e prestações sociais) e atenção médica, psicológica, social e jurídica para reabilitação foram as mais indicadas nas sentenças da Corte[67].

- ***Medidas de reparação que incidem sobre políticas públicas nos Estados***

Como observamos anteriormente, algumas das medidas de reparação que incidem sobre políticas públicas já estavam sendo implementadas pelos juízes interamericanos, desde o primeiro período (entre os anos de 1987 e 2001). Contudo, para poder reafirmar os fenômenos da tendência evolutiva das medidas e a alteração do padrão decisório da Corte registrados a partir de 2001, entendemos pela necessidade de apresentarmos esses dados por meio do reagrupamento das medidas por nível de alcance (níveis um, dois e três já identificados anteriormente) e por período (entre 1987 e 2000 e entre 2001 e outubro de 2017).

67. Ressaltamos que esses dados não estão sendo comparados aos outros tipos de medidas de reparação que a Corte já implementava desde o início de suas atividades contenciosas. A comparação que fazemos aqui, diz respeito tão somente aos novos critérios decisórios adotados a partir de 2001.

**TABELA 6. Medidas de reparação que incidem sobre políticas públicas no âmbito interno dos Estados: 1879 a 2017**

| Níveis de alcance das medidas | Entre 1987 e 2000 | Entre 2001 e outubro de 2017 |
|---|---|---|
| **nível 1:** medidas que incidem sobre a adoção de políticas públicas | | |
| busca de pessoas desaparecidas, | 7 | 32 |
| recuperação de cadáveres e nova exumação | 6 | 13 |
| concessão de local para que a família enterre a vítima e demais gastos | – | 7 |
| cursos de formação e programas de divulgação dos direitos humanos | – | 65 |
| direito à informação | – | 24 |
| observância das normas de direitos humanos pelas forças de segurança | – | 5 |
| observância das normas de direitos humanos pela administração pública | – | 3 |
| proteção dos defensores de direitos humanos | – | 2 |
| direito à propriedade | – | 8 |
| **nível 2:** medidas que incidem sobre políticas públicas: necessitam de programas institucionais e políticas já em curso no âmbito nacional | | |
| atenção médica, psicológica, social e jurídica para reabilitação | 3 | 85 |
| garantia de direitos trabalhistas, aposentadoria e proventos | 4 | 8 |
| reintegração de emprego | 2 | 5 |
| perda de oportunidades (de emprego, educação e prestações sociais) | 2 | 22 |
| melhoria das condições de vida – questões estruturais | – | 15 |
| proteção da integridade física e moral | – | 14 |
| melhoria das condições de detenção | – | 14 |
| realização de consultas públicas e estudos | – | 2 |
| **nível 3:** medidas de ordem formal que incidem sobre políticas públicas que, embora não dependam da existência prévia, nem resultem na adoção de novas políticas, podem acabar alterando a agenda pública dos Estados e, indiretamente, resultando na adoção de novos programas de ação governamental. | | |
| reformas institucionais e medidas no direito interno | 10 | 87 |
| garantias judiciais, procedimentais e de acesso à justiça | – | 35 |
| fortalecimento da independência e controle da justiça e da administração | – | 16 |
| adoção de outras medidas para que cessem as violações | 1 | 19 |
| criação de fundações, associações, monumentos, escolas etc. | 3 | 45 |
| Comemorações | – | 2 |
| direito a regressar ao lugar de residência | – | 7 |
| proteção da cidadania, nacionalidade, identidade | – | 5 |
| proteção da vida familiar | – | 3 |

**Fonte:** dados obtidos em nossa análise da jurisprudência da Corte IDH, constante no site www.corteidh.or.cr

A Tabela 6 evidencia tanto a tendência progressiva quanto a alteração do padrão decisório da Corte observados a partir de 2001. Nela também é possível perceber a maior abertura à implementação de medidas com efeitos *extra partes*, ou seja, efeitos que ultrapassam o plano subjetivo da reparação das vítimas diretas e indiretas, cujo alcance pode se estender à grande parte, senão à maioria da população do Estado.

Dessas informações, temos que as medidas que integram o nível três (3) de alcance (medidas de ordem formal que incidem sobre políticas públicas que, embora não dependam da existência prévia, nem resultem na adoção de novas políticas, podem acabar alterando a agenda pública dos Estados e, indiretamente, resultando na adoção de novos programas de ação governamental), foram as mais implementadas pelos juízes interamericanos, chegando à porcentagem aproximada de 35,89% das medidas entre 1987 e 2000, e 40,85% das medidas entre 2001 e outubro de 2017.

Contudo, há que se destacar o fato de que as medidas de nível um (medidas que implicam diretamente a implementação dessas políticas), alcançaram a mesma porcentagem que as de nível três no período entre 1987 e 2000, ou seja, representaram 35,98% das medidas adotadas nesse sentido e não ficaram tão atrás daquelas registradas no nível dois entre 2001 e outubro de 2017, pois chegaram a um valor aproximado de 30,22%. Essa questão merece destaque já que se refere a medidas de reparação (de nível um) que, para serem cumpridas, necessitam da adoção de novas políticas públicas pelos Estados, o que implica a incidência direta na agenda pública e no planejamento orçamentário dos países.

### 3.1.2. Panorama das opiniões dissidentes entre 2001 e outubro de 2017

Como já mencionamos, as opiniões dissidentes encontradas nas decisões da Corte podem ser um dos elementos que influenciam a força vinculante das sentenças[68], por isso, entendemos ser

68. As opiniões dissidentes podem ser um fator de influência na força vinculante das sentenças da Corte, pois, quando um país mostra tendência a desconsiderar tal força

pertinente retomarmos alguns dos critérios de observação estabelecidos no Capítulo 2.

Sobre a dissidência da Corte, foram analisadas as sentenças emitidas a partir de 2001 até outubro de 2017. Nelas, observamos: a) o tipo de sentença que tende a gerar maior dissidência; b) os juízes que marcaram essa tendência, c) se essa tendência representa um padrão crescente na Corte; d) quais os tipos de medidas de reparação que mais ocasionam essas opiniões e e) quais Estados estavam envolvidos nos processos em que houve dissidência na sentença.

No primeiro critério, os tipos de sentença em que mais observamos esse fenômeno são aqueles que versam sobre exceções preliminares, fundo, reparações e custas[69], alcançando um valor aproximado de 54,54% das sentenças em que foi identificada dissidência total ou parcial entre os juízes interamericanos. Em segundo lugar, estão as sentenças de fundo, reparações e custas[70], com cerca

ou considerá-la de forma mínima, as opiniões dissidentes emitidas em processos em que esse Estado esteja envolvido podem dar margem à "contestação" das medidas implementadas. Dizemos contestação não no sentido processual, mas no sentido de uma maior margem a discussões, reticências e, por que não, desculpas para o não cumprimento das medidas implementadas.

Sobre isso ver item 4.1.1.2 (Influência das opiniões dissidentes emitidas nas sentenças da Corte), no capítulo 4.

69. Yatama Vs. Nicaragua: Sentencia de 23.06.2005; Salvador Chiriboga vs. Ecuador: Sentencia de 06.05.2008, Ríos y otros vs. Venezuela: Sentencia de 28.01.2009, Perozo y otros vs. Venezuela: Sentencia de 28.01.2009, Reverón Trujillo vs. Venezuela: Sentencia de 30.06.2009, Anzualdo Castro vs. Perú: Sentencia de 22.09.2009, Manuel Cepeda Vargas vs. Colombia: Sentencia de 26.05.2010, Díaz Peña vs. Venezuela: Sentencia de 26.06.2012, Artavia Murillo y otros ("Fecundación in vitro") vs. Costa Rica: Sentencia de 28.02.2012, Mémoli vs. Argentina: Sentencia de 22.08.2013, Tribunal Constitucional (Camba Campos y otros) vs. Ecuador: Sentencia de 28.08.2013, Liakat Ali Alibux vs. Suriname: Sentencia de 30.01.2014, Hermanos Landaeta Mejías y otros vs. Venezuela: Sentencia de 27.08.2014, Defensor de Derechos Humanos y otros vs. Guatemala: sentencia de 28.08.2014, Pueblos Indígenas Kuna de Madungandí y Emberá de Bayano y sus miembros vs. Panamá: Sentencia de 14.10.2014, Cruz Sánchez y otros vs. Perú: Sentencia de 17.04.2015, Granier y otros (Radio Caracas Televisión) vs. Venezuela: Sentencia de 22.06.2015, Wong Ho Wing vs. Perú: Sentencia de 30.06.2015, Comunidad Campesina de Santa Bárbara vs. Perú: Sentencia de 01.09.2015, Gallndo Cárdenas y otros vs. Perú: Sentencia de 02.10.2015, Velásquez Paiz y otros vs. Guatemala: Sentencia de 19.11.2015, Duque vs. Colombia: sentencia de 26.02.2016, Trabajadores de la Hacienda Brasil Verde vs. Brasil: Sentencia de 20.10.2016, Valencia Hinojosa y otra vs. Ecuador: Sentencia de 29.11.2016.

70. Comunidad Mayagna (Sumo) Awas Tingni Vs. Nicaragua: Sentencia de 31.08.2001, Myrna Mack Chang Vs. Guatemala: Sentencia de 25.11.2003, Maritza Urrutia Vs.

de 36,36%, seguida das sentenças que versam exclusivamente sobre exceções preliminares[71], com 4,54%, sobre reparações e custas[72] e solicitação de interpretação de sentença[73], com 2,27% cada.

Em relação aos juízes que mais emitiram opiniões dissidentes, o gráfico 28 mostra a tendência registrada entre os anos de 2001 e outubro de 2017.

**Gráfico 16. Opiniões dissidentes (O.D.) emitidas por juiz da Corte IDH entre 2001 e 2017 (outubro)**

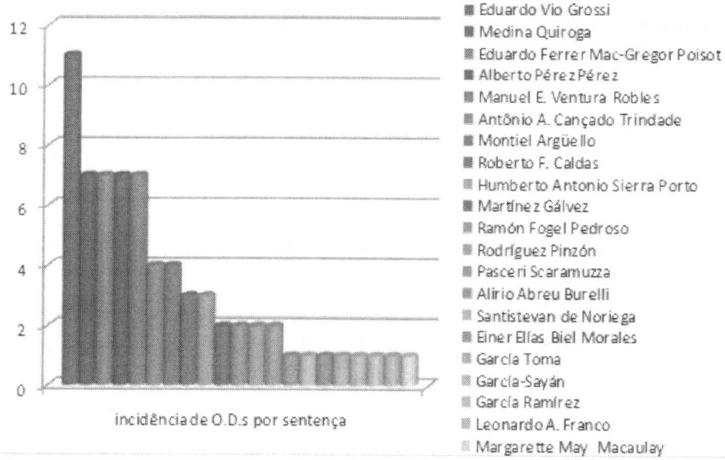


**Fonte:** dados obtidos na análise da jurisprudência da Corte IDH, constante no site www.corteidh.or.cr

Guatemala: Sentencia de 27.11.2003, 19 Comerciantes Vs. Colombia: Sentencia de 05.07.2004, Hermanos Gómez Paquiyauri Vs. Perú: sentencia de 08.07.2004, Lori Berenson Mejía Vs. Perú: Sentencia de 25.11.2004, Hermanas Serrano Cruz Vs. El Salvador: Sentencia de 01.03.2005, Comunidad indígena Yakye Axa Vs. Paraguay: Sentencia de 17.06.2005, Garcia Asto y Ramirez Rojas Vs. Peru: Sentencia de 25.11.2005, López Álvarez Vs. Honduras: Sentencia de 01.02.2006, Claude Reyes y otros Vs. Chile: Sentencia de 19.09.2006, Comunidad Indígena Xákmok Kásek vs. Paraguay: Sentencia de 24.08.2010, Barbani Duarte y otros vs. Uruguay: Sentencia de 13.10.2011, Atala Riffo y niñas vs. Chile: Sentencia de 24.02.2012, Pueblos Kaliña y Lokono vs. Surinam: Sentencia de 25.11.2015, Gómez Murillo y otros vs. Costa Rica: Sentencia de 29.11.2016.

71. Hermanas Serrano Cruz Vs. El Salvador: Sentencia de 23.11.2004, Brewer Carías vs. Venezuela: Sentencia de 26.05.2014.

72. Salvador Chiriboga vs. Ecuador: Sentencia de 03.03.2011.

73. Trabajadores Cesados del Congreso (Aguado Alfaro y otros) vs. Perú: Sentencia de 30.11.2007.

Os juízes que mais emitiram opiniões dissidentes foram Vio Grossi, Medina Quiroga, Mac-Gregir Poisot, Pérez Pérez e Ventura Roble. Juntos alcançaram cerca de 56,52% dessas opiniões entre os anos de 2001 e outubro de 2017.

O juiz Cançado Trindade, por sua vez, embora não esteja entre os magistrados que mais apresentaram essa tendência nesse período, também emitiu tais opiniões nos anos anteriores, totalizando entre 1987 e 2017, oito sentenças, o que o levaria a ser o segundo juiz que mais divergiu em relação às medidas de reparação implementadas pela maioria dos juízes da Corte, estando logo atrás do juiz Vio Grossi.

Em relação aos anos em que foram emitidas, há que se destacar que houve uma média quase linear (pouco crescente) das opiniões dissidentes. Levando em conta que a primeira dissidência ocorreu em 1993 e que, desde então, houve um padrão constante médio de 2,68 sentenças com opiniões dissidentes ou parcialmente dissidentes por ano, esse valor deve ser comparado ao total de sentenças emitidas em todo o período (de 1993 a outubro de 2017), que foi de trezentas e vinte e oito (328) sentenças no geral (com e sem opiniões dissidentes). Ao se considerar a média total de decisões proferidas, em todo o período, tem-se um total aproximado de 13,12 sentenças por ano, das quais 2,68 sentenças apresentam dissidência, dentre as quais observamos quais artigos da CADH houve maior discordância entre os juízes do tribunal.

**Gráfico 17. Artigos que foram objeto de discordância entre os juízes interamericanos: 2001-2017**

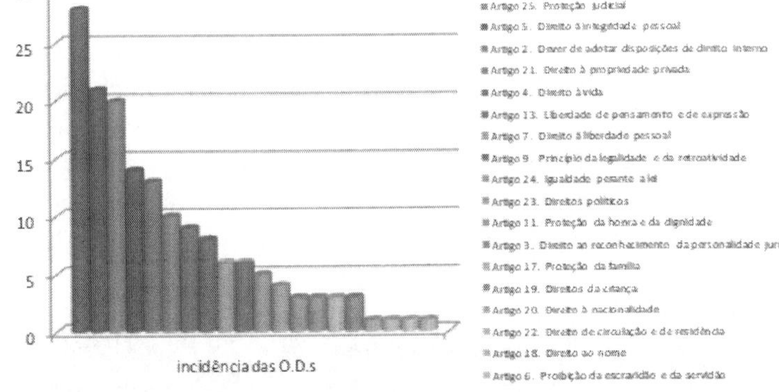


**Fonte:** dados obtidos em nossa análise da jurisprudência da Corte IDH, constante no site www.corteidh.or.cr

Contudo, além de artigos específicos da CADH, outras temáticas deram margem à dissidência nas sentenças da Corte, tais como se vê no gráfico a seguir.

**Gráfico 18. Outros temas que foram objeto de discordância entre os juízes interamericanos: 2001 e 2017**

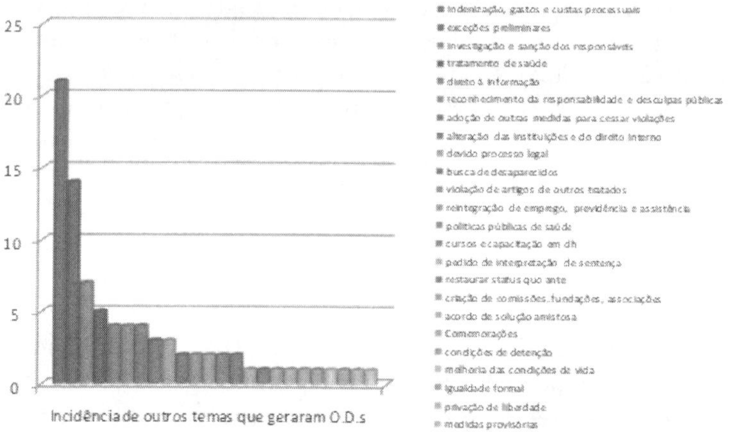


**Fonte:** dados obtidos em nossa análise da jurisprudência da Corte IDH, constante no site www.corteidh.or.cr

## 3.2. SITUAÇÕES FÁTICAS QUE ORIGINARAM OS PROCESSOS CONTECIOSOS JULGADOS PELA CORTE ENTRE 2002 E 2017

Assim como as medidas de reparação, as situações fáticas que originaram os processos contenciosos na Corte são muito relevantes para entendermos o nível da força vinculante das sentenças desse tribunal. Isso porque é pelo entendimento dessa dimensão que se percebem os motivos materiais que levaram à mudança do padrão decisório dos juízes interamericanos e à alteração da agenda da Corte após o período de democratização dos países que compõem o SIDH. Novos problemas foram analisados a partir de então e, por consequência, novos critérios de reparação tiveram que ser adotados ao longo do tempo.

Nesse sentido e retomando as dimensões e critérios de análise do capítulo anterior, observamos aqui duas questões centrais, a primeira delas relacionada aos tipos de violação (dimensão material) e a segunda, referente aos direitos violados (dimensão formal).

### 3.2.1. Dimensão e critérios relacionados aos tipos de violação

A dimensão material, aqui proposta, trata de analisar quais os tipos de violação deram causa aos processos contenciosos levados à Corte Interamericana. É uma dimensão que busca entender as situações fáticas que originaram esses processos. Para que essa análise fosse possível, adotamos certos critérios de observação: o critério das violações perpetradas no âmbito interno dos Estados, o critério da incidência dessas violações por país e, finalmente, o critério temporal, que visa mostrar como cada tipo de violação evolui ao longo dos anos.

#### *3.2.1.1. Violações perpetradas no âmbito interno dos Estados*

Para entendermos a fundo os dados referentes aos tipos de violação que deram causa aos processos na Corte IDH, foi necessário partir de duas questões importantes. A primeira, diz respeito à participação direta dos agentes dos Estados na prática dessas violações, ou seja, visamos analisar a proteção dos direitos humanos no âmbito nacional tanto nas relações horizontais (quando as violações são perpetradas entre particulares), quanto nas verticais (quando as violações são praticadas pelo Estado em relação aos seus nacionais).

Entre os anos de 2002 e outubro de 2017, a Corte emitiu o total de duzentas e cinquenta e quatro (254) sentenças que compuseram cento e noventa e nove (199) processos[74], dos quais cento e quarenta e um (141) deles envolveram a participação direta de agentes dos Estados na prática atentatória aos direitos humanos.

74. Lembrando que em alguns processos foi proferida mais de uma sentença.

Nesses processos, observamos o seguinte:

- casos relacionados com a impunidade dos responsáveis e obstáculos na investigação dos fatos representaram a maioria das incidências, presentes em setenta (70) processos, seguidas;
- situações em que foram constatadas a inobservância do devido processo legal e a falta de garantias e proteção judiciais, observadas em sessenta e oito (68) processos;
- práticas de tortura, tratamentos cruéis, desumanos e degradantes e violação do direito à integridade física e psíquica, presentes em cinquenta e dois (52) processos;
- situações de assassinato e execução extrajudicial, em trinta e seis (36) processos, de detenção arbitrária, em trinta e um (31) processos;
- desaparecimento forçado, constantes em vinte e oito (28) processos;
- falta de cuidados médicos e atenção à saúde, em dezenove (19) processos;
- perda de cargos, pensão, direitos trabalhistas e condições de detenção, em quatorze (14) processos cada;
- violação ao direito de propriedade e destruição de propriedade privada, observadas em doze (12) processos;
- discriminação e situações relativas à pobreza, condições de vida digna e deslocamento forçado, presentes em onze (11) processos cada;
- violação de direitos de comunidades indígenas, em dez (10) processos;
- violações cometidas contra crianças e adolescentes, em nove (9) processos;
- violação do direito à vida privada, denegação do direito de receber indenização e censura, liberdade de expressão, opinião, em oito (8) processos cada uma dessas situações;

- violação do direito à informação e de expulsão, deportação de estrangeiros, restrição à liberdade de circulação, em cinco (5) processos cada;
- exercício dos direitos políticos, de violação de direito por questões de orientação sexual, de violação de direito por questões de gênero e violência contra mulher, de perda da nacionalidade e de direitos ligados à nacionalidade, de perseguição e assassinato defensores de direitos humanos e ambientalistas, de divulgação de registros telefônicos, de liberdade de reunião e associação, de trabalho escravo, juntos estiveram presentes em dezessete (17) processos.

Considerando, de forma geral, os processos em que houve ou não a participação direta de agentes do Estado, esses dados apresentam algumas alterações em relação à quantidade e aos contextos observados. Os tipos de violação que apresentaram maior incidência estiveram relacionados a situações de:

- impunidade dos responsáveis e obstáculos na investigação dos fatos, constantes em oitenta e seis (86) processos;
- inobservância do devido processo legal, falta de garantias e proteção judiciais, em oitenta e quatro (84) processos;
- tortura, tratamentos cruéis, desumanos e degradantes e violação do direito à integridade física e psíquica, presentes em cinquenta e quatro (54) processos;
- assassinato e execução extrajudicial, identificados em quarenta e três (43) processos;
- detenção arbitrária, em trinta e um (31) processos;
- desaparecimento forçado, em vinte e oito (28) processos;
- falta de cuidados médicos e atenção à saúde, em dezoito (18) processos;
- perda de cargos, pensão e direitos trabalhistas, em dezesseis (16) processos;
- condições de detenção, em quatorze (14) processos;

- violação ao direito de propriedade e destruição de propriedade privada, em treze (13) processos;
- pobreza, condições de vida digna e deslocamento forçado e de discriminação, ambas as situações observadas em doze (12) processos cada;
- violação de direitos de comunidades indígenas, em onze (11) processos;
- violações cometidas contra menores de idade, em dez (10) processos;
- denegação do direito de receber indenização e de violação do direito à vida privada, em nove (9) processos cada uma dessas situações fáticas;
- censura, liberdade de expressão, opinião, com oito (8) processos;
- perseguição e assassinato defensores de direitos humanos e ambientalistas, em sete (7) processos;
- violação de direito por questões de gênero e violência contra mulher, de exercício dos direitos políticos, de violação do direito à informação e de expulsão, deportação de estrangeiros, restrição à liberdade de circulação, cada uma dessas situações presentes em cinco (5) processos cada;
- violação de direito por questões de orientação sexual, de perda da nacionalidade e de direitos ligados à nacionalidade, de divulgação de registros telefônicos, de trabalho escravo e de liberdade de reunião e associação, todas elas presentes em um total de dez (10) processos.

Outro critério importante a ser analisado é a alteração da agenda da Corte constatada no segundo período de análise (2002 a outubro de 2017). Quando falamos de agenda, fazemos referência às novas situações fáticas analisadas pela Corte após o período de democratização dos países membros do Sistema Interamericano de Proteção dos Direitos Humanos. Novas temáticas foram inseridas na pauta de discussão desses juízes e essa tendência acompanhou a alteração do Regulamento da Corte ocorrida em 2001, que permitiu ampla participação das vítimas durante todas as etapas processuais.

Da mudança regulamentar, observamos maior número de casos levados à análise dos órgãos do SIDH (Corte e Comissão). Esse fenômeno ocorreu, concomitantemente, com a mudança do padrão decisório da Corte registrado a partir do ano de 2001, por meio da adoção de uma série de medidas de reparação até então não implementadas. Isso, por sua vez, teve duas causas diretas (identificadas), uma de ordem formal, que foi o novo Regulamento da Corte adotado em 2001 e outra de ordem material, ligada às novas situações fáticas analisadas pelos juízes interamericanos.

No tocante a essa última questão, cabe ressaltar que muitas dessas situações estão diretamente ligadas a assuntos de ordem estrutural, dependentes de ampla atuação dos Estados para que tais violações cessem em âmbito nacional. Na maior parte dos casos, veem-se situações diretamente ligadas com o planejamento e a definição do interesse público internos, vinculadas à implementação, seguimento e fiscalização de políticas públicas pelos Estados. Podem ser citados como exemplos os processos que analisaram questões como:

– a falta de cuidados médicos e atenção à saúde[75]; presentes em dezoito (18) processos (a partir de 2001);

75. "Instituto de Reeducación del Menor" Vs. Paraguay: Sentencia de 02.09.2004, Lori Berenson Mejía Vs. Perú: Sentencias de 25.11.2004; 23.06.2005, Caesar Vs. Trinidad y Tobago: Sentencia de 11.03.2005, Garcia Asto y Ramirez Rojas Vs. Peru: Sentencia de 25.11.2005, López Álvarez Vs. Honduras: Sentencia de 01.02.2006, Comunidad Indígena Sawhoyamaxa Vs. Paraguay: Sentencia de 29.03.2006, Penal Miguel Castro Castro Vs. Perú: Sentencia de 25.11. 2006; Sentencia de 02.08.2008, Vera Vera y otra vs. Ecuador: Sentencia de 19.05.2011, Pacheco Teruel y otros vs. Honduras: Sentencia de 27.04.2012, Díaz Peña vs. Venezuela: Sentencia de 26.06.2012, Furlan y familiares vs. Argentina: Sentencia de 31.08.2012, Mendoza y otros vs. Argentina: Sentencia de 14.05.2013, Suárez Peralta vs. Ecuador: Sentencia de 21.05.2013, Espinoza Gonzáles vs. Perú: Sentencias de 20.11.2014; 23.06.2015, Gonzales Lluy y otros vs. Ecuador: sentencia de 01.09.2015, Chinchilla Sandoval vs. Guatemala: Sentencia de 29.02.2016, I.V. vs. Bolivia: Sentencias de 30.11.2016; 25.05.2017, Ortiz Hernández y otros vs. Venezuela: Sentencia de 22.08.2017.

- pobreza, condições de vida digna e deslocamento forçado de pessoas[76], observadas em doze (12) processos;
- discriminação[77], em doze (12) processos;
- violação de direitos de comunidades indígenas[78], em onze (11) processos;
- violações cometidas contra menores de idade[79], em dez (10) processos;

76. Comunidad Moiwana Vs. Suriname: Sentencias de 15.06.2005; 08.02.2006, Comunidad indígena Yakye Axa Vs. Paraguay: Sentencias de 17.06.2005; 06.02.2006, Comunidad Indígena Sawhoyamaxa Vs. Paraguay: Sentencia de 29.03.2006, Pueblo Saramaka vs. Surinam: Sentencia de 12.08.2008, Comunidad Indígena Xákmok Kásek vs. Paraguay: Sentencia de 24.08.2010, Rosendo Cantú y otra vs. México: Sentencias de 31.08.2010; 15.05.2011, Pueblo Indígena Kichwa de Sarayaku vs. Ecuador: Sentencia de 27.06.2012, Comunidades Afrodescendientes desplazadas de la cuenca del Río Cacarica (Operación Génesis) vs. Colombia: Sentencia de 20.11.2013, Personas Dominicanas y Haitianas expulsadas vs. República Dominicana: Sentencia de 28.08.2014, Comunidad Garífuna de Punta Piedra y sus miembros vs. Honduras: Sentencia de 08.10.2015, Comunidad Garífuna Triunfo de La Cruz y sus miembros vs. Honduras: Sentencia de 08.10.2015, Pueblos Kaliña y Lokono vs. Surinam: Sentencia de 25.11.2015.

77. González y otras ("Campo Algodonero") vs. México: Sentencia de 16.11.2009, Atala Riffo y niñas vs. Chile: Sentencias de 24.02.2012; 21.11.2012, Norín Catrimán y otros (dirigentes, miembros y activista del pueblo indígena Mapuche) vs. Chile: Sentencia de 29.05.2014, Pueblos Indígenas Kuna de Madungandí y Emberá de Bayano y sus miembros vs. Panamá: Sentencia de 14.10.2014, Granier y otros (Radio Caracas Televisión) vs. Venezuela: Sentencia de 22.06.2015, Comunidad Garífuna de Punta Piedra y sus miembros vs. Honduras: Sentencia de 08.10.2015, Pueblos Kaliña y Lokono vs. Surinam: Sentencia de 25.11.2015, Duque vs. Colombia: sentencias de 26.02.2016; 21.11.2016, Flor Freire vs. Ecuador: Sentencia de 31.08.2016, Gómez Murillo y otros vs. Costa Rica: Sentencia de 29.11.2016, I.V. vs. Bolivia: Sentencias de 30.11.2016; 25.05.2017, Favela Nova Brasilia vs. Brasil: Sentencia de 16.02.2017.

78. Masacre Plan de Sánchez Vs. Guatemala: Sentencias de 29.04.2004; 19.11.2004, "Masacre de Mapiripán" Vs. Colombia: Sentencias de 07.03.2005; 15.09.2005, Comunidad Moiwana Vs. Suriname: Sentencias de 15.06.2005; 08.02.2006, Comunidad indígena Yakye Axa Vs. Paraguay: Sentencias de 17.06.2005; 06.02.2006, Comunidad Indígena Sawhoyamaxa Vs. Paraguay: Sentencia de 29.03.2006, Comunidad Indígena Xákmok Kásek vs. Paraguay: Sentencia de 24.08.2010, Pueblo Indígena Kichwa de Sarayaku vs. Ecuador: Sentencia de 27.06.2012, Masacres de Río Negro vs. Guatemala: Sentencia de 04.09.2012, Pueblos Indígenas Kuna de Madungandí y Emberá de Bayano y sus miembros vs. Panamá: Sentencia de 14.10.2014, Comunidad Garífuna de Punta Piedra y sus miembros vs. Honduras: Sentencia de 08.10.2015, Pueblos Kaliña y Lokono vs. Surinam: Sentencia de 25.11.2015.

79. Hermanas Serrano Cruz Vs. El Salvador: Sentencias de 23.11.2004; 01.03.2005; 09.09.2005, "Instituto de Reeducación del Menor" Vs. Paraguay: Sentencia de 02.09.2004, Niñas

- violação do direito à vida privada[80], em nove (9) processos;
- perseguição e assassinato defensores de direitos humanos e ambientalistas[81], em sete (7) processos;
- violação de direito por questões de gênero e violência contra mulher[82], em cinco (5) processos;
- exercício dos direitos políticos[83], em cinco (5) processos;
- violação do direito à informação[84], em cinco (5) processos;

Yean y Bosico VS. Repúblicas Dominicana: Sentencias de 08.09.2005; 23.11.2006, Vargas Areco Vs. Paraguay: Sentencia de 26.09.2006, Mendoza y otros vs. Argentina: Sentencia de 14.05.2013, Veliz Franco y otros vs. Guatemala: Sentencia de 19.05.2014, Personas Dominicanas y Haitianas expulsadas vs. República Dominicana: Sentencia de 28.08.2014, Rochac Hernández y otros vs. El salvador: Sentencia de 14.10.2014, Comunidad Campesina de Santa Bárbara vs. Perú: Sentencias de 01.09.2015; 21.11.2016, García Ibarra y otros vs. Ecuador: Sentencia de 17.11.2015.

80. Atala Riffo y niñas vs. Chile: Sentencias de 24.02.2012; 21.11.2012, Artavia Murillo y otros ("Fecundación in vitro") vs. Costa Rica: Sentencia de 28.11.2012, Comunidades Afrodescendientes desplazadas de la cuenca del Río Cacarica (Operación Génesis) vs. Colombia: Sentencia de 20.11.2013, Personas Dominicanas y Haitianas expulsadas vs. República Dominicana: Sentencia de 28.08.2014, Comunidad Garífuna de Punta Piedra y sus miembros vs. Honduras: Sentencia de 08.10.2015, Duque vs. Colombia: sentencias de 26.02.2016; 21.11.2016, Pollo Rivera y otros vs. Perú: Sentencias de 21.10.2016; 25.05.2017, Gómez Murillo y otros vs. Costa Rica: Sentencia de 29.11.2016, I.V. vs. Bolivia: Sentencias de 30.11.2016; 25.05.2017.

81. Nogueira de Carvalho y otro Vs. Brasil: Sentencia de 28.11.2006, Valle Jaramillo y otros Vs. Colombia: Sentencias de 27.11.2008; 07.07.2009, Kawas Fernández vs. Honduras: Sentencia de 03.04.2009, Fleury y otros vs. Haití: Sentencia de 23.11.2011, Luna López vs. Honduras: Sentencia de 10.10.2013, Defensor de Derechos Humanos y otros vs. Guatemala: Sentencia de 28.08.2014, Yarce y otras vs. Colombia: Sentencia de 22.11.2016.

82. González y otras ("Campo Algodonero") vs. México: Sentencia de 16.11.2009, Fernández Ortega y otros vs. México: Sentencia de 30.08.2010; 15.05.2011, Rosendo Cantú y otra vs. México: Sentencias de 31.08.2010; 15.05.2011, Veliz Franco y otros vs. Guatemala: Sentencia de 19.05.2014, Velásquez Paiz y otros vs. Guatemala: Sentencia de 19.11.2015.

83. Yatama Vs. Nicaragua: Sentencia de 23 de Junio de 2005, Castañeda Gutman vs. Estados Unidos Mexicanos: Sentencia de 6 de agosto de 2008, López Mendoza vs. Venezuela: Sentencia de 1 de septiembre de 2011, Defensor de Derechos Humanos y otros vs. Guatemala: Sentencia de 28 de agosto de 2014, López Lone y otros vs. Honduras: Sentencia de 5 de octubre de 2015; Sentencia de 2 de septiembre de 2016.

84. Claude Reyes y otros Vs. Chile: Sentencia de 19 de septiembre de 2006, Pueblo Indígena Kichwa de Sarayaku vs. Ecuador: Sentencia de 27 de junio de 2012, Osorio Rivera y familiares vs. Perú: Sentencia de 26 de noviembre de 2013; Sentencia de 20

- expulsão, deportação de estrangeiros, restrição à liberdade de circulação[85], em cinco (5) processos;
- violação de direito por discriminação da orientação sexual[86], em três (3) processos;
- divulgação de registros telefônicos[87], dois (2) processos;
- trabalho escravo[88], em dois (2) processos e
- liberdade de reunião e associação[89], presente em um (1) processo.

**TABELA 7. Incidência das situações fáticas que originaram os processos na Corte: análise comparada por período de 1879 a 2001 e 2002 a outubro de 2017**

| Tipo de violação | 1987 – 2001 | 2002 – out. 2017 |
|---|---|---|
| Detenção arbitrária | 10 processos | 31 processos |
| Desaparecimento forçado | 09 processos | 28 processos |
| Assassinato e Execução extrajudicial | 10 processos | 43 processos |
| Denegação do direito de receber indenização | 01 processo | 9 processos |
| Tortura, tratamentos cruéis e degradantes e Violação do direito à integridade física e psíquica | 07 processos | 54 processos |

de noviembre de 2014, Comunidad Garífuna Triunfo de La Cruz y sus miembros vs. Honduras: Sentencia de 8 de octubre de 2015, I.V.* vs. Bolivia: Sentencia de 30 de noviembre de 2016; Sentencia de 25 de mayo de 2017.

85. Vélez Loor vs. Panamá: Sentencia de 23 de noviembre de 2010, Familia Pacheco Tineo vs. Estado Plurinacional de Bolivia: Sentencia de 25 de noviembre de 2013, Personas Dominicanas y Haitianas expulsadas vs. República Dominicana: Sentencia de 28 de agosto de 2014, Defensor de Derechos Humanos y otros vs. Guatemala: Sentencia de 28 de agosto de 2014, Wong Ho Wing** vs. Perú: Sentencia de 30 de junio de 2015; Sentencia de 22 de junio de 2016.

86. Atala Riffo y niñas vs. Chile: Sentencia de 24 de febrero de 2012; Sentencia de 21 de noviembre de 2012, Duque vs. Colombia: sentencia de 26 de febrero de 2016; Sentencia de 21 de noviembre de 2016, Flor Freire vs. Ecuador: Sentencia de 31 de agosto de 2016.

87. Tristán Donoso vs. Panamá: Sentencia de 27 de enero de 2009, Escher y Otros vs. Brasil: Sentencia de 6 de julio de 2009; Sentencia de 20 de noviembre de 2009.

88. Trabajadores de la Hacienda Brasil Verde vs. Brasil: Sentencia de 20 octubre de 2016, Miembros de la Aldea Chichupac y Comunidades vecinas del Municipio de Rabinal vs. Guatemala: Sentencia de 30 de noviembre de 2016.

89. López Lone y otros vs. Honduras: Sentencia de 5 de octubre de 2015; Sentencia de 2 de septiembre de 2016.

| Tipo de violação | 1987 – 2001 | 2002 – out. 2017 |
|---|---|---|
| Violação ao direito de propriedade e Destruição de propriedade privada | 02 processos | 13 processos |
| Violação de direitos de comunidades indígenas | 01 processo | – |
| Inobservância do devido processo legal, falta de garantias e proteção judiciais | 13 processos | 84 processos |
| Impunidade dos responsáveis e obstáculos na investigação dos fatos | 11 processos | 86 processos |
| Perda de cargos, pensão e direitos trabalhistas | 02 processos | 16 processos |
| Uso desproporcional da força | 01 processo | – |
| Censura, liberdade de expressão, opinião | 01 processo | 8 processos |
| Perda da nacionalidade e de direitos ligados à nacionalidade | 01 processo | 2 processos |
| Imposição de pena de morte | 03 processos | – |
| Condições de detenção | 03 processos | 14 processos |
| Falta de cuidados médicos e atenção à saúde | – | 18 processos |
| Pobreza, Condições de vida digna e deslocamento forçado | – | 12 processos |
| Discriminação | – | 12 processos |
| Violação de direitos de comunidades indígenas | – | 11 processos |
| Violações cometidas contra menores de idade | – | 10 processos |
| Violação do direito à vida privada | – | 9 processos |
| Perseguição e assassinato defensores de direitos humanos e ambientalistas | – | 7 processos |
| Violação de direito por questões de gênero e violência contra mulher | – | 5 processos |
| Exercício dos direitos políticos | – | 5 processos |
| Violação do direito à informação | – | 5 processos |
| Expulsão, deportação de estrangeiros, restrição à liberdade de circulação | – | 5 processos |
| Violação de direito por discriminação da orientação sexual | – | 3 processos |
| Divulgação de registros telefônicos | – | 2 processos |
| Trabalho escravo | – | 2 processos |
| Liberdade de reunião e associação | – | 1 processo |

**Fonte:** dados obtidos em nossa análise da jurisprudência da Corte IDH, constante no site www.corteidh.or.cr

As novas situações fáticas ocasionaram a necessidade de novas medidas de reparação que pudessem alcançar as vítimas (diretas e indiretas). Contudo, por serem, algumas delas, ligadas a padrões sistemáticos de violação[90] e por resultarem de questões de ordem estrutural[91] nos países membros, foi necessário adaptar o sistema de reparação da Corte Interamericana a essa nova realidade. Viu-se,

90. Ver nota explicativa nº. 27.

91. Ver nota explicativa nº. 13.

então, o fortalecimento de um novo sistema de reparação de caráter preventivo. Contudo, embora se saiba que tais (necessários) fenômenos tenham ocorrido pelos motivos já mencionados, é importante lembrar que suas consequências foram tanto positivas, quanto negativas.

Positivas porque ampliaram o alcance do sistema de reparação a vítimas que antes não estariam incluídas no rol de pessoas protegidas pelo Direito Internacional dos Direitos Humanos, ampliaram o caráter preventivo das sentenças e reforçaram a necessidade de fortalecimento dos compromissos assumidos pelos Estados quando da ratificação da CADH. Sobre essa última questão, foi possível observar que essas novas medidas de reparação visaram reafirmar, no plano material, o compromisso assumido pelos países no plano formal da ratificação.

Negativas porque quanto maior a extensão dessas medidas reparatórias e quanto maior o número de pessoas alcançadas por elas, maior será também a relutância dos Estados em relação ao seu cumprimento e, por sua vez, menor será a força vinculante das sentenças da Corte de forma geral.

### *3.2.1.2. Estados envolvidos nos processos contenciosos*

A dimensão de observação referente aos países permite, de um lado, traçar um perfil dos tipos de situações fáticas mais constantes nos processos da Corte e, de outro, possibilita entender esse fenômeno no âmbito interno dos Estados.

Quando falamos em perfil das violações registradas em nível regional, vemos que algumas violações são, persistentemente, praticadas pelos Estados partes do SIDH. Dentre elas, as que envolveram o maior número de Estados e que marcaram maior incidência nos processos da Corte foram:

- impunidade dos responsáveis e obstáculos na investigação dos fatos presentes em oitenta e seis (86) processos, envolvendo dezoito (18) Estados;

- tortura, tratamentos cruéis e degradantes e Violação do direito à integridade física e psíquica, em cinquenta e quatro (54) processos, com dezesseis (16) Estados envolvidos;
- assassinato e Execução extrajudicial, em quarenta e três (43) processos, com 14 Estados;
- detenção arbitrária, em trinta e um (31) processos, com doze (12) Estados;
- desaparecimento forçado, em vinte e oito (28) processos, com quatorze (14) Estados.

Desses dados, concluímos que na região abrangida pelo Sistema Interamericano de Direitos Humanos, entre os anos de 2002 e outubro de 2017, houve um perfil sistemático de violações, relacionado, principalmente, com a impunidade, dos responsáveis, normalmente resultante de obstáculos institucionais em nível de investigação e de processo. São situações fáticas que, na maioria das vezes, envolveram atentados à integridade física e psíquica das vítimas, por meio de torturas, tratamentos desumanos, cruéis e degradantes, assassinatos, execuções extrajudiciais e desaparecimento forçado de pessoas.

Quando analisadas separadamente, essas informações nos mostram os países que registraram maior nível de reincidência por tipo de violação: Peru com quase 15,95% da incidência de violações; Guatemala, com 10,70%, Colômbia, com 10,10%, Equador, com 9,29%, Venezuela, com 7,8%, Honduras, com 6,26%, Argentina, com 4,84%, México, com 4,44% e Brasil, com 4,04% (todos esses valores são percentuais aproximativos). Esses nove países somam, entre si, um valor aproximado de 73% das incidências de violação constatadas nos processos entre 2002 e outubro de 2017, sendo que os restantes 21% das incidências foram observadas em relação aos 14 países restantes (São Salvador, Chile, Paraguai, Bolívia, República Dominicana, Trindade e Tobago, Suriname, Panamá, Haiti, Nicarágua, Costa Rica, Barbados, Uruguai e Bolívia).

**TABELA 8. Incidência dos tipos de violação constatados por país do SIDH entre 2002 e outubro de 2017**

| TIPO DE VIOLAÇÃO | Peru | Colômbia | Guatemala | Vene-zuela | Brasil | Equador | México | Hon-duras |
|---|---|---|---|---|---|---|---|---|
| Impunidade dos responsáveis e obstáculos na investigação dos fatos | 13 | 12 | 11 | 7 | 6 | 6 | 6 | 4 |
| Inobservância do devido processo legal, falta de garantias e proteção judiciais | 16 | 2 | 8 | 8 | 3 | 12 | 2 | 5 |
| Tortura, tratamentos cruéis e degradantes e Violação do direito à integridade física e psíquica | 10 | 11 | 6 | 4 | 3 | 2 | 5 | – |
| Assassinato e Execução extrajudicial | 9 | 10 | 5 | 4 | 1 | 2 | – | 4 |
| Detenção arbitrária | 8 | 2 | 2 | 3 | – | 4 | 2 | 2 |
| Desaparecimento forçado | 6 | 3 | 6 | 1 | 1 | 1 | 1 | – |
| Falta de cuidados médicos e atenção à saúde | 4 | – | 1 | 2 | – | 3 | – | 2 |
| Perda de cargos, pensão e direitos trabalhistas | 6 | 1 | 1 | 3 | 1 | 4 | – | – |
| Condições de detenção | 3 | – | 2 | 1 | – | 2 | – | 1 |
| Violação ao direito de propriedade e Destruição de propriedade privada | – | 1 | 1 | – | – | 3 | – | 2 |
| Pobreza, Condições de vida digna e deslocamento forçado | – | 1 | – | – | – | 1 | 1 | 2 |
| Discriminação | – | 1 | – | 1 | 1 | 1 | 1 | 1 |
| Violação de direitos de comunidades indígenas | – | 1 | 2 | – | – | 1 | – | 1 |
| Violações cometidas contra menores de idade | 1 | – | 1 | – | – | 1 | – | – |
| Denegação do direito de receber indenização | – | – | 1 | 1 | 1 | 1 | – | – |
| Violação do direito à vida privada | 1 | 2 | – | – | – | – | – | 1 |
| Censura, liberdade de expressão, opinião | – | – | – | 3 | – | – | – | 1 |
| Perseguição e assassinato defensores de direitos humanos e ambientalistas | – | 2 | 1 | – | 1 | – | – | 2 |

| TIPO DE VIOLAÇÃO | Peru | Colômbia | Guatemala | Venezuela | Brasil | Equador | México | Honduras |
|---|---|---|---|---|---|---|---|---|
| Violação de direito por questões de gênero e violência contra mulher | – | – | 2 | – | – | – | 3 | – |
| Exercício dos direitos políticos | – | – | 1 | 1 | – | – | 1 | 1 |
| Violação do direito à informação | 1 | – | – | – | – | 1 | – | 1 |
| Expulsão, deportação de estrangeiros, restrição à liberdade de circulação | – | – | – | – | – | – | – | – |
| Violação de direito por questões de orientação sexual | – | 1 | – | – | – | 1 | – | – |
| Perda da nacionalidade e de direitos ligados à nacionalidade | 1 | – | 1 | – | – | – | – | – |
| Divulgação de registros telefônicos | – | – | – | – | 1 | – | – | – |
| Trabalho escravo | – | – | 1 | – | 1 | – | – | – |
| Liberdade de reunião e associação | – | – | – | – | – | – | – | 1 |
| **TIPO DE VIOLAÇÃO** | **São Salv.** | **Chile** | **Paraguai** | **Bolívia** | **Repúb. Dominic.** | **Trindade e Tobago** | **Suriname** | **Panamá** |
| Impunidade dos responsáveis e obstáculos na investigação dos fatos | 4 | 3 | 2 | 2 | 2 | 1 | 1 | 1 |
| Inobservância do devido processo legal, falta de garantias e proteção judiciais | 3 | 4 | 1 | 3 | 1 | – | 3 | 3 |
| Tortura, tratamentos cruéis e degradantes e Violação do direito à integridade física e psíquica | 2 | 1 | 1 | 1 | 2 | 1 | 1 | – |
| Assassinato e Execução extrajudicial | 1 | 1 | 2 | 1 | – | – | 1 | 1 |
| Detenção arbitrária | 1 | 1 | – | – | 1 | – | – | – |
| Desaparecimento forçado | 2 | – | 1 | 2 | 1 | – | – | 1 |
| Falta de cuidados médicos e atenção à saúde | – | – | 2 | 1 | – | 1 | – | – |
| Perda de cargos, pensão e direitos trabalhistas | – | – | – | – | – | – | – | – |
| Condições de detenção | – | 1 | 1 | – | – | – | – | 1 |

| TIPO DE VIOLAÇÃO | São Salv. | Chile | Paraguai | Bolívia | Repúb. Dominic. | Trindade e Tobago | Suriname | Panamá |
|---|---|---|---|---|---|---|---|---|
| Violação ao direito de propriedade e Destruição de propriedade privada | – | – | 3 | – | – | – | 2 | 1 |
| Pobreza, Condições de vida digna e deslocamento forçado | – | – | 3 | – | 1 | – | 3 | – |
| Discriminação | – | 2 | – | – | – | – | 1 | 1 |
| Violação de direitos de comunidades indígenas | – | – | 3 | – | – | – | 2 | 1 |
| Violações cometidas contra menores de idade | 2 | – | 2 | – | 2 | – | – | – |
| Denegação do direito de receber indenização | 1 | 1 | – | – | – | – | – | 2 |
| Violação do direito à vida privada | – | 1 | – | 1 | 1 | – | – | – |
| Censura, liberdade de expressão, opinião | – | 1 | – | – | – | – | – | – |
| Perseguição e assassinato defensores de direitos humanos e ambientalistas | – | – | – | – | – | – | – | – |
| Violação de direito por questões de gênero e violência contra mulher | – | – | – | – | – | – | – | – |
| Exercício dos direitos políticos | – | – | – | – | – | – | – | – |
| Violação do direito à informação | – | 1 | – | – | – | – | – | – |
| Expulsão, deportação de estrangeiros, restrição à liberdade de circulação | – | – | – | 1 | 1 | – | – | 1 |
| Violação de direito por questões de orientação sexual | – | 1 | – | – | – | – | – | – |
| Perda da nacionalidade e de direitos ligados à nacionalidade | – | – | – | – | 2 | – | – | – |
| Divulgação de registros telefônicos | – | – | – | – | – | – | – | 1 |
| Trabalho escravo | – | – | – | – | – | – | – | – |
| Liberdade de reunião e associação | – | – | – | – | – | – | – | – |

| TIPO DE VIOLAÇÃO | Argentina | Haiti | Nicaragua | Costa Rica | Barbados | Uruguai | Bolívia | -- |
|---|---|---|---|---|---|---|---|---|
| Impunidade dos responsáveis e obstáculos na investigação dos fatos | 4 | 1 | - | - | - | - | - | - |
| Inobservância do devido processo legal, falta de garantias e proteção judiciais | 5 | - | 2 | 1 | 1 | 1 | - | - |
| Tortura, tratamentos cruéis e degradantes e Violação do direito à integridade física e psíquica | 3 | 1 | - | - | - | - | - | - |
| Assassinato e Execução extrajudicial | 1 | - | - | - | - | - | - | - |
| Detenção arbitrária | 3 | 2 | - | - | - | - | - | - |
| Desaparecimento forçado | 1 | - | - | - | - | 1 | - | - |
| Falta de cuidados médicos e atenção à saúde | 2 | - | - | - | - | - | - | - |
| Perda de cargos, pensão e direitos trabalhistas | - | - | - | - | - | - | - | - |
| Condições de detenção | - | 1 | - | - | 1 | - | - | - |
| Violação ao direito de propriedade e Destruição de propriedade privada | - | - | - | - | - | - | - | - |
| Pobreza, Condições de vida digna e deslocamento forçado | - | - | - | - | - | - | - | - |
| Discriminação | - | - | - | 1 | - | - | 1 | - |
| Violação de direitos de comunidades indígenas | - | - | - | - | - | - | - | - |
| Violações cometidas contra menores de idade | 1 | - | - | - | - | - | - | - |
| Denegação do direito de receber indenização | 1 | - | - | - | - | - | - | - |
| Violação do direito à vida privada | - | - | - | 2 | - | - | - | - |
| Censura, liberdade de expressão, opinião | 3 | - | - | - | - | - | - | - |
| Perseguição e assassinato defensores de direitos humanos e ambientalistas | - | 1 | - | - | - | - | - | - |
| Violação de direito por questões de gênero e violência contra mulher | - | - | - | - | - | - | - | - |

| TIPO DE VIOLAÇÃO | Argentina | Haiti | Nicaragua | Costa Rica | Barbados | Uruguai | Bolívia | -- |
|---|---|---|---|---|---|---|---|---|
| Exercício dos direitos políticos | - | - | 1 | - | - | - | - | - |
| Violação do direito à informação | - | - | - | - | - | - | 1 | - |
| Expulsão, deportação de estrangeiros, restrição à liberdade de circulação | - | - | - | - | - | - | - | - |
| Violação de direito por questões de orientação sexual | - | - | - | - | - | - | - | - |
| Perda da nacionalidade e de direitos ligados à nacionalidade | - | - | - | - | - | - | - | - |
| Divulgação de registros telefônicos | - | - | - | - | - | - | - | - |
| Trabalho escravo | - | - | - | - | - | - | - | - |
| Liberdade de reunião e associação | - | - | - | - | - | - | - | - |

**Fonte:** dados obtidos em nossa análise da jurisprudência da Corte IDH, constante no site www.corteidh.or.cr

### *3.2.1.3. Dimensão temporal de incidência das violações*

A dimensão temporal, por sua vez, permitiu visualizar a incidência de cada tipo de violação ao longo dos anos, ademais, possibilitou entender a progressão da ocorrência de novas situações fáticas inseridas na pauta de análise e discussão da Corte.

Com relação à incidência das violações no período entre 2002 e outubro de 2017, os anos de 2005, 2006, 2012, 2013, 2014 e 2016 foram os anos em que foi constatada maior incidência de violações, somando, juntos, um valor aproximado de 55,06% das incidências. Enquanto que os demais anos (2002, 2003, 2004, 2007, 2008, 2009, 2010, 2011, 2015 e 2017) totalizaram um valor de cerca de 44,94% das constatações de violação, como se pode verificar na tabela abaixo.

## TABELA 9. Incidência das violações por ano: entre 2002 e outubro de 2017

| TIPO DE VIOLAÇÃO | 2002 | 2003 | 2004 | 2005 | 2006 | 2007 | 2008 | 2009 | 2010 | 2011 | 2012 | 2013 | 2014 | 2015 | 2016 | 2017 |
|---|---|---|---|---|---|---|---|---|---|---|---|---|---|---|---|---|
| Impunidade dos responsáveis e obstáculos na investigação dos fatos | 1 | 4 | 5 | 9 | 10 | 6 | 4 | 6 | 7 | 4 | 9 | 4 | 5 | 4 | 4 | 4 |
| Inobservância do devido processo legal, falta de garantias e proteção judiciais | – | – | 4 | 6 | 5 | 1 | 3 | 7 | 1 | 4 | 3 | 10 | 9 | 14 | 9 | 8 |
| Tortura, tratamentos cruéis e degradantes e Violação do direito à integridade física e psíquica | – | 1 | 5 | 5 | 3 | 3 | 1 | 3 | 3 | 2 | 4 | 5 | 4 | 6 | 8 | 1 |
| Assassinato e Execução extrajudicial | – | 3 | 3 | 4 | 8 | 4 | 2 | 1 | 2 | 1 | 6 | 1 | 3 | 2 | 3 | – |
| Detenção arbitrária | – | 2 | 4 | 3 | 2 | 2 | 2 | 2 | | 2 | | 1 | 4 | 2 | 5 | – |
| Desaparecimento forçado | 1 | – | 1 | 2 | 3 | – | 3 | 2 | 3 | 3 | 3 | 1 | 2 | 1 | 2 | 1 |
| Falta de cuidados médicos e atenção à saúde | – | – | 2 | 2 | 3 | – | – | – | – | 1 | 3 | 2 | 2 | 1 | 2 | 1 |
| Perda de cargos, pensão e direitos trabalhistas | – | 1 | – | – | 2 | – | 1 | 2 | – | 3 | – | 2 | – | 1 | 4 | – |
| Condições de detenção | – | – | 3 | 1 | 1 | 2 | 1 | – | 1 | – | 1 | 1 | 1 | | 2 | – |
| Violação ao direito de propriedade e Destruição de propriedade privada | – | – | – | 1 | 1 | 1 | 2 | – | 1 | – | 2 | 1 | 1 | 3 | – | – |
| Pobreza, Condições de vida digna e deslocamento forçado | – | – | – | 2 | 1 | – | 1 | – | 2 | – | 1 | 1 | 1 | 3 | – | – |
| Discriminação | – | – | – | – | – | – | – | 1 | – | – | 1 | | 2 | 3 | 4 | 1 |
| Violação de direitos de comunidades indígenas | – | – | 1 | 3 | 1 | – | – | – | 1 | – | 2 | – | 1 | 2 | – | – |
| Violações cometidas contra menores de idade | – | – | 2 | 1 | 1 | – | – | – | – | – | – | 1 | 3 | 2 | – | – |
| Denegação do direito de receber indenização | – | – | – | – | 1 | – | 2 | 1 | – | – | 1 | – | 2 | – | 2 | – |
| Violação do direito à vida privada | – | – | – | – | – | – | – | – | – | – | 2 | 1 | 1 | 1 | 4 | – |
| Censura, liberdade de expressão, opinião | – | – | – | 1 | – | – | 1 | 2 | – | 1 | – | 1 | – | 2 | – | – |
| Perseguição e assassinato defensores de direitos humanos e ambientalistas | – | – | – | – | 1 | – | 1 | 1 | – | 1 | – | 1 | 1 | – | 1 | – |
| Violação de direito por questões de gênero e violência contra mulher | – | – | – | – | – | – | – | 1 | 2 | – | – | – | 1 | 1 | – | – |
| Exercício dos direitos políticos | – | – | – | 1 | – | – | 1 | – | – | 1 | – | – | 1 | 1 | – | – |

| TIPO DE VIOLAÇÃO | 2002 | 2003 | 2004 | 2005 | 2006 | 2007 | 2008 | 2009 | 2010 | 2011 | 2012 | 2013 | 2014 | 2015 | 2016 | 2017 |
|---|---|---|---|---|---|---|---|---|---|---|---|---|---|---|---|---|
| Violação do direito à informação | – | – | – | – | 1 | – | – | – | – | – | 1 | 1 | – | 1 | 1 | – |
| Expulsão, deportação de estrangeiros, restrição à liberdade de circulação | – | – | – | – | – | – | – | – | 1 | – | – | 1 | 2 | 1 | – | – |
| Violação de direito por questões de orientação sexual | – | – | – | – | – | – | – | – | – | – | 1 | – | – | – | 2 | – |
| Perda da nacionalidade e de direitos ligados à nacionalidade | – | – | – | 1 | – | – | – | – | – | – | – | – | 1 | – | – | – |
| Divulgação de registros telefônicos | – | – | – | – | – | – | – | 2 | – | – | – | – | – | – | – | – |
| Trabalho escravo | – | – | – | – | – | – | – | – | – | – | – | -– | – | – | 2 | – |
| Liberdade de reunião e associação | – | – | – | – | – | – | – | – | – | – | – | – | – | 1 | – | – |

**Fonte:** dados obtidos em nossa análise da jurisprudência da Corte IDH, constante no site www.corteidh.or.cr

Contudo, quando a análise se foca na nova agenda do tribunal, observamos que as novas situações fáticas inseridas na pauta de análise e discussão da Corte entre 2002 e outubro de 2017 representaram um valor aproximado de 23,45% de todas as incidências analisadas. Desse último valor, extrai-se que 67,92% dele implica situações fáticas que, para serem reparadas pelos Estados, dependem diretamente de políticas públicas internas, tais como questões ligadas à falta de cuidados médicos e atenção à saúde, à pobreza e condições de vida digna e deslocamento forçado, à violação de direitos de comunidades indígenas, às violações cometidas contra menores de idade, à perseguição e assassinato defensores de direitos humanos e ambientalistas, à violação de direito por questões de gênero e violência contra mulher, à expulsão, deportação de estrangeiros, restrição à liberdade de circulação, à violação de direitos por questões de orientação sexual e ao trabalho escravo.

### 3.2.2. Dimensões e critérios relativos aos direitos violados

As dimensões de análise relacionadas aos direitos da CADH e aos direitos previstos em outros tratados internacionais também devem ser observadas porque servem de ferramentas para o delineamento do perfil das violações cometidas ao longo dos anos, o que, por sua vez, permite entender a alteração do padrão decisório dos juízes interamericanos a partir de 2001 e a nova agenda da Corte.

Ademais, possibilitam uma visão geral do *corpus juris* interamericano, o qual foi consideravelmente ampliado, sobretudo e, também, a partir da mudança do Regulamento da Corte de 2001. Isso se deve ao fato do aumento significativo do número de processos que esse órgão passou a analisar desde então.

Contudo, cabe lembrar que o aumento da competência interpretativa da Corte pode representar um elemento de risco para a força vinculante de suas sentenças, justamente pelo fato da maior reticência dos países em aceitar a implicação de sua responsabilidade internacional em relação a um tratado do qual, talvez, não tenha assinado ou ratificado.

#### *3.2.2.1. A aplicação da Convenção Interamericana de Direitos Humanos nos processos contenciosos da Corte*

No tocante à primeira dimensão, dois critérios de observação foram definidos: a) quais os direitos mais violados nesse período e b) identificação dos Estados que mais violaram cada tipo de direito.

a) Direitos mais violados entre 2002 e outubro de 2017

Aqui observamos quais os artigos mais analisados nos processos levados à Corte. Além disso, confirmamos o perfil de violações constatado nos países membros do SIDH. Essa constatação não deve ser considerada isoladamente, mas sim, conjuntamente com as informações relativas à incidência dos tipos de violação identificados nos processos entre 2002 e outubro de 2017.

**Gráfico 19. Artigos da CADH analisados nos processos da Corte IDH entre 2002 e outubro de 2017: artigos 1 ao 26**

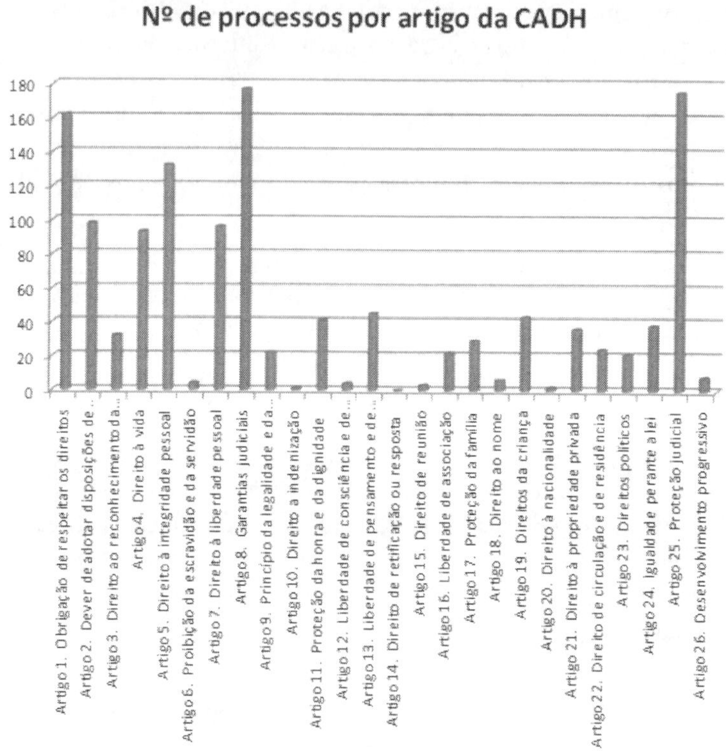


**Fonte:** dados obtidos em nossa análise da jurisprudência da Corte IDH, constante no site www.corteidh.or.cr

Em outras palavras, temos as seguintes informações:

- Entre todos os processos e sentenças observados, os artigos 1 (obrigação de respeitar os direitos), 2 (dever de adotar disposições de direito interno), 4 (direito à vida), 5 (direito à integridade pessoal), 7 (direito à liberdade pessoal), 8 (garantias judiciais) e 25 (proteção judicial), foram discutidos e analisados em aproximadamente 70,96% deles.
- Entre todas as situações fáticas constatadas entre 2002 e outubro de 2017, temos que as situações mais recor-

rentes foram: impunidade dos responsáveis e obstáculos na investigação dos fatos, presente em oitenta e seis (86) processos; inobservância do devido processo legal, falta de garantias e proteção judiciais, em oitenta e quatro (84) processos; tortura, tratamentos cruéis, desumanos e degradantes e violação do direito à integridade física e psíquica, em cinquenta e quatro (54) processos; assassinato e execução extrajudicial, em quarenta e três (43) processos; detenção arbitrária, em trinta e um (31) processos e desaparecimento forçado, em vinte e oito (28) processos.

- No período analisado, a Corte emitiu o total de duzentas e cinquenta e quatro (254) sentenças que compuseram cento e noventa e nove (199) processos[92], dos quais cento e quarenta e um (141) deles envolveram a participação direta de agentes dos Estados na prática atentatória aos direitos humanos.

Dessas informações, inferimos que existiu, nesse período, um padrão sistemático de violação de direitos, praticado, em sua maioria, por agentes dos Estados e traduzidos em situações de impunidade, falta de sanção e responsabilização dos responsáveis, inobservância do devido processo legal e suas garantias em nível nacional, atentados à vida, à liberdade e às integridades física e moral das vítimas. Por ser um padrão sistemático, isso mostra também o nível de reincidência quanto à prática dessas situações atentatórias e, por sua vez, menor nível de força vinculante das sentenças da Corte em relação aos Estados envolvidos. Dizemos menor nível, pois, nesses processos, o sistema de reparação implementado pelo tribunal interamericano não conseguiu alcançar plenamente uma de suas funções, que é de caráter preventivo de novas violações.

Em relação aos demais artigos da CADH, todos eles, salvo a exceção do artigo 14 (direito de retificação e resposta), estiveram presentes nos processos levados à Corte (contudo, com incidência bem menos significativa que aquela indicada para os artigos 1, 2,

92. Lembrando que em alguns processos foi proferida mais de uma sentença.

4, 5, 8 e 25), estando presentes em aproximadamente 29,04% dos processos analisados. Dessa última porcentagem, extraímos os seguintes dados:

- os artigos 11 (proteção da honra e da dignidade), 13 (liberdade de pensamento e de expressão) e 19 (direitos da criança), representam aproximadamente 9,82% desse valor;
- os artigos 3 (Direito ao reconhecimento da personalidade jurídica), 21 (Direito à propriedade privada) e 24 (Igualdade perante a lei), alcançam cerca de 8,07%;
- os artigos 9 (princípio da legalidade e da retroatividade), 16 (liberdade de associação), 17 (proteção da família), 22 (direito de circulação e de residência) e 23 (direitos políticos), somados chegam a cerca de 8,98%; e
- os artigos 6 (proibição da escravidão e da servidão), 10 (direito à indenização), 12 (liberdade de consciência e de religião), 14 (direito de retificação ou resposta), 15 (direito de reunião), 18 (direito ao nome), 20 (direito à nacionalidade) e 26 (desenvolvimento progressivo), representam cerca de 2,13% desse valor.

b) Estados que mais violaram cada tipo de direito

Os dados referentes aos Estados serão apresentados, na sequência, de duas formas, a primeira delas refere-se à identificação de padrões de violação, no âmbito de cada país, e a outra é relativa ao nível de reincidência na prática atentatória aos direitos da Convenção Americana de Direitos Humanos. Como já mencionamos, será considerado padrão de violação (por país), os processos (distintos) em que foram constatadas, no mínimo, três incidências processuais diferentes em que o país violou ou faltou com o dever de proteger algum dos direitos previstos na CADH. Consideraremos reincidência, por sua vez, e, nos termos dessa pesquisa, quando forem observados dois ou mais processos versando sobre o mesmo tipo de violação, ou mesmo fundamento normativo violado.

Quando observados individualmente, é possível identificar qual o padrão das violações cometidas pelos Estados, quais artigos foram violados em mais de dez (10) processos distintos (o que mostra um baixo nível de força vinculante das sentenças em relação a algumas situações fáticas específicas), qual o nível de reincidência desses países, quais artigos da CADH não foram objeto de análise e quais artigos da Convenção foram analisados em um único processo da Corte IDH. Nesses termos tem-se o seguinte panorama:

**TABELA 10. Panorama de artigos violados e reincidência por país:**

| | Peru | Colômbia | Guatemala | Venezuela | Brasil | Equador | México | Argentina |
|---|---|---|---|---|---|---|---|---|
| Padrão de violação: | Artigos 1, 2, 3, 4, 5, 7, 8, 9, 11, 13, 16, 17, 19, 21, 24, 25, 26 | Artigos 1, 4, 5, 7, 8, 11, 13, 16, 17, 19, 21, 22 E 25 | Artigos 1, 2, 3, 4, 5, 7, 8, 11, 13, 16, 17, 19, 22, 23, 24 E 25 | Artigos 1, 2, 4, 5, 6, 7, 8, 11, 13, 16, 21, 23, 24 E 25 | Artigos 1, 2, 5, 8, 11, 25 | Artigos 1, 2, 4, 5, 7, 8, 21, 24, 25 | Artigos 1, 2, 5, 7, 8, 11, 24, 25 | Artigos 1, 2, 5, 7, 8, 9, 13, 19, 21, 25 |
| Artigos violados em mais de 10 processos: | Artigos 2, 4, 5, 7, 8, 25 | Artigos 1, 4, 5, 7, 8 E 25 | Artigos 1, 4, 5, 7, 8, 19 E 25 | Artigos 1, 2, 5, 8 E 25 | Nenhum | Artigos 1, 2, 5, 8, 16 | Nenhum | Artigos 1, 8, 25 |
| Reincidência: | Artigos 1, 2, 3, 4, 5, 7, 8, 9, 11, 13, 16, 17, 19, 21, 24, 25, 26 | Artigos 1, 4, 5, 7, 8, 11, 13, 16, 17, 19, 21, 22, 23 E 25 | Artigos 1, 2, 3, 4, 5, 7, 8, 9, 11, 12, 13, 16, 17, 18, 19, 21, 22, 23, 24 E 25 | Artigos 1, 2, 4, 5, 6, 7, 8, 11, 13, 16, 19, 21, 22, 23, 24 E 25 | Artigos 1, 2, 3, 4, 5, 7, 8, 11, 16, 22, 25 | Artigos 1, 2, 4, 5, 7, 8, 13, 17, 21, 24, 25 | Artigos 1, 2, 4, 5, 7, 8, 11, 19, 24, 25 | Artigos 1, 2, 5, 7, 8, 9, 11, 13, 19, 21, 23, 24, 25, 26 |
| Não se envolveu em processos que versaram sobre os artigos: | Artigos 6, 10, 14, 15, 18, 20, 22 E 23 | Artigos 2, 9, 10, 12, 14, 15, 18, 20 E 26 | Artigos 10, 14, 15, 20 E 26 | Artigos 3, 9, 10, 12, 14, 15, 17, 18, 20 E 26 | Artigos 10, 12, 14, 15, 17, 18, 20, 21, 23, 24, 26 | Artigos 6, 10, 12, 14, 15, 18, 20 | Artigos 6, 9, 10, 12, 14, 15, 17, 18, 20, 21, 22, 26 | Artigos 6, 10, 12, 14, 15, 16, 18, 20, 22 |
| Artigos da CADH que foram objeto de análise de um único processo (sem reincidência ou padrão de violação): | Artigo 12 | Artigos 3, 6 E 24 | Artigo 6 | Artigos 6 E 16 | Artigos 6, 9, 13 E 19 | Artigos 3, 9, 11, 16, 19, 22, 23, 26 | Artigos 3, 13, 16, 23 | Artigos 3, 4, 17 |

| | Honduras | São Salvador | Chile | Paraguai | Nicarágua | Haiti | Rep. Domin. | Suriname |
|---|---|---|---|---|---|---|---|---|
| Padrão de violação: | Artigos 1, 2, 4, 5, 7, 8, 16, 25 | Artigos 1, 4, 5, 7, 8, 11, 17, 19, 25 | Artigos 1, 2, 8, 13, 25 | Artigos 1, 2, 4, 5, 7, 8, 19, 21, 25 | Nenhum | Nenhum | Artigos 1, 2, 3, 5, 7, 8, 17, 19, 24, 25 | Artigos 1, 21, 25 |
| Artigos violados em mais de 10 processos: | Nenhum | Nenhum | Nenhum | Nenhum | Nenhum | Nenhum | Nenhum | Nenhum |
| Reincidência: | Artigos 1, 2, 4, 5, 7, 8, 9, 13, 16, 21, 25 | Artigos 1, 3, 4, 5, 7, 8, 11, 13, 17, 18, 19, 25 | Artigos 1, 2, 8, 9, 11, 13, 21, 23, 25 | Artigos 1, 2, 3, 4, 5, 7, 8, 19, 21, 25 | Artigos 1, 2, 8, 23, 25 | Artigos 1, 5, 7, 8, 25 | Artigos 1, 2, 3, 4, 5, 7, 8, 17, 19, 20, 21, 22, 24, 25 | Artigos 1, 2, 3, 8, 21, 22, 25 |
| Não se envolveu em processos que versaram sobre os artigos: | Artigos 3, 6, 10, 11, 12, 14, 17, 18, 20, 22, 26 | Artigos 2, 6, 9, 10, 12, 14, 15, 16, 20, 22, 23, 24, 26 | Artigos 3, 4, 6, 10, 12, 14, 15, 16, 18, 20, 22, 26 | Artigos 6, 10, 11, 12, 14, 15, 16, 17, 18, 20, 23, 24, 26 | Artigos 3, 4, 6, 7, 9, 10, 12, 14, 17, 18, 19, 20, 21, 22, 26 | Artigos 2, 3, 4, 6, 10, 11, 12, 13, 14, 15, 17, 18, 19, 20, 21, 23, 24, 26 | Artigos 6, 9, 10, 14, 15, 16, 23, 26 | Artigos 4, 6, 7, 10, 11, 12, 14, 15, 16, 17, 18, 19, 20, 24, 26 |
| Artigos da CADH que foram objeto de análise de um único processo (sem reincidência ou padrão de violação): | Artigos 15, 19, 23, 24 | Artigo 21 | Artigos 5, 7, 17, 19, 24 | Artigos 9, 13, 22 | Artigos 5, 11, 13, 15, 16, 24 | Artigos 9, 16, 22 | Artigos 11, 12, 13, 18 | Artigos 5, 9, 13, 23 |

| | Costa Rica | Trind. e Tobago | Panamá | Barbados | Uruguai | Bolívia | | |
|---|---|---|---|---|---|---|---|---|
| Padrão de violação: | Artigos 1, 2 | Nenhum | Artigos 1, 2, 8, 25 | Nenhum | Nenhum | Artigos 1, 3, 4, 5, 7, 8, 25 | | |
| Artigos violados em mais de 10 processos: | Nenhum | Nenhum | Nenhum | Nenhum | Nenhum | Nenhum | | |
| Reincidência: | Artigos 1, 2, 4, 5, 7, 8, 11, 17, 24, 25 | Artigos 1, 2, 5, 7, 8, 25 | Artigos 1, 2, 5, 8, 9, 24, 25 | Artigos 1, 2, 4, 25 | Artigos 1, 8, 25 | Artigos 1, 3, 4, 5, 7, 8, 11, 17, 24, 25 | | |
| Não se envolveu em processos que versaram sobre os artigos: | Artigos 3, 6, 9, 10, 12, 14, 15, 16, 18, 19, 20, 21, 22, 23, 26 | Artigos 5, 7, 8, 25 | Artigos 3, 6, 10, 11, 14, 17, 18, 19, 20, 22, 23, 26 | Artigos 3, 6, 7, 9, 10, 11, 12, 13, 14, 15, 16, 17, 18, 19, 20, 21, 22, 23, 24, 26 | Artigos 6, 9, 10, 12, 14, 15, 16, 17, 19, 20, 22, 23, 26 | Artigos 6, 9, 10, 12, 14, 15, 16, 18, 19, 20, 21, 22, 23, 26 | | |
| Artigos da CADH que foram objeto de análise de um único processo (sem reincidência ou padrão de violação): | Artigo 13 | Artigo 4 | Artigos 4, 7, 10, 13, 15, 16, 21 | Artigos 5 E 8 | Artigos 2, 3, 4, 5, 7, 11, 13, 18, 21, 24 | Artigos 2, 13 | | |

**Fonte:** dados obtidos em nossa análise da jurisprudência da Corte IDH, constante no site www.corteidh.or.cr

Desses dados, concluímos que, dentre todos os países envolvidos nesses processos contenciosos, alguns deles mostraram maior propensão à adoção de uma postura estadocentrista, pouco favorável à influência das decisões, resoluções e recomendações da Corte. Isso pode ser visto no caso dos países que apresentaram padrões de violação com altos níveis de incidência (mais de 10 processos versando sobre um mesmo tipo de violação e com base em um mesmo artigo da CADH), e maior nível de reincidência de processos contenciosos, sendo eles, principalmente, o Peru, a Guatemala, a Venezuela, a Colômbia, o Equador e a Argentina.

No outro extremo, é possível observar que alguns países como Barbados, Trindade e Tobago, Nicarágua, Haiti, Costa Rica e Suriname apresentaram menores níveis de reincidência, sendo que em alguns deles não registramos padrões de violação de direitos (três ou mais processos versando sobre um mesmo artigo da CADH).

**TABELA 11. Artigos da CADH violados pelos Estados nos processos da Corte entre 2002 e outubro de 2017 (artigos 1 a 26)**

| Artigo da CADH | Peru | Colômbia | Guatemala | Venezuela | Brasil | Equador | México | Honduras | São salv. | Chile | Paraguai |
|---|---|---|---|---|---|---|---|---|---|---|---|
| Artigo 1 | 4 | 14 | 19 | 16 | 5 | 12 | 7 | 7 | 6 | 5 | 7 |
| Artigo 2 | 16 | – | 8 | 12 | 3 | 11 | 5 | 5 | – | 5 | 5 |
| Artigo 3 | 4 | 1 | 8 | – | 2 | 1 | 1 | – | 2 | – | 2 |
| Artigo 4 | 13 | 14 | 18 | 8 | 2 | 7 | 2 | 6 | 4 | – | 6 |
| Artigo 5 | 20 | 14 | 20 | 12 | 4 | 13 | 5 | 6 | 6 | 1 | 5 |
| Artigo 6 | – | 1 | 1 | 1 | 1 | – | – | – | – | – | – |
| Artigo 7 | 15 | 10 | 12 | 9 | 2 | 6 | 3 | 5 | 5 | 1 | 4 |
| Artigo 8 | 26 | 16 | 20 | 19 | 7 | 16 | 7 | 8 | 6 | 6 | 7 |
| Artigo 9 | 4 | – | 2 | – | 1 | 1 | – | 2 | – | 2 | 1 |
| Artigo 10 | – | – | – | – | – | – | – | – | – | – | – |
| Artigo 11 | 6 | 6 | 4 | 4 | 3 | 1 | 3 | – | 3 | 2 | – |
| Artigo 12 | 1 | – | 2 | – | – | – | – | – | – | – | – |
| Artigo 13 | 3 | 6 | 6 | 8 | 1 | 2 | 1 | 2 | 2 | 3 | 1 |
| Artigo 14 | – | – | – | – | – | – | – | – | – | – | – |
| Artigo 15 | – | – | – | – | – | – | – | 1 | – | – | – |
| Artigo 16 | 4 | 3 | 4 | 1 | 2 | 1 | 1 | 3 | – | – | – |
| Artigo 17 | 4 | 3 | 8 | – | – | 2 | – | – | 3 | 1 | – |
| Artigo 18 | – | – | 2 | – | – | – | – | – | 2 | – | – |
| Artigo 19 | 3 | 5 | 11 | 2 | 1 | 1 | 2 | 1 | 4 | 1 | 4 |

| Artigo da CADH | Peru | Colômbia | Guatemala | Venezuela | Brasil | Equador | México | Honduras | São salv. | Chile | Paraguai |
|---|---|---|---|---|---|---|---|---|---|---|---|
| Artigo 20 | – | – | – | – | – | – | – | – | – | – | – |
| Artigo 21 | 5 | 4 | 2 | 3 | – | 4 | – | 2 | 1 | 2 | 3 |
| Artigo 22 | – | 8 | 5 | 2 | 2 | 1 | – | – | – | – | 1 |
| Artigo 23 | – | 2 | 5 | 4 | – | 1 | 1 | 1 | – | 2 | – |
| Artigo 24 | 4 | 1 | 5 | 6 | – | 4 | 3 | 1 | – | 1 | – |
| Artigo 25 | 25 | 15 | 20 | 19 | 7 | 16 | 7 | 8 | 6 | 4 | 6 |
| Artigo 26 | 5 | – | – | – | – | 1 | – | – | – | – | – |
| **Artigo da CADH** | **Argentina** | **Haiti** | **Nicarágua** | **Costa rica** | **Rep. Domin.** | **Trindade e Tobago** | **Suriname** | **Panamá** | **Barbados** | **Uruguai** | **Bolívia** |
| Artigo 1 | 12 | 2 | 2 | 3 | 4 | 2 | 3 | 4 | 2 | 2 | 5 |
| Artigo 2 | 8 | – | 2 | 3 | 3 | 2 | 2 | 4 | 2 | 1 | 1 |
| Artigo 3 | 1 | – | – | – | 3 | – | 2 | – | – | 1 | 4 |
| Artigo 4 | 1 | – | – | 2 | 2 | 1 | – | 1 | 2 | 1 | 3 |
| Artigo 5 | 6 | 2 | 1 | 2 | 4 | 2 | 1 | 2 | 1 | 1 | 4 |
| Artigo 6 | – | – | – | – | – | – | – | – | – | – | – |
| Artigo 7 | 7 | 2 | – | 2 | 4 | 2 | – | 1 | – | 1 | 5 |
| Artigo 8 | 13 | 2 | 2 | 2 | 4 | 2 | 2 | 4 | 1 | 2 | 5 |
| Artigo 9 | 3 | 1 | – | – | – | – | 1 | 2 | – | – | – |
| Artigo 10 | – | – | – | – | – | – | – | 1 | – | – | – |
| Artigo 11 | 2 | – | 1 | 2 | 1 | – | – | – | – | 1 | 2 |
| Artigo 12 | – | – | – | – | 1 | – | – | – | – | – | – |
| Artigo 13 | 3 | – | 1 | 1 | 1 | – | 1 | 1 | – | 1 | 1 |
| Artigo 14 | – | – | – | – | – | – | – | – | – | – | – |
| Artigo 15 | – | – | 1 | – | – | – | – | 1 | – | – | – |
| Artigo 16 | – | 1 | 1 | – | – | – | – | 1 | – | – | – |
| Artigo 17 | 1 | – | – | 2 | 3 | – | – | – | – | – | 2 |
| Artigo 18 | – | – | – | – | 1 | – | – | – | – | 1 | – |
| Artigo 19 | 5 | – | – | – | 3 | – | – | – | – | – | – |
| Artigo 20 | – | – | – | – | 2 | – | – | – | – | – | – |
| Artigo 21 | 3 | – | – | – | 2 | – | 3 | 1 | – | 1 | – |
| Artigo 22 | – | 1 | – | – | 2 | – | 2 | – | – | – | – |
| Artigo 23 | 2 | – | 2 | – | – | – | 1 | – | – | – | – |
| Artigo 24 | 7 | – | 1 | 2 | 3 | – | – | 2 | – | 1 | 2 |
| Artigo 25 | 13 | 2 | 2 | 2 | 4 | 2 | 4 | 4 | 2 | 2 | 5 |
| Artigo 26 | 2 | – | – | – | – | – | – | – | – | – | – |

**Fonte:** dados obtidos em nossa análise da jurisprudência da Corte IDH, constante no site www.corteidh.or.cr

Numa perspectiva mais abrangente, esses Estados vieram mostrando, ao longo dos anos, uma tendência (identificada no primeiro período de análise – 1987 a 2001 – e confirmada no segundo período – 2002 a 2017) a desconsiderar o caráter preventivo das sentenças da Corte e, numa visão menos otimista, a não potencializar a força vinculante das sentenças desse tribunal. Isso se confirma tanto pelo fato da existência de um padrão sistemático de violações no continente (situações fáticas já identificadas), quanto pelo alto índice de reincidência dos Estados em relação aos processos da Corte, como foi possível notar na tabela acima.

### 3.2.2.2. *A consideração de outros tratados internacionais nas sentenças entre 2002 e outubro de 2017*

Conforme já observado, a Corte IDH vem analisando em seus processos contenciosos, a possibilidade de violação de vários outros tratados internacionais, além da Convenção Americana de Direitos Humanos. Esse fenômeno deu-se pelo alargamento do seu *corpus júris* de referência. Dentre os instrumentos normativos analisados, a maioria deles (cerca de 65,41%) são tratados adotados no âmbito do Sistema da Organização das Nações Unidas (ONU); contudo, há forte presença também, de outros tratados interamericanos (em 30,57% dos processos) e do Sistema Europeu de Direitos Humanos (presentes em 4,01% dos processos).

No tocante aos diplomas normativos da ONU observados pelos juízes interamericanos, viu-se uma intensificação da variedade de normas não antes analisadas no primeiro período (1987 e 2001), sendo que dentre elas, as mais recorrentemente consideradas foram o Pacto Internacional de Direitos Civis e Políticos, o Manual sobre a Prevenção e Investigação Eficazes das Execuções Extrajudiciais, Arbitrárias e Sumárias ("Protocolo de Minnesota"), o Estatuto de Roma da Corte Penal Internacional, os Convênios de Genebra de 1949 e a Convenção de Viena sobre o Direito dos Tratados, a Convenção Internacional para a proteção de todas as pessoas contra os desaparecimentos forçados, a Convenção sobre os Direitos das Crianças e a Declaração sobre a Proteção de Todas as Pessoas contra os Desaparecimentos Forçados.

Já em relação aos tratados do SIDH, viu-se que as Convenções Interamericanas para Prevenir e Sancionar a Tortura, sobre Desaparecimento Forçado de Pessoas, para Prevenir, Sancionar e Erradicar a Violência contra a Mulher ("Convenção de Belém do Pará"), a Declaração Americana dos Direitos e Deveres do Homem e o Protocolo Adicional à Convenção Americana sobre Direitos Humanos em Matéria de Direitos Econômicos, Sociais e Culturais ("Protocolo de São Salvador"), foram os textos normativos mais analisados nos processos contenciosos além da CADH.

Entre 2002 e outubro de 2017, os tratados adotados no âmbito do Sistema Europeu de Proteção dos Direitos Humanos também foram objeto de análise pela Corte IDH. Além de se constatar maior incidência do número de vezes em que foram observados pelos juízes interamericanos[93], também houve ampliação da variedade de tratados analisados, conforme se vê na tabela abaixo.

93. Entre 1987 e 2001 a Convenção Europeia para a Proteção dos Direitos Humanos e das Liberdades Fundamentais (Convenção Europeia de Direitos Humanos do Conselho da Europa), foi citada e analisada em cinco processos distintos, quais sejam: Genie Lacayo Vs. Nicaragua, "Niños de la Calle" (Villagrán Morales y otros) Vs. Guatemala, Cantoral Benavides Vs. Perú, "La Última Tentación de Cristo" (Olmedo Bustos y otros) Vs. Chile e Cantos Vs. Argentina.

Já entre 2002 e outubro de 2017, os tratados europeus (Convenção Europeia para a Proteção dos Direitos Humanos e das Liberdades Fundamentais, Declaração sobre liberdade de expressão e informação, Protocolo 1 da Convenção Europeia para a Proteção dos Direitos Humanos e das Liberdades Fundamentais e a Convenção para a Proteção dos Direitos Humanos e da Dignidade do Ser Humano com respeito à Aplicação da Biologia e Medicina), foram constatados em 15 processos, sendo eles: Artavia Murillo y otros ("Fecundación in vitro") vs. Costa Rica - Sentencia de 28.11.2012, Atala Riffo y niñas vs. Chile - Sentencias de 21.11.2012, 24.02.2012, Cantos Vs. Argentina - Sentencia de 28.11.2002, Castañeda Gutman vs. Estados Unidos Mexicanos - Sentencia de 06.08.2008, Chaparro Álvarez y Lapo Íñiguez vs. Ecuador - Sentencias de 21.11.2007, 26.11.2008, Claude Reyes y otros Vs. Chile - Sentencia de 19.09.2006, Corte Suprema de Justicia (Quintana Coello y otros) vs. Ecuador - Sentencias de 23.08.2013, 21.08.2014, Maritza Urrutia Vs. Guatemala - Sentencia de 27.11.2003, Masacre de Las Dos Erres vs. Guatemala - Sentencia de 24.11.2009, Masacre de Pueblo Bello Vs. Colombia - Sentencias de 31.01.2006, 25.11.2006, Mémoli vs. Argentina - Sentencia de 22.08.2013, Penal Miguel Castro Castro Vs. Perú - Sentencia de 25.11.2006, Personas Dominicanas y Haitianas expulsadas vs. República Dominicana - Sentencia de 28.08.2014, Tribunal Constitucional (Camba Campos y otros) vs. Ecuador - Sentencia de 28.08.2013, Vélez Loor vs. Panamá - Sentencia de 23.11.2010.

**TABELA 12. Outros tratados internacionais analisados nos processos e sentenças da Corte IDH: 2002 a outubro de 2017**

| NAÇÕES UNIDAS | |
|---|---|
| TRATADOS | Nº de incidência nos processos da Corte |
| Pacto Internacional de Derechos Civiles y Políticos – Naciones Unidas | 22 |
| Pacto Internacional de Derechos Económicos, Sociales y Culturales – Naciones Unidas | 2 |
| Manual sobre la Prevención e Investigación Eficaces de las Ejecuciones Extrajudiciales, Arbitrarias y Sumarias ("Protocolo de Minnesota") – Naciones Unidas | 15 |
| Manual para la investigación y documentación eficaces de la tortura y otros tratos o penas crueles, inhumanos o degradantes ("Protocolo de Estambul") – Naciones Unidas | 3 |
| Principios relativos a una eficaz prevención e investigación de ejecuciones extralegales, arbitrarias o sumarias – Naciones Unidas | 3 |
| Principios rectores de los desplazados internos – Naciones Unidas | 6 |
| Principios Básicos relativos a la independencia de la judicatura – Naciones Unidas | 6 |
| Principios Básicos sobre la función de los abogados – Naciones Unidas | 1 |
| Principios Básicos sobre el empleo de la fuerza y de armas de fuego por los funcionarios encargados de hacer cumplir la ley – Naciones Unidas | 4 |
| Conjunto de Principios para la protección de todas las personas sometidas a cualquier forma de detención o prisión – Naciones Unidas | 2 |
| Reglas mínimas de las Naciones Unidas para la administración de la justicia de menores ("Reglas de Beijing") | 8 |
| Reglas Mínimas para el tratamiento de los reclusos – Naciones Unidas | 1 |
| Reglas Mínimas para el tratamiento de los reclusos – Naciones Unidas | 1 |
| Protocolo Adicional a la Convención Americana sobre Derechos Humanos en Materia de Derechos Económicos, Sociales y Culturales ("Protocolo de San Salvador") | 2 |
| Protocolo Facultativo de la Convención sobre los Derechos del Niño relativo a la participación de niños en los conflictos armados | 1 |
| Protocolo Facultativo a la Convención contra la Tortura y Otros Tratos o Penas Crueles, Inhumanos o Degradantes | 2 |
| Protocolo I Adicional a los Convenios de Ginebra de 1949 relativo a la protección de las víctimas de los conflictos armados internacionales | 2 |
| Protocolo II Adicional a los Convenios de Ginebra de 1949 relativo a la protección de las víctimas de los conflictos armados sin carácter internacional | 8 |
| Estatuto de Roma de la Corte Penal Internacional – Naciones Unidas | 12 |
| Estatuto de la Corte Internacional de Justicia – Naciones Unidas | 1 |
| Normas Uniformes sobre la igualdad de oportunidades para las personas con discapacidades – Naciones Unidas | 1 |

| NAÇÕES UNIDAS | |
|---|---|
| **TRATADOS** | **Nº de incidência nos processos da Corte** |
| Código de conducta de para funcionarios encargados de hacer cumplir la ley – Naciones Unidas | 1 |
| Normas humanitarias mínimas aplicables en situaciones de estado de excepción ("Normas de Turku") – Naciones Unidas | 1 |
| Convención contra la Tortura y Otros Tratos o Penas Crueles, Inhumanos o Degradantes – Naciones Unidas | 7 |
| Convenios de Ginebra de 1949 – Naciones Unidas y Convención de Viena sobre el Derecho de los Tratados – Naciones Unidas | 37 |
| Convención Internacional para la protección de todas las personas contra las desapariciones forzadas – Naciones Unidas | 12 |
| Convención sobre los Derechos del Niño – Naciones Unida | 25 |
| Convención de Viena sobre Relaciones Consulares – Naciones Unidas | 5 |
| Convención Internacional sobre la protección de los derechos de todos los trabajadores migratorios y de sus familiares – Naciones Unidas | 2 |
| Convención para reducir los casos de apatridia – Naciones Unidas | 1 |
| Convención de las Naciones Unidas contra la Corrupción | 1 |
| Convención sobre la eliminación de todas las formas de discriminación contra la mujer – Naciones Unidas | 5 |
| Convención Internacional sobre la Eliminación de todas las Formas de Discriminación Racial – Naciones Unidas | 3 |
| Convenio de la Haya sobre las leyes y costumbres de la guerra terrestre – Naciones Unidas | 1 |
| Convención sobre los Derechos de las Personas con Discapacidad – Naciones Unidas | 2 |
| Convención para la Salvaguardia del Patrimonio Cultural Inmaterial – UNESCO | 1 |
| Declaración sobre la Protección de Todas las Personas contra la Tortura y Otros Tratos o Penas Crueles, Inhumanos o Degradantes – Naciones Unidas | 1 |
| Declaración Universal de Derechos Humanos – Naciones Unidas | 6 |
| Declaración sobre la Protección de Todas las Personas contra las Desapariciones Forzadas – Naciones Unidas | 10 |
| Declaración de Rio sobre el Medio Ambiente y el Desarrollo – Naciones Unidas | 2 |
| Declaración de las Naciones Unidas sobre los Derechos de los Pueblos Indígenas | 3 |
| Declaración sobre el derecho y el deber de los individuos, los grupos y las instituciones de promover y proteger los derechos humanos y las libertades fundamentales universalmente reconocidos – Naciones Unidas | 1 |
| Declaración y Programa de Acción de Viena – Naciones Unidas | 3 |

| NAÇÕES UNIDAS | |
|---|---|
| TRATADOS | Nº de incidência nos processos da Corte |
| Declaración sobre los derechos humanos de los individuos que no son nacionales del país en que viven – Naciones Unidas | 1 |
| Declaración sobre Derechos Humanos Orientación Sexual e Identidad de Género – Naciones Unidas | 1 |
| Declaración Universal de la UNESCO sobre la Diversidad Cultural | 1 |
| Declaración de los Derechos del Niño – Naciones Unidas | 2 |
| Declaración sobre la eliminación de todas las formas de intolerancia y discriminación fundadas en la religión o las convicciones – Naciones Unidas | 1 |
| Declaración sobre la utilización del progreso científico y tecnológico en interés de la paz y en beneficio de la humanidad – Naciones Unidas | 1 |
| Carta de las Naciones Unidas | 1 |
| Proclamación de Teherán | 1 |
| Convenio 87 sobre la libertad sindical y la protección del derecho de sindicación – Organización Internacional del Trabajo | 2 |
| Convenio 169 sobre Pueblos Indígenas y Tribales en Países Independientes – Organización Internacional Del Trabajo | 6 |
| Convenio 29 sobre el Trabajo Forzoso – Organización Internacional del Trabajo | 1 |
| Convenio 182 sobre sobre la prohibición de las peores formas de trabajo infantil y la acción inmediata para su eliminación – Organización Internacional del Trabajo | 1 |
| Convenio 97 sobre los Trabajadores Migrantes – Organización Internacional del Trabajo | 1 |
| Convenio 111 sobre la Discriminación en Materia de Empleo y Ocupación – Organización Internacional del Trabajo | 1 |
| Convenio 143 sobre los Trabajadores Migrantes – Organización Internacional del Trabajo | 1 |
| Convenio 168 sobre el Fomento del Empleo y la Protección contra el Desempleo – Organización Internacional del Trabajo | 1 |
| Declaración de la Organización Internacional del Trabajo relativa a los Principios y Derechos Fundamentales en el Trabajo | 1 |
| Código Internacional de Ética Médica – Asociación Médica Mundial | 1 |
| Declaración de Madrid sobre los Requisitos Éticos de la Práctica de la Psiquiatría – Asociación Mundial de Psiquiatría | 1 |
| Principios para la protección de los enfermos mentales y el mejoramiento de la atención de la salud mental – Naciones Unidas | 1 |
| Directrices para la Atención Médico Legal de víctimas de violencia sexual – Organización Mundial de la Salud | 1 |

| TRATADOS | Nº de incidência nos processos da Corte |
|---|---|
| **EUROPA** | |
| Convenio Europeo para la Protección de los Derechos Humanos y de las Libertades Fundamentales (Convención Europea de Derechos Humanos) – Consejo de Europa | 12 |
| Declaración sobre libertad de expresión e información – Consejo de Europa | 1 |
| Protocolo 1 al Convenio Europeo para la Protección de los Derechos Humanos y de las Libertades Fundamentales (Protocolo 1 a la Convención Europea de Derechos Humanos | 1 |
| Convenio para la Protección de los Derechos Humanos y de la Dignidad del Ser Humano con respecto a la Aplicación de la Biología y Medicina – Consejo de Europa | 1 |
| **AMÉRICA** | |
| Convención Interamericana para Prevenir y Sancionar la Tortura | 40 |
| Convención Interamericana sobre Desaparición Forzada de Personas | 27 |
| Declaración Americana de los Derechos y Deberes Del Hombre | 10 |
| Protocolo Adicional a la Convención Americana sobre Derechos Humanos en Materia de Derechos Económicos, Sociales y Culturales ("Protocolo de San Salvador") | 14 |
| Carta Democrática Interamericana | 6 |
| Convención Interamericana para Prevenir, Sancionar y Erradicar la Violencia contra la Mujer ("Convención de Belém do Pará") | 18 |
| Carta de la Organización de los Estados Americanos | 4 |
| Convención Interamericana para la Eliminación de Todas las Formas de Discriminación contra las Personas con Discapacidad | 3 |

**Fonte:** dados obtidos em nossa análise da jurisprudência da Corte IDH, constante no site www.corteidh.or.cr

Assim sendo, temos que entre os anos de 2002 e outubro de 2017, dos 199 processos contenciosos julgados pela Corte IDH (nos quais foram proferidas duzentas e cinquenta e quatro (254) sentenças), em cento e vinte e quatro (124)[94] deles constatamos

94. "Cinco Pensionistas", "Instituto de Reeducación del Menor", "Masacre de Mapiripán", 19 Comerciantes, Acosta Calderón, Albán Cornejo y otros, Alfonso Martín del Campo Dodd, Almonacid Arellano y otros, Anzualdo Castro, Apitz Barbera y otros, Artavia Murillo y otros, Atala Riffo y niñas, Baena Ricardo y otros, Baldeón García, Bámaca Velásquez, Blanco Romero y otros, Boyce y otros, Bueno Alves, Cabrera García y Montiel Flores, Caesar, Cantoral Huamaní y García Santa Cruz, Cantos, Cantuta, Caesar, Castañeda Gutman, Chaparro Álvarez y Lapo Íñiguez, Chitay Nech y otros, Chocrón Chocrón, Claude Reyes y otros, Comunidad Campesina de Santa Bárbara, Comunidad

incidência de outros tratados internacionais, o que representou a porcentagem aproximada de 62,31% dos processos observados no período.

---

Indígena Sawhoyamaxa, Comunidad Indígena Xákmok Kásek, Comunidad indígena Yakye Axa, Comunidad Moiwana, Comunidades Afrodescendientes desplazadas de la cuenca del Río Cacarica, Contreras y otros, Corte Suprema de Justicia (Quintana Coello y otros), Cruz Flores, Díaz Peña, Espinoza Gonzáles, Familia Barrios, Familia Pacheco Tineo, Fermín Ramírez, Fernández Ortega y otros, Fleury y otros, Fontevecchia y D'amico, Forneron e hija, Furlan y familiares, Garcia Asto y Ramirez Rojas, García Lucero y otras, García Prieto y otro, García y familiares, Garibaldi, Gelman, Goiburú y otros, Gomes Lund y otros, Gómez Palomino, Gonzales Lluy y otros, González Medina y familiares, González y otras ("Campo Algodonero"), Gudiel Álvarez y otros, Gutiéres Soler, Gutiérrez Hernández y otros, Heliodoro Portugal, Hermanas Serrano Cruz, Hermanos Gómez Paquiyauri, Hermanos Landaeta Mejías y otros, Herrera Espinoza y otros, Herrera Ulloa, Hilaire, Constantine y Benjamin y otros, Huilca Tecse, I.V., Ibsen Cárdenas e Ibsen Peña, J. Vs. Perú, Juan Humberto Sánchez, Kawas Fernández, La Cantuta, Las Palmeras, Maritza Urrutia, Masacre de La Rochela, Masacre de Las Dos Erres, Masacre de Pueblo Bello, Masacre de Santo Domingo, Masacres de El Mozote y lugares aledaños, Masacres de Ituango, Masacres de Río Negro, Mémoli, Mendoza y otros, Miembros de la Aldea Chichupac y Comunidades vecinas del Municipio de Rabinal, Mohamed, Molina Theissen, Montero Aranguren y otros, Nadege Dorzema y otros, Niñas Yean y Bosico, Nogueira de Carvalho y otro, Osorio Rivera y familiares, Pacheco Teruel y otros, Palamara Iribarne, Penal Miguel Castro Castro, Perozo y otros, Personas Dominicanas y Haitianas expulsadas, Pollo Rivera y otros, Pueblo Indígena Kichwa de Sarayaku, Pueblo Saramaka, Radilla Pacheco, Raxcacó Reyes, Reverón Trujillo, Ricardo Canese, Ríos y otros, Rochac Hernández y otros, Rodríguez Vera y otros, Rosendo Cantú y otra, Servellón García y otros, Suárez Peralta, Tenorio Roca y otros, Tibi, Ticona Estrada y otros, Tiu Tojín, Torres Millacura y otros, Trabajadores de la Hacienda Brasil Verde, Tribunal Constitucional (Camba Campos y otros), Uzcátegui y otros, Valle Jaramillo y otros, Vargas Areco, Vásquez Durand y otros, Velásquez Paiz y otros, Vélez Loor, Veliz Franco y otros, Vera Vera y otra, Ximenes Lopes, Yarce y otras, Yatama, Yvon Neptune, Zambrano Vélez y otros.

## Capítulo 4

# INFLUÊNCIA DA ESTRUTURA DAS SENTENÇAS EM SUA FORÇA VINCULANTE

Embora a criação formal da Corte Interamericana de Direitos Humanos tenha acontecido em 1976, muitos anos foram necessários para que ela pudesse desenvolver plenamente suas atividades consultiva e contenciosa. Buergenthal explica que mesmo que esse tribunal tenha alcançado significativos progressos, todavia, longo é o caminho que terá que percorrer para que possa desfrutar, nas Américas, do mesmo prestígio e aceitação que o tribunal europeu tem em sua respectiva região[1].

Diversos foram os obstáculos enfrentados para o início de seu funcionamento, desde o fato da instalação de sua sede na Costa Rica, em 1979; a aprovação de seu Estatuto e do seu orçamento junto à Organização dos Estados Americanos (OEA); a proteção diplomática de seus juízes – já que muitos dos Estados membros do SIDH[2] ainda seguiam sob o governo de regimes ditatoriais na

1. BUERGENTHAL, Thomas. **Remembering the early years of the Inter-American Court of Human Rights**. Center for Human Rights and Justice, working paper n. 1, 2005, p. III.
   Sobre a evolução das atividades da Corte IDH ver também: FRANCO, Thalita Leme. **Efetividade das decisões proferidas pela Corte Interamericana de Direitos Humanos: identificação dos marcos teóricos e análise da conduta do Estado brasileiro**. Dissertação (Mestrado) apresentada ao Instituto de Relações Internacionais da Universidade de São Paulo, Instituto de Relações Internacionais. São Paulo: 2014.

2. "O Sistema Interamericano de Direitos Humanos (SIDH) emergiu como parte integrante da paisagem institucional regional das Américas desde meados do século XX.

época[3] –; até o fato de que a imprecisão da Convenção Americana de Direitos Humanos sobre quais critérios deveriam orientar a Comissão (CIDH) no envio de casos ao tribunal, fez com que vários anos se passassem sem que a Corte pudesse efetivamente entrar em atividade.

> The Convention provides that in addition to States, the Inter-American Commission may refer contentious cases to the Court. However, the Convention does not spell what criteria should guide the Commission in making this decision. To our great chagrin and frustration, between 1979, when the Court was inaugurated, and 1986, the Commission referred no contentious case to the Court and, except for the *Viviana Gallardo Case*, no State had done so either. Whether the Commission realized it or not, by failing to utilize the Court, it was undermining not only the Court's effectiveness, but also its own ability to enforce the rights the Convention guaranteed. But for whatever reasons, including no doubt institutional rivalry, the Commission missed many an opportunity to refer cases to the Court. Informal discussions between the Commission

---

(...) Com o retorno à democracia na América Latina, o Sistema Interamericano ganhou influência. Em particular, com as transições democráticas, o Sistema deu forma às lutas políticas sobre a justiça de transição e aos cálculos políticos feitos pelos governos de transição, no que diz respeito a como lidar com abusos de direitos humanos durante regimes anteriores (predominantemente militares). A partir de meados da década de 1990, o SIDH voltou sua atenção para o desafio de melhorar a qualidade do governo democrático e os esforços para enfrentar os desafios de direitos humanos em um contexto regional em que a democracia eleitoral fez avanços significativos, mas também onde violações de direitos humanos continuam a ser propagadas" (ENGSTROM, Par. Reconceitualizando o Impacto do Sistema Interamericano de Direitos Humanos. **Rev. Direito e Práx.**, Rio de Janeiro, Vol. 2, nº. 8, p. 1253).

3. BUERGENTHAL, 2005, *op. cit.*, pp. 5 a 7.

Sobre a questão da transição democrática dos países membros do SIDH, Abramovich menciona que "Luego, durante las transiciones post-dictatoriales en la década del 80 y principios de la década del 90, el SIDH tuvo ya un sentido más amplio, pues procuró acompañar los procesos políticos dirigidos al tratamiento del pasado autoritario y sus secuelas en las instituciones democráticas. En este período el SIDH comenzó a delinear los principios medulares acerca del derecho a la justicia, a la verdad y a la reparación ante graves violaciones, masivas y sistemáticas, de derechos humanos". (ABRAMOVICH, Víctor. De las Violaciones Masivas a los Patrones Estructurales: Nuevos Enfoques y Clásicas Tensiones en el Sistema Interamericano de Derechos Humanos. **SUR. Revista Internacional de Direitos Humanos / Sur – Rede Universitária de Direitos Humanos** – vol. 6, n. 11. São Paulo, DIC. 2009, p. 09).

> and Court, designed to promote case referral strategies, proved futile. (BUERGENTHAL, 2005, p. 10)[4].

Ramanzini destaca a lenta aproximação dos órgãos do Sistema Interamericano, Corte e Comissão. Da criação do tribunal até 1994, período em que a Corte julgou seus primeiros processos, esse órgão "forjou uma boa reputação (...) sem que isso tenha se traduzido em apoio político ou financeiro"[5].

Mesmo em meio ao enfrentamento desses obstáculos, é importante reafirmar aquilo que Piovesan chamou de "impacto transformador"[6] dos órgãos do SIDH. Segundo a autora, a região latino-americana segue marcada por acentuado nível de desigualdade social e violência, convivendo com resquícios de governos autoritários "com uma cultura de violência e de impunidade, com a baixa densidade de Estados de Direitos e com a precária tradição de respeito aos direitos humanos no âmbito doméstico"[7].

A esse cenário, somam-se obstáculos de ordem institucional (orçamento escasso, aproximação com a CIDH, estabelecimento de sua sede etc.). Mesmo assim, a Corte conseguiu pressionar governos autoritários, alcançar justiça para as vítimas e enfrentar o problema do alto nível de impunidade nos países membros e,

4. "A Convenção dispõe que, além dos Estados, a Comissão Interamericana poderá encaminhar casos contenciosos à Corte. No entanto, a Convenção não especifica quais critérios devem orientar a Comissão na tomada desta decisão. Para nossa grande contrariedade e frustração, entre 1979, quando a Corte foi inaugurada, e em 1986, a Comissão não encaminhou nenhum caso contencioso à Corte e, com exceção do caso Viviana Gallardo, nenhum Estado o fez também. Se a Comissão percebeu isso ou não, ao não utilizar o Tribunal, estava prejudicando não só a eficácia da Corte, mas também a sua própria capacidade de fazer valer os direitos garantidos pela Convenção. Mas por qualquer motivo, incluindo, sem dúvida, a rivalidade institucional, a Comissão perdeu muitas oportunidades de encaminhar casos para a Corte". (BUERGENTHAL, 2005, p. 10. Tradução livre)

5. RAMANZINI, Isabela Gerbelli Garbin. "O prometido é devido": ***Compliance* no Sistema Interamericano de Direitos Humanos.** Tese de Doutorado apresentada ao Instituto de Relações Internacionais da Universidade de São Paulo. Universidade de São Paulo, Instituto de Relações Internacionais. São Paulo, Março de 2014, p. 60.

6. PIOVESAN, Flávia. Diálogo no Sistema Interamericano de Direitos Humanos: desafios da reforma. **Revista Campo Jurídico.** N. 01, Março 2013, p. 166.

7. Idem, pp. 165 - 166.

sobretudo, na última década, vem solicitando o "fortalecimento das instituições democráticas com o necessário combate às violações de direitos humanos e proteção aos grupos mais vulneráveis"[8]. Entre os anos de atividade contenciosa da Corte, foi possível identificar uma "tipologia de casos"[9] com vistas a enfrentar violações que representam o legado do regime autoritário ditatorial, questões de justiça de transição, desafios acerca do fortalecimento de instituições e da consolidação do Estado de Direito, violação de direitos de grupos vulneráveis e violação de direitos sociais[10].

Essa tipologia foi confirmada e ampliada quando (capítulo 3) identificamos que desde 2001 o tribunal interamericano vem analisando outros problemas de violação de direitos que aqueles até então observados. São exemplos disso a falta de cuidados médicos e atenção à saúde; pobreza, condições de vida digna; deslocamento forçado de pessoas; discriminação; violações cometidas contra menores de idade; violação do direito à vida privada; perseguição e assassinato de defensores de direitos humanos e ambientalistas; violação de direito por questões de gênero e violência contra mulher; exercício dos direitos políticos e violação do direito à informação.

Embora tais situações fáticas não representem a maioria dos casos de violação, elas indicam, sem dúvida, uma mudança efetiva da agenda do tribunal. Isso mostra uma clara vontade, por parte da Corte e também da Comissão (CIDH), de enfrentar questões de ordem estrutural[11] nos Estados membros. As novas problemáticas, por sua vez, envolvem e atingem, quase sempre, um número muito maior de vítimas que aquelas demandantes no processo. São questões ligadas à estrutura e funcionamento das instituições nacionais e dos próprios países em si mesmos[12].

8. Idem, p. 167.

9. Ibidem.

10. Idem, pp. 167 - 177.

11. Para maior esclarecimento sobre o conceito daquilo que chamamos de 'questões estruturais', ver nota explicativa nº. 13.

12. Sobre isso, ver também: POPPOVIC, Malak El-Chichini; VIEIRA, Oscar Vilhena. Perspectivas sobre o movimento internacional de direitos humanos no século XXI: As respostas mudam. **SUR. Revista Internacional de Direitos Humanos / Sur - Rede**

A nova agenda[13] implica, necessariamente, a implementação de sentenças que adotem medidas mais aptas e eficazes no que se refere à reparação das vítimas (concretas e potenciais). Diante de tal cenário, seria muito difícil limitar-se a sentenças puramente repressivas. Viu-se então, a consolidação de um verdadeiro aparato preventivo, representado por sentenças muito mais próximas da realidade concreta das vítimas e da população dos Estados, de forma geral (enquanto potenciais vítimas).

Aqui chamamos esse fenômeno de "mudança do padrão decisório da Corte" que se confirmou a partir 2001 e é resultante do processo de alteração regulamentar do tribunal e da Comissão e da identificação de novos padrões de violação massiva de

---

**Universitária de Direitos Humanos**. Vol. 11, n. 20. São Paulo, jun.-dez. 2014, pp. 17 - 24.

13. Sobre a mudança de agenda da Corte, Abramovich menciona que "Un lugar central en la nueva agenda del SIDH lo ocupan los temas relativos al funcionamiento de los sistemas de administración de justicia, que tienen impacto o relación con el ejercicio de derechos humanos. No sólo las garantías procesales de los imputados en procesos criminales, sino también el derecho de ciertas víctimas que no logran un acceso igualitario a la justicia y sufren patrones estructurales de impunidad frente a determinados crímenes estatales, como la violencia de las agencias policiales y penitenciarias. Las estrategias de lucha contra el crimen organizado y el terrorismo internacional han recuperado algunas discusiones de la agenda transicional relativas a la administración de justicia, como el debate sobre la competencia del fuero militar. En ese sentido ha cobrado centralidad el seguimiento de las políticas de seguridad ciudadana. También las garantías de independencia e imparcialidad de los tribunales y diferentes cuestiones relacionadas con la amplia protección convencional del debido proceso y el derecho a la protección judicial, incluso en relación con la tutela judicial de derechos sociales. Otra línea de problemas institucionales examinados por el SIDH en la etapa post transiciones, son aquellos temas vinculados con la preservación de la esfera pública democrática en los países de la región. Desde temas relacionados con libertad de expresión, libertad de prensa, acceso a la información pública, derecho de reunión y asociación, libertad de manifestar y de manera incipiente algunos temas relativos a igualdad y debido proceso judicial en materia electoral. Por lo demás, un aspecto prioritario de la agenda del SIDH en esta etapa lo ocupan nuevas demandas de igualdad de grupos y colectivos, que se proyectan sobre muchos de los asuntos institucionales que antes mencionamos, pues abarcan situaciones de sectores excluidos que ven afectados sus derechos de participación y expresión, sufren patrones de violencia institucional o social, u obstáculos en el acceso a la esfera pública, al sistema político, o a la protección social o judicial". (ABRAMOVICH, 2009, *op. cit.*, pp. 11 - 12).

Para melhor esclarecimento do conceito de agenda utilizado nessa pesquisa, ver notas explicativas nº. 07 e 62.

direitos. Vimos, então, a adoção de novas medidas[14] com vistas à otimização do sistema de reparação, capazes de produzir efeitos muito mais abrangentes (aqui chamados de efeitos *extra partes*). Contudo, destacamos o fato de que esse sistema passou, desde então, a provocar um impacto[15] muito mais incisivo na agenda política dos países cuja responsabilidade internacional foi definida pelos juízes interamericanos.

14. **Medidas de restituição:** proteção da Integridade física e moral; proteção da vida familiar; proteção da cidadania, nacionalidade, identidade; proteção da propriedade; direito a regressar ao lugar de residência; direito à informação; devolução de bens e concessão de direitos; restituição de valor ao Fundo de Assistência Legal a Vítimas da Corte IDH.

**Medidas de satisfação:** concessão de local para que a família enterre a vítima e demais gastos; reconhecimento formal da responsabilidade por parte do Estado; comemorações; formações e cursos sobre direitos humanos; realização de consultas públicas e estudos; desculpas públicas; sentença por si só enquanto medida de reparação.

**Medidas para garantir a não repetição:** melhoria das condições de detenção; melhoria das condições de vida – questões estruturais; garantias judiciais, procedimentais e de acesso à justiça; fortalecimento da independência e controle da justiça e da administração; proteção dos defensores de DH; observância das normas de direitos humanos pela administração pública; observância das normas de direitos humanos pelas forças de segurança.

**Medidas de indenização:** perda de oportunidades (de emprego, educação e prestações sociais).

**Medidas de reabilitação:** atenção médica, psicológica, social e jurídica para reabilitação.

15. Sobre a questão do impacto das sentenças da Corte IDH, o texto de Engstrom traz um aprofundamento sobre a "crise de observância" das decisões, marcada pelo fenômeno da observância "*à la carte*" (ENGSTROM, Par. Reconceitualizando o Impacto do Sistema Interamericano de Direitos Humanos. **Rev. Direito e Práx.**, Rio de Janeiro, Vol. 2, N. 8, p. 1250-1285). Sobre o conceito de observância *à la carte*, ver nota explicativa nº. 70. Já Basch, (*et. al.*) Neves e Franco Neto, abordam, em uma perspectiva quantitativa, o grau de cumprimento dessas decisões (BASCH, Fernando; FILIPPINI, Leonardo; LAYA, Ana; NINO, Mariano; ROSSI, Felicitas; SCHREIBER, Bárbara. A Eficácia do Sistema Interamericano de Proteção de Direitos Humanos: Uma Abordagem Quantitativa sobre seu Funcionamento e sobre o Cumprimento de suas Decisões. **SUR. Revista Internacional de Direitos Humanos / Sur – Rede Universitária de Direitos Humanos** – vol. 7, n. 12. São Paulo, 2010, pp. 08 – 35 e NEVES, Rafaela Teixeira Sena; FRANCO NETO, Laércio Dias. **Dez anos da primeira condenação internacional do Brasil: Sistema Interamericano e o problema da *compliance*.** XXV CONGRESSO DO CONPEDI - Conselho Nacional de Pesquisa e Pós-Graduação em Direito. Direito Internacional dos Direitos Humanos. Curitiba, 2016, pp. 76 – 92).

Mesmo diante desse panorama promissor (onde se constatamos: a abertura dos órgãos do SIDH à análise e discussão de padrões estruturais e sistemáticos de violação de direitos pelos Estados; a "modernização" dos regulamentos da Corte e da Comissão de forma a aumentar o protagonismo das vítimas, seus familiares e representantes legais em todas as etapas desses processos e, finalmente, a adequação do padrão decisório da Corte por meio da implementação de medidas de reparação com efeitos *extra partes*), nos atentamos ao fato de que o nível de reincidência dos países, todavia, é muito alto (se comparado ao número de sentenças emitidas). A reincidência a que nos referimos diz respeito tanto ao número de processos em que um mesmo Estado esteja envolvido, quanto ao número de processos que versaram sobre a violação de um mesmo direito ou situação fática.

A persistência das violações segue um padrão sistemático[16], onde se tem como predominante a participação direta de agentes dos Estados, o atentado à integridade física e moral das vítimas, a impunidade e a inobservância do devido processo legal no âmbito nacional.

## 4.1. FATORES QUE INFLUENCIAM A FORÇA VINCULANTE DAS SENTENÇAS

Desde os últimos anos, o cenário regional interamericano vem se tornando muito mais complexo e apesar de muitos Estados terem superado os modelos autoritários do passado, as novas democracias seguem frágeis devido à conjectura socioeconômica e política em que se encontram.

> Se trata de un escenario de democracias representativas, que han dado algunos pasos importantes, por ejemplo en la mejora de los sistemas electorales, el respeto a la libertad de prensa, el abandono de las prácticas de violencia política; pero que presentan serias deficiencias institucionales, tales

16. Para entender o conceito de padrão sistemático de violações, ver nota explicativa nº. 27.

> como sistemas de justicia inefectivos y sistemas policiales y penitenciarios violentos. Democracias que además conviven con niveles alarmantes de desigualdad y exclusión, que provocan a su vez un clima de constante inestabilidad política. En este nuevo escenario los órganos del SIDH han procurado no sólo reparar a las víctimas en casos particulares, sino también fijar un cuerpo de principios y estándares, con el propósito de incidir en la calidad de los procesos democráticos y en el fortalecimiento de los principales mecanismos domésticos de protección de derechos. El desafío del SIDH en esta etapa es mejorar las condiciones estructurales que garantizan la efectividad de los derechos en el nivel nacional. (ABRAMOVICH, 2009, p. 10)[17].

Nova agenda, novo padrão decisório e reformas regulamentares significam também novos desafios a serem superados[18] pela Corte. A ideia de superação que se impõe visa ao fortalecimento da força vinculante de suas sentenças, pois, sem ela, o processo interamericano de reparação das vítimas esvazia-se de sentido.

Dessa forma, torna-se importante delimitarmos quais fatores (intrínsecos e extrínsecos ao processo decisório), podem exercer influência sobre esse efeito vinculante.

---

17. "Trata-se de um cenário de democracias representativas, que deram alguns passos importantes, por exemplo, a melhoria dos sistemas eleitorais, o respeito à liberdade de imprensa, o abandono de práticas de violência política; porém, que apresentam sérias deficiências institucionais, tais como, sistemas de justiça não efetivos e sistemas policiais e penitenciários violentos. Democracias que, além disso, convivem com níveis alarmantes de desigualdade e exclusão, que provocam, por sua vez, um clima de constante instabilidade política. Nesse novo cenário os órgãos do SIDH procuraram não somente reparar as vítimas nos casos particulares, mas também fixar um corpo de princípios e estandartes, com o propósito de incidir na qualidade dos processos democráticos e no fortalecimento dos principais mecanismos domésticos de proteção de direitos. O desafio do SIDH nesta etapa é melhorar as condições estruturais que garantem a efetividade dos direitos em nível nacional". (ABRAMOVICH, 2009, p. 10. Tradução livre)

18. O termo superação deve ser entendido, nesse contexto, no sentido hegeliano, isto é, "de uma conservação dos elementos positivos, acompanhada de uma substituição dos negativos, sem que haja, portanto, negação pura e simples do passado". (COMPARATO, Fábio Konder. A nova cidadania. **Revista Lua Nova,** nº.28-29, São Paulo, Apr. 1993, disponível em: www.scielo.br/scielo.php?script=sci_arttext&pid=S0102-64451993000100005, consultado dia 20.05.2018).

### 4.1.1. Fatores intrínsecos ao processo decisório

Serão chamados de fatores intrínsecos, aqueles inerentes ao processo decisório dos juízes interamericanos, ou seja, são fatores que influenciam diretamente sua força vinculante no momento de seu cumprimento pelo Estado. Nesse sentido, é possível citar as medidas de reparação com efeitos *extra partes*, as opiniões dissidentes emitidas na sentença final e a observância de outros tratados internacionais nas decisões (além da Convenção Americana de Direitos Humanos).

#### 4.1.1.1. *Influência das medidas de reparação com efeitos* extra partes *na força vinculante das sentenças da Corte IDH*

Buscamos, até aqui, mostrar o reflexo da mudança regulamentar sobre o padrão decisório da Corte. Esse novo padrão traduziu-se na implementação de novas medidas de reparação com vistas, sobretudo, à prevenção de futuras violações a direitos. Tal fenômeno potencializou o impacto das sentenças da Corte em relação à agenda política dos países e deve-se ao fato de que muitas das novas medidas incidem sobre as políticas e a agenda públicas dos Estados.

A respeito dessa questão a pesquisa permitiu verificar quais os níveis de alcance das sentenças em relação às políticas públicas adotadas pelos governos nacionais. Vimos, então, que o novo sistema de reparação da Corte implementou medidas que podem: i) produzir impactos sobre os programas de ação governamental[19]; ii) podem necessitar da existência prévia dessas políticas (já em curso) para poderem alcançar a reparação das vítimas[20] e que, iii) embora

19. Busca de pessoas desaparecidas, recuperação de cadáveres e nova exumação, concessão de local para que a família enterre a vítima e demais gastos, cursos de formação e programas de divulgação dos direitos humanos, direito à informação, observância das normas de direitos humanos pelas forças de segurança, observância das normas de direitos humanos pela administração pública, proteção dos defensores de direitos humanos, direito à propriedade.

20. Atenção médica, psicológica, social e jurídica para reabilitação, garantia de direitos trabalhistas, aposentadoria e proventos, reintegração de emprego, perda de opor-

não criem ou dependam diretamente dessas políticas podem incidir sobre a agenda pública dos Estados e, indiretamente, resultar na modificação ou adoção de novos programas de ação[21].

Mesmo que tenha sido possível perceber nessas sentenças a predominância de medidas com efeitos *inter partes* entre os anos de 1987 e 2017, viu-se uma tendência progressiva em relação às medidas capazes de produzir efeitos de maior alcance, que incidem diretamente sobre programas de ação governamental. Essa tendência está representada, sobretudo, nas decisões proferidas a partir do ano de 2001, sendo poucas as ocasiões em que o tribunal decidiu nesse sentido antes disso.

Contudo, há que se ater ao fato de que o novo padrão decisório depende de maior disponibilidade e porque não dizer de boa vontade dos países membros para o seu cumprimento e esse é o ponto fulcral para a maior ou menor força vinculante das sentenças. Isso acontece, sobretudo, em relação às medidas com efeitos *extra partes* que podem incidir direta ou indiretamente sobre a agenda e as políticas públicas dos Estados e se justifica pela própria natureza das políticas públicas, que segundo Bucci[22] é:

- um programa de ação governamental;
- que resulta de uma série de processos (juridicamente regulados) eleitorais, administrativos, de governo e de planejamento, judiciais etc.;
- que tem como fim coordenar os meios à disposição do Estado e as atividades privadas, para a realização de

tunidades (de emprego, educação e prestações sociais), melhoria das condições de vida – questões estruturais, proteção da Integridade física e moral, melhoria das condições de detenção, realização de consultas públicas e estudos.

21. Reformas institucionais e adoção de medidas no direito interno, garantias judiciais, procedimentais e de acesso à justiça, fortalecimento da independência e controle da justiça e da administração, adoção de outras medidas para que cessem as violações, criação de fundações, associações, monumentos, escolas etc, comemorações, direito a regressar ao lugar de residência, proteção da cidadania, nacionalidade, identidade, proteção da vida familiar.

22. BUCCI, 2006, p. 39. BUCCI, 2013, *op. cit.*, capítulo 2.

objetivos socialmente relevantes e politicamente determinados;

- e que acontece por meio de arranjos institucionais (expressões jurídico-institucionais), que são a expressão formalizada da política pública, com uma dimensão sistemática.

O caráter institucional[23] das políticas públicas é o que fundamenta os arranjos governamentais que lhe dão vida. São esses arranjos que vão formar a estrutura e a organização que se deve garantir para a eficácia do programa.

Desse conceito, Duarte extraiu os elementos fundamentais de uma política pública, quais sejam, ação, coordenação, processo e programa[24]. Além disso, Secchi, menciona que tais elementos se concretizam por meio de etapas específicas, tais como: a identificação do problema, a formação da agenda, a formulação de alternativas, a tomada de decisão, a implementação e a extinção[25].

Ao se analisar esse conjunto de informações à luz do sistema de reparação da Corte IDH, é possível entender que a maior parte desses elementos, etapas e arranjos pode ser identificada no conjunto de processos que fundamentam tal sistema.

Analisadas sistematicamente, as medidas de reparação implementadas pelo tribunal interamericano possuem uma estrutura na qual esses elementos, etapas e arranjos institucionais acabam incidindo (direta ou indireta) sobre as políticas e agenda públicas dos Estados:

**1º - Elementos:**

- **Ação:** ocorre quando a Corte é chamada a agir, o que se dá pelo envio do caso pela CIDH ou pela apresentação de uma queixa por parte de um Estado membro.

23. Sobre o conceito de institucionalização e instituição, ver notas explicativas nº. 13 e 83.
24. Para entender o conceito de cada um desses elementos, ver o item 1.2.2 (Força vinculante sob a perspectiva da teoria das políticas públicas), situado no Capítulo 1.
25. Ibidem.

- **Coordenação:** se dá quando o tribunal mantém a articulação dos diferentes atores processuais (vítimas, seus familiares e representantes legais, Estados, CIDH e organizações da sociedade civil), via processo em contraditório.
- **Processo:** implicaria a análise da viabilidade administrativa, legislativa, orçamentária etc., de determinada medida de reparação. O elemento processual é diretamente influenciado pela quantidade e qualidade das informações prestadas pelas partes durante as etapas procedimentais na Corte, pela forma escrita e oral.
- **Programa:** relaciona-se com o próprio conteúdo da sentença (fundamentada por uma racionalidade cuja estrutura deveria se pautar na equação proporcional entre os danos causados, a reparação que melhor alcance o *status quo ante* a violação e a viabilidade desse processo em face da agenda e demais interesses públicos definidos pelo Estado).

**2º - Etapas:**

- **Identificação do problema:** essa etapa está inserida na fase do procedimento escrito[26] da Corte, pois, é nessa etapa que se apresentam as provas e os argumentos escritos relativos aos direitos violados e danos causados.
- **Formação da agenda:** também ocorre na fase do procedimento escrito, pois, é nela que se identificam os problemas que efetivamente ocorreram e que devem ser reparados, dando forma à agenda deliberativa da Corte.
- **Formulação de alternativas:** insere-se na fase oral do processo, pois, nela são definidas as estratégias para se

26. O procedimento escrito, quando se inicia a análise prévia da demanda – é composto pelos/as pedidos; exposição da situação fática; resoluções sobre abertura do procedimento e sobre a admissibilidade da denúncia; provas; nominação de testemunhas e peritos; fundamentos de direito e conclusões. (RAMANZINI, 2014, *op.cit.*, pp. 76-77).

alcançar os objetivos da reparação, são apresentadas as provas e feitos os debates sobre a ocorrência dos fatos que originaram o processo interamericano.

- **Tomada de decisão:** essa etapa deveria ter como base um processo decisório cuja racionalidade deveria estar fundamentada em informações suficientemente prestadas (por isso se justifica a importância de uma **etapa de propostas de reparação**[27]). Decisões que podem incidir sobre a agenda e políticas nacionais, deveriam ter como premissa um estudo sobre as melhores alternativas em face dos problemas apresentados. Essas alternativas seriam consideradas em termos de custo, rapidez, sustentabilidade, equidade etc.
- **Implementação:** se dá com a conversão de todos os esforços efetuados até então, em ações concretas, ou seja, é a fase da prolação da sentença que visa reparar os danos causados ou diminuir seus efeitos.
- **Avaliação e extinção:** Essas duas etapas finais, ocorrem na fase de acompanhamento e supervisão de cumprimento das sentenças pelos Estados. Essa fase é uma originalidade da Corte interamericana que chamou para si a competência para supervisionar o cumprimento das medidas de reparação pelos países.

**3º - Arranjos:**

- Estrutura: as estruturas jurídicas que envolvem o sistema de reparação da Corte IDH englobam seus três primeiros elementos constitutivos, ou seja, a ação que acontece na fase do procedimento escrito; a coordenação que se dá fase do procedimento oral e o processo que deveria se fortalecer com a fase de **apresentação das propostas de reparação.** É na estrutura desse sistema que se identifi-

27. Para entender em que consiste essa etapa de **proposta de reparação** ver item 4.1.2.2 (Influência do nível de informações prestadas na fase processual que antecede à sentença), do presente capítulo.

cam as relações de poder por meio da articulação entre os objetivos de reparação e prevenção buscados pela Corte, os interesses das vítimas e os interesses públicos já definidos na agenda dos Estados.

- Organização: acontecerá no conjunto final das etapas que ocorrem com a implementação, a avaliação e a extinção das medidas de reparação. Esse arranjo institucional toma a forma da sentença final proferida pelo tribunal interamericano e das resoluções de supervisão de cumprimento das sentenças. Considerado como integrante da organização, o elemento 'programa' (que em relação às ações governamentais se materializa na própria política pública e em relação às atividades da Corte, toma a forma de sentença – medidas de reparação), é o resultado final que se alcança após a estruturação sistemática apresentada no ponto anterior (estrutura). Em outras palavras, a estrutura do sistema de reparação toma a forma de uma sentença (arranjo institucional sistematizado que leva em conta o conjunto dos fatos, danos, pretensões das partes e direitos previstos na CADH). Contudo, para que esse arranjo possa ser considerado em seu aspecto material, é importante que se observe como a Corte se organiza para supervisionar o processo de implementação das medidas pelos países, que acontecerá na fase de supervisão do cumprimento das sentenças.

Da análise dessas informações é possível inferir que, assim como ocorre no processo de tomada de decisão governamental durante o planejamento, implementação, supervisão e avaliação das políticas públicas nacionais, a Corte IDH também mantém os elementos e etapas fundamentais para a estruturação e organização de medidas de reparação que podem acabar incidindo sobre tais políticas. O esquema abaixo visa melhor elucidar esse raciocínio:

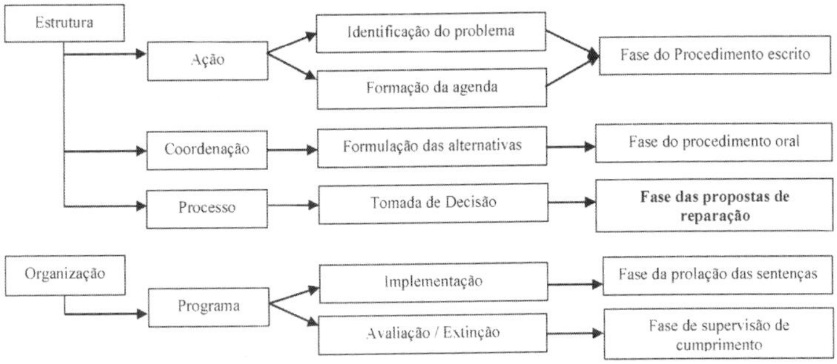


Tomando como ponto de partida a dimensão institucional das políticas públicas[28], vários aspectos devem ser observados, desde a determinação do poder que cria o ordenamento jurídico[29], até as decisões incrementais que implementam tais ações, passando, nesse caminho, pelo processo de tomada de decisão[30]; determinação do interesse público a ser protegido; definição do plano de ação a ser efetivado; articulação governamental e distribuição de competências.

O processo de tomada de decisão, em si mesmo, é fortemente influenciado pelas instituições políticas e governamentais. Isso pode se repetir igualmente em nível internacional, pois, a racionalidade jurídica (e política) das decisões da Corte IDH pode influenciar a força vinculante das sentenças que incidem sobre políticas públicas

28. Sobre esse tema, ver os conceito trazidos por Immergut, Hauriou e Santi Romando, explicados na nota 83.

29. Que necessariamente tem uma dimensão social histórica: "A instituição jurídica leva em conta o fenômeno social que está "por trás" do direito, aquilo que leva à sua produção. Essa consideração da "sociedade real" empresta a densidade social necessária para enfrentar os dilemas próprios de um Estado que aspira à condição de democracia desenvolvida, (...)" (BUCCI, 2013, *op. cit.*, cap 3; p. 234).

30. Sobre esse assunto, Immergut trata em seu texto da forma "como as escolhas políticas se traduzem nas formas e processos jurídicos que moldam a política pública", lembrando que "Riker argumenta que uma "democracia" não pode determinar a verdadeira vontade popular. Em lugar disso, o voto popular expressa uma mistura de preferências, estratégias e efeitos institucionais. Longe de oferecer diretrizes infalíveis para ações de governo (...), na verdade, esse "caldeirão de bruxas" precisa ser controlado por limites institucionais que garantam alternância no governo e deem à oposição oportunidades de exercer o veto político (IMMERGUT, 2007, *op.cit.*, pp. 168 e 209).

nos Estados e essa é a resposta para a questão do *por que considerar as medidas de reparação com efeito extra partes como um fator que influencia a força vinculante das sentenças?*

Quando se tem em mente que tais medidas podem incidir sobre políticas públicas, necessariamente, deve-se pensar na racionalidade jurídica e política que esteve na origem do processo de tomada de decisão. Nesse plano, devem ser consideradas as questões da permeabilidade dos juízes em relação à agenda pública dos Estados, do nível de informações prestadas durante as etapas que precedem a sentença, da articulação entre as partes do processo (vítimas, CIDH, Estado, Corte e sociedade civil). Quanto menor o nível de articulação e maiores os obstáculos no processo de informação que consolida a racionalidade jurídica dos juízes interamericanos, maior será a reticência dos países em relação à viabilidade de se cumprir tais medidas, o que necessariamente implicaria a menor força vinculante das sentenças.

Nesse sentido, o sistema interamericano de reparação, via sentenças da Corte, poderia ser fortalecido com a implementação de uma nova fase processual (fase das propostas de reparação, como se verá no item 4.1.2.2), que trata de analisar, em termos conclusivos, a influência do nível de informações prestadas na fase processual que antecede a sentença.

#### 4.1.1.2. Influência das opiniões dissidentes emitidas nas sentenças da Corte

Como vimos nos capítulos anteriores, nem todos os juízes seguiram a tendência de emitir opiniões dissidentes nas sentenças da Corte. Mas realmente é possível se falar em "tendência"? Se sim, como ela poderia afetar a força vinculante dessas decisões?

Tomando por base os critérios definidos nos capítulos anteriores, foi possível observar os tipos de sentença que tendem a gerar maior dissidência; os juízes que mais emitiram tais opiniões, se realmente é possível se falar em tendência (e, nesse caso, se ela representa um padrão crescente na Corte ou se está vinculada somente ao juiz dissidente) e os tipos de medidas de reparação que mais ocasionam essas opiniões.

Sobre o tipo de sentença que gerou maior dissidência, a pesquisa mostrou que ela ocorreu, majoritariamente, entre os anos de 1987 e 2001, em relação às medidas implementadas nas sentenças de fundo, reparações e custas processuais, sendo que as demais opiniões nesse sentido foram emitidas no tocante às exceções preliminares. Já entre 2002 e outubro de 2017, a dissidência deu-se, sobretudo, nas decisões gerais que englobam exceções preliminares, fundo, reparações e custas, ficando em segundo lugar àquelas que versaram exclusivamente sobre fundo, reparações e custas, seguidas das sentenças sobre exceções preliminares.

Em relação aos juízes, quando os dados são observados individualmente (por juiz), viu-se que, majoritariamente (em ambos os períodos analisados), tais opiniões foram emitidas de forma isolada, em processos distintos e que, observando a atividade individual de cada juiz, isso não representou (de forma geral), uma tendência crescente. Contudo, não se pode olvidar os magistrados que sozinhos, demonstraram tendência a divergir das medidas adotadas pela maioria do tribunal. Esse é o caso, por exemplo, dos juízes Vidal Ramírez, Carlos Vicente de Rouz Rengifo e Alejandro Montiel Argüello – entre 1987 e 2001, e dos juízes Vio Grossi, Medina Quiroga, Mac-Gregir Poisot, Pérez Pérez e Ventura Roble – entre 2002 e 2017.

Vale lembrar que o juiz Cançado Trindade foi uma exceção à essa regra, já que emitiu opiniões dissidentes em ambos os períodos e quando suas opiniões são consideradas de forma conjunta (durante todos os anos em que atuou nesse tribunal), ele seria um dos juízes que mais emitiu esse tipo de opinião, estando logo atrás do juiz Vio Grossi.

Quando essas informações são consideradas no âmbito geral das sentenças, elas indicam uma tendência crescente nesse sentido, sobretudo, a partir de 2002. No plano formal, esses dados demonstraram que a divergência se deu, majoritariamente, sobre a violação de certos artigos da Convenção Americana de Direitos Humanos, principalmente, quanto aos artigos 8 (garantias processuais) e 25 (proteção judicial). Já no plano material, a dissidência foi muito maior no tocante às medidas de indenização, gastos e custas processuais e exceções preliminares.

Como essa tendência poderia afetar a força vinculante das decisões da Corte? Sem termos a ambição de exaurir esse tema, já que ele deveria ser respondido a partir da análise criteriosa dessas opiniões (o que não integrou o objeto central desta pesquisa), percebemos, mais que tudo, a necessidade de se lançar uma pista de reflexão sobre essa questão.

Diante da confrontação das dimensões e dos critérios que serviram de suporte a esta investigação, entendemos que a dissidência pode ser um fator de influência na força vinculante das sentenças da Corte. Contudo, esse fator não deve ser analisado em relação ao voto dissidente em si mesmo, o que na verdade, confirma o (esperado) nível de independência e imparcialidade do magistrado que o proferiu. Mas sim, e certamente, deve ser analisado e confrontado com a posição que o Estado (parte no processo) veio assumindo ao longo dos anos em face do dever de respeitar os direitos humanos em seu território.

A análise conjunta dos dados em relação ao país (seu nível de reincidência nos processos da Corte, a existência de um padrão de violação em nível interno e o tempo que levou para cumprir as medidas de reparação), nos mostra um indício do seu perfil e de sua boa vontade em cumprir as decisões do tribunal interamericano. Somadas a isso, estão as opiniões dissidentes. Em outras palavras, quando um país mostra tendência a desconsiderar a força vinculante das sentenças ou considerá-la de forma mínima, as opiniões dissidentes emitidas em processos em que esse Estado esteja envolvido podem dar margem à "contestação" das medidas implementadas. Dizemos contestação não no sentido processual, mas no sentido de uma maior margem a discussões, reticências e, por que não, desculpas para o não cumprimento dessas medidas.

Nesse caso, estamos diante de situações que abririam espaço não somente aos argumentos de ordem formal, mas também, àqueles de cunho material, contrários ao cumprimento da decisão. No plano formal, bons exemplos seriam a falta de clareza das sentenças com vistas às demandas de interpretação, a fragilidade do fundamento usado como base da racionalidade jurídica dos magistrados da Corte ou ainda, o questionamento sobre a violação de um determinado artigo da CADH objeto de dissidência. Já no plano material, seria possível ver argumentos sobre a impossibilidade orçamentária para o cumprimento de uma decisão não unânime, inviabilidade de observação de uma medida que poderia implicar grande nível de articulação institucional interna (como no caso daquelas que incidem sobre políticas públicas), a inadequação de uma medida cujos efeitos ultrapassariam as vítimas (diretas e indiretas) e que foi objeto de dissidência entre os juízes da Corte etc.

Portanto, se os dados dessa pesquisa forem considerados em sua totalidade, cabe a afirmação de que existe uma tendência em se emitir opiniões dissidentes e que essa tendência pode dar margem ao questionamento, pelos Estados, das medidas de reparação implementadas. Isso, por sua vez, poderia influenciar a força vinculante das sentenças, mesmo que indiretamente e de forma enviesada – à luz dos argumentos do país envolvido no processo. Contudo, ressalta-se que essas inferências devem ser confrontadas com o perfil e disposição de cada Estado em face do seu dever de respeitar os direitos humanos.

#### 4.1.1.3. *Influência da observância de outros tratados internacionais nas sentenças da Corte*

Conforme já destacamos, foi a partir do ano de 2001 que identificamos a alteração do padrão decisório do tribunal interamericano. Essa mudança deveria estar em consonância com as competências outorgadas pela Convenção Americana à Corte. É o artigo 33 da Convenção que define o âmbito de atuação tanto da Comissão e quanto da Corte, permitindo-lhes "conhecer dos assuntos relacionados com o cumprimento dos compromissos assumidos pelos Estados". Já o artigo 62 trata das competências judiciais e interpretativas do tribunal e estipula que esse órgão é competente para "conhecer de qualquer caso relativo à interpretação e aplicação das disposições desta Convenção", o que aconteceria "desde que os Estados Partes no caso tenham reconhecido ou reconheçam sua competência, seja por declaração especial seja por convenção especial".

O artigo 64, por sua vez, possibilitou a ampliação progressiva do trabalho interpretativo da Corte, permitindo que ela seja chamada a interpretar "outros tratados concernentes à proteção dos direitos humanos nos Estados americanos", reforçando essa possibilidade quando afirma "a Corte, a pedido de um Estado membro da Organização, poderá emitir pareceres sobre a compatibilidade entre qualquer de suas leis internas e os mencionados instrumentos internacionais". Esse dispositivo possibilitou o trabalho hermenêutico extensivo da Corte, que passou a interpretar outros tratados internacionais além da própria CADH.

Concretamente, essa abertura interpretativa deu margem à observação de vários outros tratados pelos juízes interamericanos durante suas atividades contenciosas. Entre os anos de 1987 a 2001, dentre os processos em que esse fenômeno foi constatado, a maioria deles levou em consideração tratados adotados no âmbito do Sistema ONU, contudo, não se pode descartar a incidência de outros tratados interamericanos e de normas implementadas pelo Sistema Europeu de Proteção de Direitos Humanos. A mesma tendência foi seguida no período subsequente, entre os anos de 2002 e outubro de 2017.

Mas como a extensão da competência hermenêutica da Corte poderia influenciar a força vinculante de suas sentenças? Assim como em relação aos argumentos apresentados sobre a influência das opiniões dissidentes, orientamos que a leitura desses dados seja feita em relação ao perfil e (pré)disposição do Estado e não em relação ao trabalho interpretativo da Corte em si mesmo.

Como já mencionado (capítulo 2), o direito internacional é regido por certos princípios fundamentais relacionados com a validade e o cumprimento dos tratados, traduzidos nas seguintes ideias: um tratado tem força vinculante em relação a um Estado a partir do momento em que o ente estatal manifestou-se livre e soberanamente por seu reconhecimento, tudo aquilo que foi acordado pelos Estados partes de um tratado deve ser cumprido com fidelidade pela regra da boa-fé (*pacta sunt servanda*), aquilo que foi convencionado em um tratado é oponível tão somente aos entes estatais que dele façam parte, não se estendendo a terceiros[31]. Esses princípios delimitam quais as obrigações e os compromissos assumidos pelos países.

Ao se aplicar tais princípios ao trabalho hermenêutico extensivo da Corte IDH, foi possível visualizar uma lacuna em relação à vinculação dos Estados acerca de outros tratados observados pelos juízes interamericanos. Fazendo a transposição dessa questão em relação à análise do perfil e da (pré)disposição de cumprimento das sentenças pelos países, entendemos que essa abertura hermenêutica poderia ser um fator de influência na força vinculante das decisões, pois poderia dar margem a questionamentos, sobretudo, de ordem formal – como no exemplo do não reconhecimento, por parte dos Estados, da validade de um determinado tratado observado pelos juízes interamericanos em suas sentenças.

Contudo, vale lembrar que essa medida da balança deve pender para o lado do Estado e não da atuação da Corte, já que seu trabalho interpretativo está em harmonia também com outros princípios de Direitos Humanos, além dos princípios internacionais já citados, tais como a aplicação da regra mais protetora ou princípio *pro homine*[32], a garantia do interesse superior da criança, o respeito do princípio da dignidade humana, entre outros.

Então, ao considerarmos o perfil do Estado, sua posição em relação ao trabalho dos órgãos do Sistema Interamericano, seu histórico de reincidência (em relação aos processos na Corte IDH), o padrão de violações que vem cometendo ou permitindo que se cometa em seu território etc., podemos vislumbrar se o trabalho hermenêutico extensivo do tribunal interamericano pode ser ou não um fator para maior ou menor força vinculante de suas sentenças.

31. IIDH, 2015, *op. cit.*, p. 21.

32. Para entender esse conceito, ver nota explicativa nº. 121.

### 4.1.2. Fatores extrínsecos com influência direta no processo decisório

Os fatores extrínsecos ao processo decisório são aqueles que embora não sejam inerentes à racionalidade jurídica dos juízes, interferem diretamente no processo de tomada de decisão, o que, por sua vez, gera impacto na força vinculante das sentenças. São eles: o padrão sistemático das violações, o perfil do Estado e sua (pré)disposição ao cumprimento das sentenças e a qualidade das informações prestadas nas etapas que antecedem o processo decisório.

#### *4.1.2.1. Influência do padrão sistemático das violações e do perfil do Estado e sua (pré)disposição ao cumprimento das sentenças da Corte*

Tanto em relação ao primeiro quanto em relação ao segundo período analisados, conseguimos confirmar aquilo que Piovesan chamou de "tipologia dos casos" julgados pela Corte. Em ambos os intervalos de tempo identificamos, majoritariamente, o seguinte perfil de violações:

- foram perpetradas por agentes dos Estados;
- trataram de atentados à integridade física e moral das vítimas, envolvendo práticas de tortura, penas e tratamentos cruéis, desumanos e degradantes, detenções arbitrárias e desaparecimento forçado de pessoas e;
- foram situações em que se constataram a predominância da impunidade dos agressores e a inobservância das regras do devido processo legal em nível nacional.

No plano formal, esse perfil referiu-se a ocorrências em que os entes estatais: não adotaram normas no direito interno, não previram ou colocaram em prática as garantias judiciais necessárias e não possibilitaram (suficientemente) a devida proteção judicial. No plano material, por sua vez, ele representa situações em que os Estados partes do SIDH não lograram garantir, promover e proteger a vida, a integridade e a liberdade pessoal das vítimas.

Mesmo que o perfil predominante de violações seja este, não seria certo desconsiderar o outro padrão constatado, sobretudo, nas sentenças proferidas a partir de 2001, referentes às situações fáticas que envolvem questões estruturais em nível nacional e regional. A maioria desses processos versou sobre: falta de cuidados médicos e atenção à saúde; pobreza; condições de vida digna; deslocamento forçado de pessoas; discriminação; violação de direitos de comunidades indígenas e violações cometidas contra crianças e adolescentes.

No tocante ao perfil dos Estados, há alguns critérios que possibilitam visualizar sua maior ou menor propensão ao cumprimento das sentenças da Corte, são eles, a reincidência em relação ao número de processos em face de um mesmo país e a reincidência relativa ao número de processos que uma mesma situação fática voltou a ser objeto de análise.

De forma geral, os Estados que mais se envolveram em processos durante o primeiro período (1987 a 2001), foram os mesmos do segundo período (2002 a 2017). Isso evidencia alto nível de reincidência e baixo efeito preventivo das sentenças da Corte. Olhados separadamente, esses processos apresentaram forte tendência a seguir os padrões de violação (sistemáticos) acima descritos.

A análise dessas informações juntamente com aquelas resultantes da aplicação das dimensões e dos critérios definidos nesta pesquisa, nos permitiu entender que quando um Estado demonstra forte tendência à reincidência e quando os processos em face desses entes versam sobre situações que se enquadram nos padrões de violação sistemática verificamos: menor pré-disposição do país ao cumprimento das decisões do tribunal e menor força vinculante das sentenças, já que nesses exemplos, há aquilo que Engstrom chamou de "observância *à la carte*"[33] das medidas de reparação.

Esse cenário nos permite entender o quadro geral do nível de cumprimento das sentenças, fortemente influenciado por fatores externos ao processo em si mesmo, mas que influenciam diretamente

33. ENGSTROM, Par. Reconceitualizando o Impacto do Sistema Interamericano de Direitos Humanos. **Rev. Direito e Práx.**, Rio de Janeiro, Vol. 2, N. 8, p. 1250-1285.Ver nota explicativa nº. 70.

a racionalidade jurídica dos juízes interamericanos e, por sua vez, o nível da força vinculante de suas decisões.

#### 4.1.2.2. *Influência do nível de informações prestadas na fase processual que antecede à sentença*

Desde logo, é importante esclarecer que embora esse fator não tenha integrado as dimensões e critérios de análise desta pesquisa, ele é abordado aqui como uma proposta para futura reflexão sobre os desafios a serem superados pelo Sistema Interamericano de Proteção de Direitos Humanos.

É certo que a Corte pode analisar somente os casos enviados pela Comissão (CIDH) e apresentados pelos Estados. Sua competência abrange, segundo o artigo 62 da CADH, "conhecer de qualquer caso relativo à interpretação e aplicação das disposições desta Convenção", uma vez que "os Estados Partes no caso tenham reconhecido ou reconheçam sua competência, seja por declaração especial seja por convenção especial".

Ramanzini lembra que as principais fases do processo na Corte são:

a) o procedimento escrito, quando se inicia a análise prévia da demanda – que é composto pelos/as pedidos; exposição da situação fática; resoluções sobre abertura do procedimento e sobre a admissibilidade da denúncia; provas; nominação de testemunhas e peritos; fundamentos de direito e conclusões[34];

34. "Caso seja verificado que os requisitos fundamentais não foram cumpridos, solicitam-se ao demandante emendas em 20 dias. O Secretário da Corte IDH notifica a demanda às partes, que terão 30 dias para designar os agentes e delegados, conforme for o caso. Contados dois meses desta notificação, as partes deverão apresentar o escrito de petições, argumentos e provas. Dentro de dois meses do recebimento deste escrito, o demandado deverá contestar e oferecer exceções preliminares, em conjunto. Há a incidência do princípio da impugnação específica dos fatos, sob pena de aceitação dos fatos não negados e dos pedidos incontroversos. As exceções preliminares não têm efeito suspensivo sobre o procedimento em relação ao mérito e sobre os demais prazos. Se houver interesse, as partes podem expor as razões por escrito e, caso seja considerado indispensável, a Corte IDH pode convocar uma audiência especial para as exceções preliminares". (RAMANZINI, 2014, *op.cit.*, pp. 76-77).

b) procedimento oral que tem início com a determinação do prazo de abertura e início das audiências quando haverá debates e instrução probatória;

c) sentença[35] (aqui chamada também de etapa para a tomada de decisão), que representa o momento de deliberação dos juízes interamericanos e, finalmente;

d) supervisão de cumprimento de sentença.

Contudo, embora a mudança regulamentar da Corte de 2001 tenha ampliado a participação das vítimas nessas etapas processuais e mesmo havendo momentos próprios para a apresentação de informações pelas partes, tais procedimentos possuem, no entanto, caráter inquisitivo (defesa e acusação). A qualidade das informações prestadas nessas etapas não diz muito sobre a agenda pública dos Estados, o que por sua vez, não facilita o processo de tomada de decisões que implique medidas com efeitos *extra partes*.

Foi demonstrado que a Corte vem adotando progressivamente medidas de reparação integral tendentes a produzir efeitos mais extensivos que ultrapassam as vítimas (diretas e indiretas) do processo. Também foi mencionado que várias dessas medidas incidem sobre políticas públicas no plano nacional. Durante a etapa da tomada de decisão (sentença), os juízes interamericanos dependem, basicamente, da vontade (e disponibilidade) das partes em relação à produção de provas, informes, estudos etc. Mesmo em face da limitação de recursos, do fato de não ser um tribunal permanente e depender da colaboração dos entes estatais para a realização de estudos *in loco*, esse tribunal vem atuando corajosamente e isso se vê também em relação à carência de informações prestadas nesse sentido.

35. "A sentença da Corte IDH deve ser fundamentada e, se não expressar no todo ou em parte a opinião unânime dos juízes, qualquer deles tem o direito de agregar seu voto dissidente ou individual. A sentença tem o caráter de ser obrigatória, definitiva e inapelável, mas no caso de divergência sobre o seu sentido ou alcance, a Corte IDH pode interpretá-la a pedido de qualquer das partes, desde que o pedido seja apresentado dentro de noventa dias, contados da data de notificação da sentença. O pedido de interpretação de sentença não terá efeito suspensivo sobre a execução". (idem 77).

Conforme visto, a história das Américas foi marcada por guerras civis, ditaduras, guerrilhas etc.; também foi mencionado o fato de que ainda hoje a região apresenta altos níveis de violência institucionalizada e questões estruturais que dificultam a viabilidade dos direitos humanos (por isso a alteração do padrão decisório da Corte). Pelo fato da maior parte dos casos apresentarem um contexto de violações sistemáticas, os juízes interamericanos tiveram que adotar uma postura diferente e proativa, de forma a garantir uma interpretação evolutiva da Convenção, baseada no princípio da maior proteção do indivíduo e dos grupos perseguidos e vulneráveis. Esse panorama resultou na adoção de um novo padrão decisório com vistas à adoção de medidas capazes de responder às novas demandas dos indivíduos.

Diante desse contexto, seria importante observar se a Corte possui, de fato, informações suficientes para determinar aos países medidas de reparação que incidam sobre políticas públicas e se tais medidas afetariam a agenda pública já em curso nos Estados.

Ao pensarmos na estrutura e no planejamento de uma política pública, imaginamos que o "tomador de decisão" deveria ter em mãos um plano de ação que lhe mostrasse previamente todas as questões (e suas variáveis positivas e negativas) relacionadas com o direito que se visa proteger por meio do programa. Em seguida, dever-se-ia ser capaz de classificar os possíveis resultados ou 'todas' as consequências da decisão política que seria tomada, o que lhe facilitaria a busca da maior ou menor eficiência e a maior extensão dos efeitos de sua escolha. "Esse procedimento, obviamente, exigiria um levantamento enorme dos valores preferidos pelos membros da sociedade e um conjunto de cálculos não menos volumoso sobre as quantidades de valores competitivamente equivalentes"[36]. A partir desse ponto, o tomador de decisão poderia estruturar as variáveis relacionadas à escolha política para que, finalmente, pudesse optar

36. LINDBLOM, Charles E. Muddling through 1: a ciência da decisão incremental. Tradução: Francisco G. Heidemann. In: HEIDEMANN, Francisco G.; SALM, José Francisco. **Política Pública e Desenvolvimento: bases epistemológicas e modelos de análise**. Brasília: UnB – Esag/Udesc, 2ª edição, 2006, p. 162.

pela proposta que otimizasse os resultados esperados[37]. Esse método é chamado, pela doutrina, de "método da raiz".

Ainda assim, seria possível começar pelo estabelecimento de um objetivo principal a ser alcançado, o que poderia ser uma decisão consciente ou inconsciente e implicaria o abandono de grande parte de outros objetivos sociais que não estariam entendidos como prioritários (para ele ou para a sociedade). Caso partisse dessa premissa, obviamente não estaria atento às variáveis positivas e negativas relacionadas com a questão central da decisão a ser tomada, isso pelo fato de já ter determinado o objetivo mais relevante (ou ao menos, o objetivo que ele considera como mais relevante e, nesse caso, estar-se-ia fechado a todas as demais variáveis e consequências possíveis de sua escolha). Posteriormente, ele apenas consideraria as hipóteses de resultado mais óbvias que não implicassem maior nível de observação e análise. "E daí as compararia entre si, ao cotejar suas poucas opções, (...), ele não encontraria normalmente, um corpo teórico preciso para guiá-lo na tarefa de comparar suas respectivas consequências"[38]. Por conseguinte, manter-se-ia firme em sua escolha inicial, "ele confiaria firmemente nos registros de sua experiência passada, em verdade vivenciada em pequenos passos, para prever as consequências de passos semelhantes"[39]. Por fim, faria sua escolha final. Esse procedimento é conhecido como "método da ramescência".

Ambas abordagens[40] explicam o processo de tomada de decisão política que pode ser integralmente aplicado no processo de escolha

37. Idem, pp. 161-162.

38. Idem, p. 162.

39. Ibidem.

40. "De forma mais impressionística e breve, estes métodos poderiam ser nominados como o **método da raiz** e o **método da ramescência.** (...) o primeiro, por pressupor que a decisão deve ser iniciada cada vez de novo a partir dos fundamentos, edificando-se sobre o passado apenas à medida das experiências incorporadas nas teorias, e o deliberador deve estar sempre disposto a recomeçar tudo de novo; o segundo, por admitir que a decisão deve ser construída continuamente a partir da situação presente passo a passo, e em pequenas etapas. (...) o método da raiz, embora seja o "melhor" como esquema ou como modelo, de fato não funciona para questões complexas, e os administradores veem-se obrigados a usar o método das sucessivas comparações limitadas em suas decisões". (LINDBOLM, 2006-a, pp. 165-166).

e implementação de uma política pública. Como destacado por Lindblom, o primeiro procedimento dificilmente poderia ser utilizado em decisões que envolvessem problemas de grande complexidade.

> Embora seja passível de descrição, ela somente pode ser aplicada a problemas relativamente simples (...). (...) revela-se uma abordagem ainda mais absurda para a decisão política quando se verifica que o tempo e o dinheiro alocáveis a um problema em apreço são limitados, como aliás sói acontecer.
>
> Curiosamente, no entanto, a literatura sobre tomada de decisão, formulação de políticas, planejamento e administração pública, sanciona a primeira abordagem, em vez da segunda, deixando os administradores públicos, que lidam com decisões complexas, na posição de praticar aquilo que poucos pregam. (...) Mas as atividades desenvolvidas para formalizar a decisão racional de políticas – para expor explicitamente os passos necessários no processo – em geral descrevem a primeira abordagem e não a segunda. (LINDBLOM, 2006-a, p.163)

A primeira grande dificuldade da análise de problemas complexos é a concordância social em torno de um determinado problema (enquanto prioritário ou não). Isso também se aplica à tomada de decisão dos juízes interamericanos que acabarão influenciando (direta ou indiretamente) o curso da agenda pública dos países envolvidos nos casos concretos.

> Os administradores não conseguem fugir desses conflitos pelo levantamento das preferências da maioria porque as preferências em relação à maior parte das questões não são conhecidas ou registradas; na verdade, muitas vezes, as preferências não existem pela falta de suficiente debate público que desperte a atenção do eleitorado para uma certa questão. (...) Deve-se considerar a intensidade do sentimento ou da percepção bem como o número de pessoas que preferem cada alternativa? Pela impossibilidade de agirem de outra forma, os administradores, muitas vezes vêem-se compelidos a tomar uma decisão antes de tornar claros seus objetivos. Mesmo quando um administrador resolve seguir seus próprios valores, como critério de decisão, com frequência não saberá de que modo os escalonar, quando

> eles conflitam uns com os outros, como em geral acontece. (LINDBLOM, 2006-a, pp. 166-167)

Em seguida, outro obstáculo é conseguir estabelecer a variação do nível de importância de um determinado valor, o que implicaria o sacrifício de outros valores não considerados. E, finalmente, seria importante levar em consideração o fato de que cada valor, em si mesmo, é relativo e pode acabar sendo circunstancial.

> Um objetivo pode ser altamente valorizado numa circunstância; e outro, numa circunstância diferente. (...) Os problemas relativos a políticas apresentam-se aos administradores na forma de perguntas como: Considerando o grau em que já tenhamos, ou não, alcançado os valores da presteza de serviço e os valores das boas relações públicas, valeria a pena sacrificar um pouco a presteza em prol de uma clientela mais feliz, ou seria melhor correr o risco de ofendê-la para podermos levar adiante nosso trabalho?
>
> (...) O significado deste terceiro ponto tem, portanto, um alcance muito profundo. Mesmo que todos os administradores estivessem de acordo entre si a respeito do conjunto de seus valores, objetivos e restrições e a respeito da ordem de preferência que cada um deles desejasse, ainda assim seria impraticável formular seus valores marginais em situações reais de escolha. (LINDBLOM, 2006-a, pp. 167-168).

O método da ramescência, embora não apresente as melhores opções e todos os valores passíveis de observação, é o mais utilizado no processo de tomada de decisão política. Contudo, cabe a indagação sobre o fato de sabermos ou não se o encarregado da escolha realmente tomou a melhor decisão, já que não considerou todas as variáveis positivas e negativas que implicariam consequências na agenda pública e no programa de ação escolhido.

Se o tribunal interamericano recorresse ao método da raiz, suas decisões seriam corretas ou racionais sempre que pudessem demonstrar que alcançaram um objetivo específico com base na análise das possíveis variáveis que com ela se relacionam. Porém, como isso seria possível se a Corte trabalha no limite de suas forças?

Se o tribunal não possui meios de levantar, por si mesmo, todas essas variáveis positivas e negativas? Se tampouco poderia alcançar um consenso social sobre a melhor escolha política a ser tomada?

Lindblom menciona que há maneira de se testar se uma política é boa ou não e propõe dois métodos de análise. O primeiro deles é o *método de análise racional-compreensiva*. Nele todas as variáveis importantes devem ser contempladas. Contudo, o autor ressalta que é impraticável, "Os limites de capacidade intelectual e de informações disponíveis colocam restrições definitivas à capacidade do homem de ser completo, global. Por isso, na realidade, ninguém consegue aplicar o método racional-compreensivo a problemas realmente complexos (...)"[41]. O segundo é o *método das sucessivas comparações limitadas*, que visa a simplificação da escolha, pois não se objetiva analisar de forma aprofundada cada uma das variáreis e opções e suas consequências. Esse método analisa apenas as diferenças marginais das opções já determinadas, ou seja, é a "comparação empírica das diferenças marginais entre as opções propostas que diferem apenas em termos marginais"[42]. Por esse método tem-se a implementação de políticas públicas e decisões políticas a partir de adequações incrementais.

> [...] quando as decisões são apenas incrementais – estreitamente relacionadas com políticas conhecidas – é mais fácil para um grupo prever os tipos possíveis de reação de outros grupos, como também é mais fácil corrigir os danos já causados.
>
> Mas um alto grau de coordenação administrativa vai acontecendo na medida que cada repartição ajusta suas políticas às preocupações das outras repartições no processo de formulação fragmentada da decisão que acabo de descrever. (LINDBLOM, 2006-a, p. 174).

Em função da impossibilidade lógica de conhecermos todas as informações relativas à determinada opção política, a busca pela simplificação é totalmente justificável, pois implica na máxima

41. LINDBLOM, 2006-a, *op. cit*, p. 171.

42. Idem, p. 172.

atenção às poucas e marginais diferenças e variações que determinada opção apresenta. Isso permite a otimização dos resultados em relação às limitadas informações previamente disponibilizadas, situação essa que se aplica claramente à realidade da Corte Interamericana de Direitos Humanos.

Lindblom explica que a política incremental é aparentemente boa,

> Ela é racionalmente exploratória, quando é associada a sequências de tentativas de acerto e erro. (...) Ajuda a manter o vago consenso geral em torno dos valores básicos (porque nenhuma questão política específica em essência jamais os afronta), o que muitas pessoas acreditam ser necessário para que a forma democrática de governo tenha aceitação voluntária e generalizada.
>
> (...) Os passos incrementais podem ser dados rapidamente porque são apenas incrementais. Eles não entornam o caldeirão, não suscitam grandes antagonismos e grandes dissidências paralisantes, como o fazem as propostas de mudança mais drástica.
>
> (...) A política incremental é também um meio de se introduzir furtivamente mudanças no interior do sistema político. Mudanças importantes na política e no sistema político com frequência acontecem de forma bem indireta e até surpreendente para muitos participantes do sistema. (LINDBLOM, 2006-b, pp. 188-192).

Contudo, não se pode negar que uma decisão incremental afasta muitas outras opções que nem mesmo chegaram a ser analisadas, devido à necessidade de simplificação. Nesse sentido, ainda assim seria importante nos questionarmos sobre a extensão de uma decisão política que ao ser tomada deixou de considerar todas as consequências que poderia produzir. Em relação à Corte IDH essa é uma realidade muito frequente e pode ser constatada, de certa forma, no nível de implementação das sentenças que se estruturam sob critérios que produzem efeitos *extra partes*. Nessas decisões, os juízes analisam suas escolhas com base nas circunstâncias do caso concreto e não em relação à agenda pública e interesses sociais mais relevantes. E assim deve atuar, já que sua competência contenciosa se limita aos casos que lhes foram apresentados. Contudo, ao determinar ao Estado, por exemplo, que adote ou melhore uma política (relacionada com o direito que visa proteger), a Corte está deixando de considerar todos os outros interesses sociais que já estavam determinados nos programas públicos já em curso.

Sua decisão é incremental, e precisa ser. Contudo, os efeitos de sua escolha podem afetar diretamente o nível de cumprimento e a força vinculante de suas sentenças. Embora não se possa alegar impossibilidade econômica, política ou mesmo jurídica como justificativa ao descumprimento das sentenças do tribunal interamericano, é certo que um sistema de reparação com efeitos extensivos (*extra partes*), implica consequências (boas e más) que ultrapassam de longe as circunstâncias fáticas do processo.

Vemos, portanto, um ciclo que ao mesmo tempo é virtuoso, mas também vicioso. Virtuoso em função do árduo trabalho da Corte em busca da diminuição do número de casos que apresentam um contexto de violações sistemáticas de direitos e liberdades fundamentais. Sua atividade é muito mais que repressiva. É, sobretudo, preventiva e busca enfrentar difíceis problemas estruturais. No entanto, é vicioso se tomamos como ponto de partida os recursos (humanos, financeiros, temporal etc) que já estavam previstos para a (tentativa de) solução de outras questões sociais de extrema relevância já definidas como prioritárias na agenda pública e que foram canalizados para a implementação das decisões da Corte.

Ambos aspectos devem ser considerados e se assim o forem, o próprio nível de cumprimento das sentenças da Corte toma outra proporção. Em outras palavras, ao se comparar os aspectos positivos e negativos acima descritos com a média e intenção de cumprimento das sentenças pelos Estados, é possível observar que o tribunal interamericano vem alcançando um enorme êxito, mesmo em face de tantos obstáculos. E mesmo que boa parte das medidas reparatórias implementadas pela Corte seja de caráter extensivo (*extra partes*), o processo de tomada de decisão do juiz interamericano acaba sendo incremental – em função da própria impossibilidade de se conhecer todas as informações e variáveis da escolha que deve ser tomada (tipo de reparação a ser determinado).

Por esse motivo, acreditamos na importância de uma nova metodologia de análise da racionalidade jurídica que está por trás do processo de tomada de decisão do juiz interamericano, bem como, da relevância de propormos uma variável entre as etapas escrita e oral do procedimento contencioso na Corte. Essa variável, aqui chamada de **etapa para as propostas de reparação**, implicaria a proposição, por parte dos Estados (aberta à análise das vítimas, seus representantes e sociedade civil), de medidas de reparação que pudessem se adequar ao programa político em curso e ao tipo de violação cometida. Para que essa etapa pudesse ser implementada, deveria não incidir sobre o peso das provas apresentadas pelo Estado, tendo, sobretudo, caráter informativo em relação aos meios e disponibilidade de cada país em face da necessidade de reparação das violações e danos causados às vítimas.

De forma alguma deveria ser considerada como uma ingerência à soberania dos Estados, nem tampouco representaria uma afronta à política nacional desses entes. Pelo contrário, seria uma forma de potencializar os programas de ação já em curso, minimizando o impacto das sentenças da Corte em suas agendas, aumentando a viabilidade de cumprimento das medidas e sua força vinculante e, por sua vez, diminuindo o tempo levado no processo de reparação das vítimas (que, na verdade, é o ponto fulcral dessa discussão).

Para se implementar a etapa das propostas de reparação, alguns parâmetros deveriam ser seguidos:

- *Em relação aos Estados*, seria importante que esse ente levasse em consideração, pelo menos: a) a natureza das violações (se faz parte de um padrão sistemático ou se são casos individuais – o que poderia ser observado em relação aos processos em que o país já tenha sido condenado pela Corte, por exemplo -), b) o número de vítimas envolvidas (nesse aspecto, seria relevante considerar as vítimas efetivas e potenciais quando for constatado um padrão sistemático de violação), c) as medidas de reparação adotadas pela Corte IDH em outras ocasiões, relacionadas ao mesmo quadro de situações fáticas atentatórias a direitos e d) quais as políticas públicas, programas internos e meios disponíveis para a reparação das vítimas. A partir dessas considerações, o Estado apresentaria, então, uma proposta (informativa) de reparação dos danos causados, adequada à sua própria agenda (políticas e programas governamentais já em curso ou que poderiam ser criados nesse sentido).

- *Em relação às vítimas*, seria relevante que elas tivessem a oportunidade de se pronunciar acerca de tais propostas, de forma a ampliar as informações a respeito de outras políticas públicas já em curso que poderiam melhor atendê-las.
- *Em relação a grupos e outras instituições da sociedade civil*, ouvidos na qualidade de *amicus curiae*, assim como as vítimas, poderiam complementar as informações e propor adequações sobre a proposta do ente estatal.

Esse procedimento poderia trazer vários benefícios ao processo como um todo, pois, aumentaria (e facilitaria) a qualidade das informações; diminuiria a propensão ao incrementalismo das decisões; otimizaria o sistema de reparação como um todo (no tocante às medidas com efeitos *extra partes*) e aumentaria o nível da força vinculante das sentenças da Corte já que partiria da disponibilidade prévia dos Estados em face de sua obrigação de garantir e respeitar os direitos humanos em seu território.

## 4.2. PROPOSTA METODOLÓGICA PARA ANÁLISE DA RACIONALIDADE JURÍDICA DO JUIZ INTERAMERICANO

Até aqui, entendemos que os aspectos qualitativos e quantitativos das informações prestadas pelas partes durante o processo podem influenciar a força vinculante das sentenças. Também constatamos o impacto que determinados fatores externos e internos ao processo decisório podem gerar sobre tais decisões.

Considerando esse quadro geral de informações e fatores, entendemos pela validade de apresentarmos uma proposta metodológica (além daquelas já apresentadas no tocante à metodologia de análise de dados e à inclusão de uma etapa procedimental – **etapa**

**de propostas de reparação**), que facilitaria a observação de dois pontos nevrálgicos desta pesquisa, a racionalidade jurídica do juiz interamericano e o maior ou menor nível de cumprimento das sentenças e sua força vinculante.

### 4.2.1. Proposta metodológica para análise da racionalidade do juiz interamericano

A concretização dos direitos fundamentais previstos na CADH é o ponto fundamental da atuação da Corte. É da interpretação convencional que se extraem as maiores contribuições ao trabalho desse órgão. A ideia de um legislador racional capaz de prever "todas as situações possíveis para o emprego da norma jurídica"[43] é algo muito distante e pode ser absolutamente oponível à ideia de um juiz racional capaz de prever todos os possíveis resultados de sua sentença.

Embora os tribunais internacionais, sobretudo, os de Direitos Humanos, mantenham muita coerência em suas decisões, é possível que haja situações em que não se possa chegar a um denominador comum, o que implicaria em soluções distintas sobre situações fáticas comuns. Essa divergência pode surgir da interpretação dos textos convencionais, de opiniões e visões diferentes em relação à aplicação e extensão de determinado direito fundamental, da análise das provas e informações apresentadas etc[44].

Por muito tempo a racionalidade jurídica ficou limitada ao raciocínio subsuntivo, quando a tarefa do intérprete (juiz), se restringia à aplicação da norma à situação fática concreta[45], no entanto, para Bobbio, a racionalidade jurídica deve ir além e guiar-se pela vontade de quem pôs a norma.

43. TEIXEIRA, Anderson Vichinkeski. **Ativismo judicial: nos limites entre racionalidade jurídica e decisão política.** Revista direito GV, SÃO PAULO, vol. 8 (1), Jan-jun 2012, p. 45.

44. RUIZ-CHIRIBOGA, Oswaldo. **The conventionality control: exemples of (un)successful experience in Latin America**. Intersentia, Revista Interamericana y Europea de Derechos Humanos - Inter-American and European Human Rights Journal, vol.3, 2010, p. 217.

45. Ibidem.

> O argumento fundamental que guia os operadores do direito no seu raciocínio jurídico é o princípio da autoridade, isto é, a vontade do legislador que pôs a norma jurídica; pois bem, com a codificação, a vontade do legislador é expressa de modo seguro e completo e aos operadores do direito basta ater-se ao ditado pela autoridade soberana. (BOBBIO, 1999, p. 78-79).

É importante destacar que a vontade de quem põe a norma, para Santi Romano, traduz-se no "*eu* social"[46] que é a consciência "daqueles que devem observá-las, sendo elas dotadas de uma existência própria e autônoma"[47]. Para o autor, "(...) direito não é ou não é somente a norma posta, mas sim a entidade que a põe. (...) As normas são somente a manifestação de tal fenômeno, uma das suas várias manifestações, um meio através do qual se afirma o poder daquele *eu* social (...)"[48].

Em relação ao trabalho da Corte, é importante distinguir os elementos da racionalidade jurídica dos elementos da racionalidade política para que a abertura hermenêutica não implique abrandamento da força vinculante de suas decisões. Enquanto a racionalidade jurídica se orienta à tutela de bens por meio da proteção garantida pelo ordenamento jurídico (nacional ou internacional), a racionalidade política visa à tutela desses bens (interesse público) por meio da observância dos impactos (bons ou ruins) que determinadas decisões poderiam ocasionar.

Essa distinção se faz necessária sempre quando o que se observa for o nível da força vinculante das medidas de reparação que podem incidir sobre políticas públicas. Em outras palavras, se o que buscamos analisar é se as medidas de reparação (em si mesmas), promovem ou não maior força vinculante das sentenças da Corte, é relevante que entendamos também quais os critérios utilizados por esse órgão em seu processo de tomada de decisão.

---

46. SANTI ROMANO. **O Ordenamento Jurídico**. Florianópolis: Fundação Boiteux, 2008. Tradução de Arno Dal Ri Jr., pp. 71-72.
47. Idem, p. 71.
48. Idem, p. 72.

Foi a partir desse panorama que determinamos uma série de critérios para a análise do comportamento racional na tomada de decisão do juiz interamericano. Tomamos como ponto de partida o modelo comportamental definido por Simon em "Modelo comportamental de decisão racional"[49], adaptado, nessa pesquisa, à realidade das atividades contenciosas da Corte IDH.

#### 4.2.1.1. Dimensões de análise do processo de tomada de decisão

Seguindo a mesma lógica metodológica proposta no capítulo 1 (sobre a análise e chave de leitura das sentenças da Corte IDH), entendemos pela necessidade de estabelecermos distintas dimensões para observação da racionalidade jurídica dos juízes interamericanos. Essas dimensões devem ser observadas e provadas por meio da aplicação de certas regras que permitem avaliar as metas alcançadas.

O desenvolvimento dessa metodologia corrobora a viabilidade de se incluir uma nova etapa procedimental com vistas à apresentação de propostas de reparação pelo Estado, com aportes das vítimas (e seus representantes) e da sociedade civil. Além disso, ela também serve de instrumento de análise da força vinculante das sentenças da Corte no tocante às medidas de reparação com efeitos *extra partes*.

As dimensões são, então, as seguintes:

- 1ª dimensão: considera-se o conjunto de alternativas de comportamento, escolha ou decisão colocados à disposição da Corte (todas as alternativas apresentadas em termos de argumentos do Estado, da CIDH e das vítimas e seus representantes).
- 2ª dimensão: Considera-se o conjunto de alternativas de comportamento[50] que a Corte levou em consideração ou

49. SIMON, Herbert. **Modelo comportamental de decisão racional.** In: HEIDEMANN, Francisco G.; SALM, José Francisco (orgs.). Políticas Públicas e desenvolvimento: bases epistemológicas e modelos de análise. 2ª Edição, Editora UNB. Brasília: 2010, pp. 133-153.

50. SIMON, 2010, *op. cit.* p. 136.

percebeu diante da situação fática concreta (esse critério é mais restrito que o primeiro, pois está contido nele). Aqui são analisados os elementos considerados pela Corte quando da prolação de sua sentença, ou seja, qual a sua posição em relação aos argumentos apresentados pelo Estado, CIDH e pelos representantes das vítimas.

- 3ª dimensão: A Corte considera os possíveis resultados de sua escolha (resultados reais e percebidos)[51]? Aqui se analisa a consideração pela Corte do panorama político-institucional, social, econômico e cultural do Estado demandado no litígio (daí a validade de se criar uma etapa para propostas de reparação).

- 4ª dimensão: A Corte considera os *payoffs* (alcance das metas estabelecidas na sentença)[52] a partir da utilidade que atribuiu aos resultados da escolha? Aqui se analisa a possibilidade de a Corte definir critérios para avaliação do nível de cumprimento da sentença.

Colocadas de forma esquemática, as dimensões de análise escolhidas para entender a racionalidade das decisões da Instituição (CorteIDH) ficariam da seguinte forma:

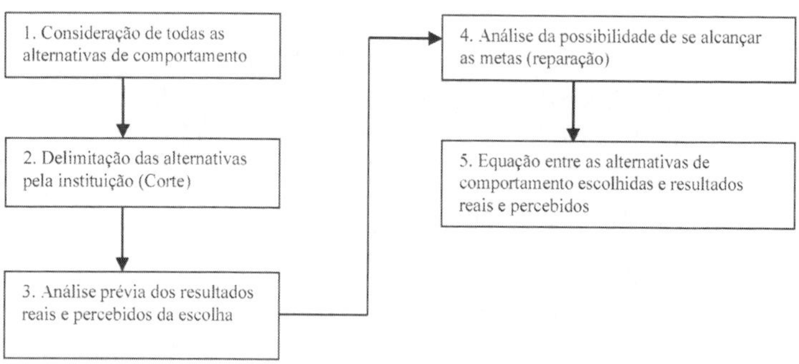


51. Ibidem.
52. Idem, p. 135.

#### 4.2.1.2. *Regras para observação do nível das metas alcançadas*

1ª) *Regra de análise das alternativas para escolha* (medida de reparação – 1ª dimensão). Como utilizar a regra: Qual seria o pior resultado real? Observado por meio da análise das resoluções de supervisão de cumprimento de sentença, utilizando os critérios de tempo, forma e alcance do cumprimento.

2ª) *Regra das propostas de reparação* (emitidas a partir do padrão decisório da Corte já definido na pesquisa por tipo de situação fática). Como utilizar a regra: Quais as propostas que melhor viabilizariam a reparação integral às vítimas? Observadas na etapa das propostas de reparação (apresentadas pelo Estado e avaliadas pelas vítimas e sociedade civil).

3ª) *Regra da probabilidade de cumprimento*: como o conjunto restrito de alternativas de escolha (2ª dimensão) é parte de um conjunto mais amplo (1ª dimensão), entende-se que esse conjunto restrito deve ser associado aos possíveis resultados da escolha. Como utilizar a regra: A Corte IDH escolheu a alternativa de comportamento (medida de reparação) capaz de produzir o maior *payoff* (alcance das metas). Observa-se isso, confrontando o alcance do direito que se visa proteger (AD), as situações fáticas de violação (SF) e os critérios de reparação definidos (CR), com o possível impacto que essa sentença pode gerar no plano nacional e sua real possibilidade de cumprimento pelos Estados (IC). Disso teríamos uma equação que hipoteticamente poderia ser assim representada:

$$\text{Regra da certeza de cumprimento} = \frac{(AD - SF) + CR}{IC}$$

4ª) *Regra da probabilidade de impacto*: (equação entre as alternativas de comportamento escolhidas e resultados reais e percebidos). Como utilizar a regra: A Corte IDH poderia equacionar as medidas implementadas na sentença com as metas gerais que seu sistema de reparação já havia previsto (em outras sentenças semelhantes), em face de determinada situação fática (padrão sistemático de violação de direitos)? Responde-se a essa questão por meio da análise do padrão decisório da Corte em face de cada padrão de violação observado. O resultado dessa observação deve ser confrontado com a análise (por tipo de violação) das resoluções de supervisão de cumprimento de sentença.

O resultado geral dessa metodologia pode ser visto na tabela a seguir:

**TABELA 13. Dimensões e regras para uma metodologia de análise da racionalidade jurídica dos juízes interamericanos**

| DIMENSÃO | EXPLICAÇÃO DA DIMENSÃO | REGRA PARA ANÁLISE | COMO UTILIZAR A REGRA |
|---|---|---|---|
| **1ª dimensão:** Considera-se o conjunto de alternativas de comportamento, escolha ou decisão colocados à disposição da Corte. | Todas as informações apresentadas (em termos de argumentos apresentados pelo Estado, pela CIDH e pelas vítimas e seus representantes) são suficientes para fundamentar a racionalidade jurídica do juiz interamericano? Essas informações diminuem ou aumentam a probabilidade de uma decisão incremental? | **1ª Regra de análise das alternativas para escolha** (medida de reparação – 1ª dimensão) | Qual seria o pior resultado real? **Como observar:** por meio da análise das resoluções de supervisão de cumprimento de sentença em situações fáticas semelhantes, utilizando os critérios de tempo, forma e alcance do cumprimento. |
| **2ª dimensão:** Considera-se o conjunto de alternativas de comportamento que a Corte levou em consideração ou percebeu diante da situação fática concreta (esse critério é mais restrito que o primeiro, pois nele está contido). | Delimitação das alternativas pela instituição (Corte): Quais as informações (elementos) consideradas pela Corte quando da prolação de sua sentença? | **2ª Regra da análise das propostas de reparação** (emitidas a partir do padrão decisório da Corte já definido na pesquisa por tipo de situação fática) | Quais as propostas que melhor viabilizariam a reparação integral às vítimas? **Como observar:** analisar a etapa das propostas de reparação (apresentadas pelo Estado e avaliadas pelas vítimas e sociedade civil). |

| DIMENSÃO | EXPLICAÇÃO DA DIMENSÃO | REGRA PARA ANÁLISE | COMO UTILIZAR A REGRA |
|---|---|---|---|
| **3ª dimensão:** Consideram-se os resultados reais e percebidos para a tomada de decisão pela Corte (daí a validade de se criar uma etapa para propostas de reparação). Aqui se analisa a consideração pela Corte do panorama político-institucional, social, econômico e cultural do Estado. | Análise prévia dos resultados reais e percebidos na tomada de decisão: A Corte considera os possíveis resultados de sua escolha (resultados reais e percebidos)? O tribunal considerou a agenda pública em curso nos Estados? Essa dimensão visa entender e equacionar o nível de aspiração *versus* o custo de oportunidade | **3ª Regra da probabilidade de cumprimento**: como o conjunto restrito de alternativas de escolha (2ª dimensão) é parte de um conjunto mais amplo (1ª dimensão), entende-se que esse conjunto restrito deve ser associado aos possíveis resultados da escolha. | A Corte IDH escolheu a alternativa de comportamento (medida de reparação) capaz de produzir o maior *payoff* (alcance das metas)? **Como observar:** confrontando o alcance do direito que se visa proteger (AD), as situações fáticas de violação (SF) e os critérios de reparação definidos (CR), com o possível impacto que essa sentença pode gerar no plano nacional e sua real possibilidade de cumprimento pelos Estados (IC). |
| **4ª dimensão:** A Corte considera os *payoffs* (alcance das metas estabelecidas na sentença) a partir da utilidade que atribuiu aos resultados da escolha? | Análise do alcance das metas: possibilidade de a Corte definir critérios para avaliação do nível de cumprimento da sentença. | **3ª Regra da probabilidade de impacto** (equação entre as alternativas de comportamento escolhidas e resultados reais e percebidos). | A Corte IDH equaciona as medidas implementadas na sentença com as metas gerais que seu sistema de reparação já havia previsto (em outras sentenças semelhantes), em face de determinada situação fática (padrão sistemático de violação de direitos)? **Como observar:** por meio da análise do padrão decisório da Corte em face de cada padrão de violação observado. O resultado dessa observação deve ser confrontado com a análise (por tipo de violação) das resoluções de supervisão de cumprimento de sentença. |

Na prática, não devemos nos esquecer de alguns fatores que, embora não sejam inerentes ao processo decisório, influenciam-no diretamente, são eles:

a) a Corte fundamenta suas decisões nos valores e princípios comuns reciprocamente aceitos pelos Estados (termos genéricos e amplos com base em princípios);

b) a Corte desenvolve um trabalho interpretativo evolutivo à luz das necessidades sociais atuais no tempo de sua decisão (alteração constante da dimensão dos direitos e liberdades definidos pela CADH);

c) deve-se considerar a própria visão subjetiva dos juízes interamericanos em relação à extensão que deve ser garantida a um direito ou liberdade (aspecto psicológico do sistema de reparação, pois, o nível de aspiração que define uma alternativa como satisfatória tem boa fundamentação psicológica);

d) a vontade e o empenho das partes em se manifestar durante o processo diante da Corte (limite ao conhecimento dos fatos e do panorama geral – político-institucional, social, cultural e econômico – do Estado);

e) a impossibilidade de se perceber uma solução a um determinado problema diminui o nível de aspiração pretendida, fazendo surgir alternativas satisfatórias (no lugar de alternativas ótimas).

A racionalidade das decisões impõe à Corte o seguimento de um estrito processo em relação à decisão a ser tomada, já que desse processo resulta a maior ou menor força vinculante de suas sentenças.

Conforme lembrado por Simon[53], "em uma organização, o ajustamento dinâmico com respeito a uma sequência de escolhas pode depender fundamentalmente de ajustes no nível de

53. Mais uma vez, ressalta-se a importância do trabalho de Simon para o estabelecimento e a estruturação desse método de análise da racionalidade jurídica das decisões da Corte.

aspiração"[54]. Todo o processo de definição das medidas de reparação seguido pela Corte tem, como ponto de partida, as informações prestadas pelas partes e, como ponto de chegada, a prolação de uma sentença que seja capaz tanto de reparar as vítimas do caso concreto, quanto de garantir a não repetição das violações por parte dos Estados, por isso, mais uma vez, ressalta-se a validade da criação de uma etapa de propostas de reparação pelo Estado, antes da fase do procedimento oral.

### 4.2.2. Reflexões sobre uma nova agenda de pesquisa

Nossa pesquisa recorreu principalmente à metodologia de estudo de caso e teve como objetivos explorar informações; delimitar uma chave específica para leitura das sentenças e construir uma metodologia que possibilite sua reprodução e continuidade.

Para delimitação do caso, procedemos à divisão do sistema de reparação da Corte (macrounidade) em duas unidades internas de observação, a saber, o processo de estruturação das sentenças e a fase de supervisão de cumprimento das decisões do tribunal. Este estudo se concentra na análise da primeira unidade interna, ou seja, do processo de estruturação das sentenças em si mesmo. A escolha dessa microunidade permitiu entender como e por que a estrutura dessas decisões pode ser instrumento para sua maior ou menor força.

Para possibilitar a continuidade (e reprodução) da pesquisa, criamos uma chave de leitura específica dessas informações. Ainda assim, desenvolvemos metodologias próprias para a análise da força vinculante das sentenças e da racionalidade dos juízes interamericanos no processo de tomada de decisão.

O resultado geral nos permitiu algumas considerações e proposições acerca dessa força vinculante. Ao longo desse estudo percebemos que ela depende basicamente da boa vontade e disposição

54. SIMON, Herbert. **Modelo comportamental de decisão racional.** In: HEIDEMANN, Francisco G.; SALM, José Francisco (orgs.). Políticas Públicas e desenvolvimento: bases epistemológicas e modelos de análise. 2ª Edição, Editora UNB. Brasília: 2010, p. 147.

de cumprimento por parte dos Estados (devido ao alto número de reincidências e padrões sistemáticos observados) e da incidência de medidas de reparação mais objetivas e que dependam de menor nível de articulação institucional interna (nacional)[55]. Essas inferências confirmam que, na região (inter)americana, a real eficácia do Sistema de Proteção de Direitos Humanos está nas mãos dos entes estatais e não dos órgãos que o compõem. Nesse cenário, o trabalho da Corte corrobora a ideia de resistência implícita na própria natureza dos direitos que ela visa proteger.

Ficou nítida a vontade de evolução desse tribunal quando analisamos as novas pautas de sua agenda e a mudança do seu padrão decisório. Esse ânimo deu espaço para o progresso do SIDH como um todo, já que além de visar à superação e enfrentamento de modelos autoritários de governo e de padrões sistemáticos de violação aos direitos, também permitiu vislumbrar a possibilidade (real) de mudanças estruturais na região.

Da análise quantitativa e qualitativa feita ao longo dessa pesquisa, cabem algumas inferências:

- percebemos quais são os padrões sistemáticos de violação tanto em nível nacional (por Estado parte), quanto em nível regional (SIDH);
- tais padrões nos permitiram visualizar certa tendência a uma postura estadocentrista (pouco favorável à influência das decisões, resoluções e recomendações da Corte Interamericana), no que se refere à força vinculante das sentenças;
- na maioria das vezes, as violações foram perpetradas por agentes do Estado;
- essas informações também podem ser corroboradas pelo nível de reincidência registrado em ambos os períodos analisados (1987 a 2001 e 2002 a 2017);

55. Ver nota explicativa nº. 99 e item 1.2.2 Força vinculante sob a perspectiva da teoria das políticas públicas.

- identificamos, por país, além do padrão de violação, os artigos violados em mais de dez processos, o nível de reincidência, quais artigos da CADH que não foram objeto de análise nos processos da Corte e quais artigos foram objeto de análise em um único processo em face do Estado;
- a alta tendência à reincidência influencia o nível de observância e eficácia[56] das sentenças da Corte, que por sua vez, se traduz em um baixo efeito preventivo e na insuficiência do efeito repressivo da decisão do tribunal;
- os Estados que lideraram os índices de reincidência entre os anos de 1987 e 2001, foram (praticamente) os mesmos entre os anos de 2002 e outubro de 2017;
- houve mudança nos temas que compõem a agenda da Corte, todavia, tais temas não representam a maioria das situações fáticas registradas (que continuam refletindo os padrões sistemáticos de violação identificados);
- esses novos temas, em concomitância com a alteração do regulamento da Corte ocorrida em 2001, influenciaram diretamente na alteração do padrão decisório da Corte[57] a partir do segundo período analisado;
- esse novo padrão decisório mostrou um aumento significativo de medidas de reparação com efeitos *extra partes*, embora tais medidas não tenham representado a maioria das medidas adotadas em ambos os períodos analisados;

56. Engstrom esclarece que observância não é sinônimo de eficácia, embora muitas vezes ambos os termos sejam considerados equivalentes. "Observância geralmente se refere à implementação de decisões - decisões, recomendações - proferidas por instituições de direitos humanos internacionais, como Corte ou Comissão Interamericana de Direitos Humanos" (ENGSTROM, 2017, *op. cit.*, p. 1255). Enquanto que eficácia refere-se à "capacidade da atuação das instituições de direitos humanos internacionais de aumentarem o nível das condições de direitos humanos e diminuir a possibilidade de repetição de abusos, oferecendo, dessa forma, um recurso satisfatório às vítimas" (Ibidem). A observância é importante para a eficácia de uma decisão, contudo, não é suficiente, lembra o autor.

57. Sobre isso, ver nota explicativa nº. 6.

- muitas dessas novas medidas com efeitos *extra partes* incidem direta ou indiretamente sobre as políticas e agenda públicas dos Estados partes;
- tais medidas de reparação seguem a mesma estrutura e organização lógicas que fundamentam o processo de tomada de decisão (racionalidades jurídica e política) dos programas governamentais (considerados em âmbito nacional);
- essa racionalidade poderia ser reforçada por meio da inserção de uma nova fase procedimental nos processos da Corte – etapa das propostas de reparação;
- o nível (quantidade e qualidade) das informações prestadas durante essa nova fase facilitaria o processo de tomada racional de decisão dos juízes interamericanos, pois, partiriam de (possíveis) medidas que os Estados se pré-dispuseram a cumprir;
- tais informações permitiriam adaptar a necessidade de reparação à agenda pública soberanamente definida pelo governo; diminuir o tempo de implementação das medidas reparatórias (já que estas poderiam ser inseridas nos programas governamentais existentes, cujo orçamento público já fora aprovado), diminuindo, também, a fase de supervisão de cumprimento das sentenças, o que, por sua vez, causaria impacto significativo no orçamento (restrito) do tribunal interamericano.

Além dessas constatações[58], percebemos a importância da continuidade deste estudo sob três eixos estruturantes que abrem

58. Essas constatações, seja de forma individual, seja de forma conjunta, dão margem a uma série de novos questionamentos, como, por exemplo: qual o impacto da força vinculante das sentenças da Corte no tocante ao controle de convencionalidade feito pelos tribunais internos? Esses tribunais levam em consideração o nível de proteção dos direitos definidos pela Corte no momento da prolação de uma sentença? Por que os padrões sistemáticos de violação na região interamericana continuam se relacionando, sobretudo, à violação de direitos civis e políticos? As questões de ordem estrutural e o nível de eficácia das instituições afetam a percepção do indivíduo enquanto sujeito de direitos? Isso repercute no número de casos baseados na violação de direitos econômicos, sociais e culturais levados à Corte (já que embora se tenha

espaço para uma nova agenda de pesquisa. O primeiro deles, ligado à aplicação da metodologia de análise da racionalidade dos juízes interamericanos no processo de tomada de decisão. Esse eixo permitiria, de um lado, entender até que ponto chega a permeabilidade dos magistrados da Corte em relação à agenda governamental já definida pelos Estados. Essa perspectiva de observação poderia enfraquecer os argumentos que entendem o trabalho da Corte como uma espécie de ingerência na vida política dos Estados, aumentando, por sua vez, a força vinculante das decisões. De outro, possibilitaria entender essa permeabilidade em relação aos Estados membros, ou seja, qual a pré-disposição desses entes em relação, não somente à possibilidade de ver sua responsabilidade internacional implicada (já que, nesse caso, deverá reparar as vítimas), mas também, de considerar a força vinculante das sentenças da Corte, o que poderia ser percebido pelo nível (quantidade e qualidade) das informações prestadas nas diferentes fases do processo diante da Corte.

O segundo eixo, está ligado ao impacto das sentenças proferidas por órgãos jurisdicionais internacionais de proteção dos Direitos Humanos na implementação de políticas públicas pelos Estados membros. Em relação a esse eixo, percebemos a necessidade de ampliação do quadro de referência de políticas públicas desenvolvido por Bucci[59]. Para a autora, pode ser dificultoso o processo de identificação dos elementos que compõem um programa de ação, já que por vezes, as normas que o sustentam "não são exclusivas daquele programa". Seu quadro de referência (pensado como "ferramenta de apoio didático"), tem por objetivo, possibilitar a "demarcação mais clara dos limites do programa de ação. Para isso, aponta os elementos principais que permitem compreender sua organização interna, a partir da base jurídica, identificando

afirmado a inserção de novos temas na agenda do tribunal, ainda se constata uma maioria de casos que versam sobre outros tipos de direitos)?

59. BUCCI, Maria Paula Dallari. **Quadro de Referência de uma Política Pública: primeiras linhas de uma visão jurídico-institucional.** Ano 2016, número 122, disponível em www.direitodoestado.com.br/colunistas/maria-paula-dallari-bucci/quadro-de-referencia-de-uma-politica-publica-primeiras-linhas-de-uma-visao-juridico-institucional, consultado dia 20.05.2018.

as ligações com aspectos políticos, econômicos e de gestão mais importantes".

Formado por alguns elementos específicos[60], o quadro de referência entende a importância de se definir, entre outras características,

---

60. **Elementos do quadro de referência:**

**1) Nome oficial do programa de ação:** "é o que lhe confere identidade, permitindo isolá-lo do entorno. (...) é associado à marca política do programa, sua identificação político-partidária".

**2) Gestão governamental: a**ponta "a gestão governamental que criou ou implementou o programa permite compreender seu sentido à luz do espectro político-partidário. (...) Em complemento, devem ser indicadas eventuais fontes de inspiração em modelos de ação externos, tais como os adotados por agências da Organização das Nações Unidas, Banco Mundial etc".

**3) Base normativa:** "A norma principal, cujo suporte pode ser de hierarquia variada (...) se caracteriza, pelo menos idealmente, por conferir caráter sistemático ao programa, articulando seus diversos elementos e, em especial, os vários focos de competência dos quais depende o seu funcionamento".

**4) Desenho jurídico-institucional:** "O primeiro passo é identificar os principais agentes institucionais com competências, atribuições e responsabilidades sobre o funcionamento do programa, tanto no interior do aparelho governamental, como fora dele. Em seguida, descrevem-se os papéis institucionais de cada um (itens 5 e 6) e os mecanismos de articulação da ação (item 7), isto é, como está prevista a atuação, em conjunto, desses vários agentes".

**5) Agentes governamentais:** Identificar, a partir da base normativa, as competências, atribuições e responsabilidades reservadas a cada agente governamental, tanto os principais, como os secundários, isto é, aqueles que administrarão efeitos da conduta dos primeiros".

**6) Agentes não governamentais:** "compreensão de quem são os principais interessados, quais são os protagonistas e possíveis antagonistas do programa, as forças sociais que explicitamente (ou de forma menos visível) o sustentam confere maior profundidade à análise".

**7) Mecanismos jurídicos de articulação:** "No Brasil, a forma federativa e a repartição de competências, especialmente a definição constitucional das competências comuns, tem influência determinante sobre os programas de alcance nacional. Os modos pelos quais se dá a articulação da ação dos vários agentes depende, em grande medida, de mecanismos jurídicos, de gestão e de informação".

**8) Escala e público-alvo:** "a análise do programa deve escrutinar o alcance esperado com a implementação do programa, dimensionando, para o intérprete, a magnitude pretendida, mediante comparação com programas similares ou ordens de grandeza que possam servir de referência".

**9) Dimensão econômico-financeira do programa:** "Do ponto de vista da alocação orçamentária, essa inversão de recursos pode se dar na forma de investimento, custeio ou pessoal".

**10) Estratégia de implantação:** o objetivo é descrever, com base nas fontes oficiais, qual é o movimento pretendido ou esperado pelo gestor público que protagoniza a instituição do programa. (...) da deficiência de planejamento resultará a obscuridade

"a gestão governamental que criou ou implementou o programa que permite compreender seu sentido à luz do espectro político-partidário"[61]. Esse elemento permite entender possíveis "fontes de inspiração" que serviram de base para a política.

Da análise da força vinculante das sentenças da Corte e dos efeitos que as medidas *extra partes* podem gerar sobre tais programas governamentais, entendemos que o elemento da gestão governamental deve ser compreendido sob duas perspectivas, a da gestão institucional nacional, de acordo com os moldes definidos por Bucci, e, sob a ótica da gestão institucional internacional, pensada sob o aspecto da influência que possíveis sentenças internacionais podem exercer sobre (a adoção, a planificação, a implementação, o seguimento, a avaliação e a alteração) as políticas públicas no âmbito dos Estados. Damos preferência ao termo 'institucional'[62] ao 'governamental', já que o elemento 'gestão institucional' seria o gênero das espécies nacional e internacional.

A importância da inclusão dessa nova dimensão (elemento) de análise é relevante, sobretudo, no âmbito do Sistema Interamericano de Direitos Humanos, já que comprovamos que muitas das medidas de reparação implementadas pela Corte IDH podem exercer influência sobre esses programas governamentais.

Finalmente, o terceiro eixo refere-se à análise da outra unidade (caso) que integra o sistema de reparação da Corte. Falamos nesse momento, do conjunto de resoluções de cumprimento das sentenças. A metodologia de observação desenvolvida para o presente estudo pode ser aplicada na análise dessas resoluções, de forma a se

---

na compreensão da estratégia, pelo analista, e as limitações de adesão e legitimação, no plano da ação concreta.

**11) Funcionamento efetivo do programa:** "Compreendido o desenho ideal do programa (itens 4 a 10), poderá o analista confrontá-lo com o seu funcionamento real, numa visão panorâmica.

**12) Aspectos críticos do desenho jurídico-institucional:** "da visão panorâmica mencionada no item 11 poderão ser destacados para análise em detalhe os elementos jurídicos presentes na estruturação da política, capazes de explicar, pelo menos em parte, os aspectos críticos da sua implementação". (Ibidem).

61. Ibidem.

62. Ver notas explicativas nº .13 e 83.

estabelecer uma radiografia do nível de cumprimento das medidas. Isso seria absolutamente importante se o que se visa entender é a força vinculante de cada espécie de medida reparatória e permite confrontar a verdadeira posição dos Estados (considerados de forma individual e no contexto regional), em face do seu dever de respeitar e garantir direitos. Esse eixo, em si mesmo, é composto de unidades internas de análise, quais sejam: i) o conjunto de processos arquivados por cumprimento total das medidas de reparação; ii) o conjunto de processos em que houve declaração deliberada de não cumprimento por parte dos Estados e, finalmente, iii) o conjunto de processos que seguem em fase de cumprimento.

A partir dessa classificação (em microunidades ou microcasos), seria relevante desenvolver uma análise comparada entre o nível de cumprimento das medidas que produzem efeitos *inter* e *extra partes*. Além disso, também seria válida a confrontação dos dados obtidos na análise entre 1987 a 2001 e 2002 a 2017, a fim de se estabelecer uma análise completa da real extensão dos efeitos vinculantes das sentenças da Corte[63].

63. Essa metodologia poderia seguir o planejamento definido na segunda unidade interna de análise localizada no Apêndice dessa pesquisa.

# CONCLUSÃO

Nossas inferências e conclusões nos permitiram lançar um novo olhar sobre o processo de estruturação das sentenças. Isso porque alguns dos elementos que constituem as decisões da Corte podem influenciar diretamente o maior ou menor nível de sua força vinculante. Como já mencionado, embora o processo de tomada de decisão do juiz interamericano esteja pautado em uma racionalidade coerente e bem fundamentada, é certo que depende diretamente do nível (qualitativo e quantitativo) das informações fornecidas pelas partes durante todo o processo, sobretudo, no tocante àquelas prestadas pelos entes estatais.

Os dados aqui apresentados mostraram que, *a priori*, a força vinculante dessas sentenças depende, sobretudo, da boa vontade e (pré)disposição dos Estados para o seu cumprimento (o que pode ser visto no alto nível de reincidência e nos padrões sistemáticos de violação observados individual e conjuntamente).

No entanto, observamos que a incidência de medidas de reparação mais abrangentes, que estendam seus efeitos a outras pessoas que aquelas diretamente envolvidas no processo e que dependam de maior nível de articulação institucional[1], também são fatores que influenciam essa força vinculante. Além disso, a dissidência entre os juízes interamericanos e a extensão do *corpus juris* da Corte, podem, em certas circunstâncias[2], exercer essa mesma influência.

Vários desses fatores integram o processo de tomada de decisão e dão vida à sentença. Embora intimamente ligados à decisão

1. Sobre isso, ver nota nº. 99 e item 1.2.2 Força vinculante sob a perspectiva da teoria das políticas públicas.

2. Conforme visto nos capítulos 2 e 3.

em si mesma, são fatores que dependem, em grande medida, da postura adotada pelo Estado no que tange à reparação das vítimas e à prevenção de novas violações. Isso leva a entender que a verdadeira eficácia do Sistema Interamericano de Proteção de Direitos Humanos está diretamente ligada à postura que o ente estatal adotou em face de suas obrigações internacionalmente assumidas, o que não exclui a interferência (mesmo que em menor grau), de outros fatores.

A pesquisa nos permitiu entender como a Corte IDH veio atuando para conseguir implementar um sistema que, além da reparação das vítimas, possa ser eficaz no que diz respeito à prevenção de novas violações. Os dados apresentados confirmaram a evolução do trabalho interpretativo e jurisdicional desse tribunal tanto em relação ao enfrentamento de antigos padrões sistemáticos de violação, por meio de implementação de um novo padrão decisório (mais abrangente e com efeitos *extra partes*), quanto pela abertura de sua agenda a novas temáticas antes não analisadas. Falamos aqui de novas situações fáticas que indicam problemas de ordem estrutural no plano interno dos Estados.

Em relação a essa última questão (problema de ordem estrutural), Salomão Filho, Ferrão e Ribeiro mencionam que as estruturas, existentes em muitos países, são fruto do processo de colonização que deixou "uma herança de pobreza crônica e desigualdade na distribuição de renda, uma situação que persiste através dos séculos e é resistente a toda sorte de políticas públicas"[3]. Esse processo orientou-se à "extração máxima de renda por um grupo bastante restrito de pessoas, e redundou na concentração econômica que está na origem do subdesenvolvimento da região"[4], o que foi possível por meio da criação de um "aparato especial, no qual certas estruturas e instituições desenvolveram papel fundamental"[5]. Nesse contexto, as estruturas foram criadas para permitir a máxima extração de renda, a qual era possível pela garantia do processo de concentração.

3. SALOMÃO FILHO; FERRÃO; RIBEIRO, 2008, *op.cit.*, pp. 13.
4. Ibidem.
5. Ibidem.

Diante desse quadro geral, é importante concluirmos nossa pesquisa respondendo a duas questões fundamentais: a) as sentenças da Corte fortalecem o Sistema Interamericano de Proteção de Direitos Humanos? b) elas permitem uma mudança positiva nas estruturas e instituições internas? Para ambas as perguntas, há várias possibilidades de resposta.

Em relação à primeira, a resposta é sim, elas fortalecem o SIDH quando promovem: o enfrentamento de padrões sistemáticos de direitos; mudanças de ordem estrutural no plano interno dos Estados; o fortalecimento de uma cultura de direitos humanos da região; a reparação integral das vítimas; a repressão das práticas atentatórias aos direitos que visa proteger; a prevenção de novos casos de violação; a mudança ou adequação da agenda pública dos Estados em face do seu compromisso de proteger e promover os direitos humanos; a ampliação do *status* do indivíduo no plano internacional, enquanto sujeito de direito internacional; o direito individual de resistência à opressão, inerente à ideia de sujeito de direitos humanos; o diálogo internacional sobre o alcance dos compromissos assumidos nesse plano; etc.

Tantos outros motivos poderiam ser extraídos da análise geral da atividade contenciosa da Corte, contudo, também seria válido destacar as duas principais fragilidades que encontramos nessa pesquisa: o fato de que a implementação de medidas com efeitos *extra partes* (que incidem sobre políticas públicas de forma incremental), pode diminuir a força vinculante das sentenças e o fato de que a falta de informações suficientes em relação à agenda pública dos Estados interfere na racionalidade que fundamenta o processo decisório, riscando esvaziar o sentido do direito que se visa proteger sempre que os entes estatais não cumprirem as medidas de reparação devido ao impacto gerado em sua agenda.

No entanto, na balança das fragilidades o peso não se relaciona com a atuação da Corte, mas sim, com o próprio modelo procedimental adotado (uma vez que não há uma fase no processo em que se demande a apresentação de informações sobre propostas de reparação mais próximas da realidade dos Estados) e com a disponibilidade dos Estados em cumprir as sentenças do tribunal interamericano, já que o que se quer evitar é que o sistema, em si mesmo, facilite um modelo de cumprimento *à la carte*[6], como já mencionado.

Em relação à segunda questão, percebemos que sua resposta está intimamente ligada à estrutura das sentenças e ao processo de tomada de decisão do juiz interamericano. Em outras palavras, a resposta é sim, as sentenças da Corte permitem uma mudança positiva nas estruturas e instituições internas a partir do momento em que a Corte possibilitou a abertura da sua agenda a novas questões (sobretudo, àquelas que envolvem pessoas e comunidades vivendo em condições de pobreza extrema[7]), e passou a ampliar seu sistema de reparação por meio da implementação de novas medidas. Sobre essa última questão, vimos que tais medidas, aqui chamadas de *extra partes*, possuem, principalmente, caráter preventivo e podem provocar impactos nas políticas e agenda públicas nacionais.

Esses impactos foram dimensionados em três níveis de influência: o primeiro nível, no qual se encontram as medidas que levam à implementação de políticas públicas por parte dos Estados para

---

6. Sobre o fenômeno da observância *à la carte*, ver nota explicativa nº. 70.

7. **Comunidad Moiwana Vs. Suriname:** Sentencia de 15 de junio de 2005 (Excepciones Preliminares, Fondo, reparaciones y Costas); Sentencia del 8 de febrero de 2006 (Interpretación de la Sentencia de Fondo, Reparaciones y Costas). **Comunidad indígena Yakye Axa Vs. Paraguay:** Sentencia de 17 de junio de 2005 (Fondo, Reparaciones y Costas); Sentencia de 6 de febrero de 2006 (Interpretación de la Sentencia de Fondo, Reparaciones y Costas). **Comunidad Indígena Sawhoyamaxa Vs. Paraguay:** Sentencia de 29 de marzo de 2006 (Fondo, Reparaciones y Costas). **Pueblo Saramaka vs. Surinam: S**entencia de 12 de agosto de 2008 (interpretación de la sentencia de excepciones preliminares, fondo, reparaciones y costas). **Comunidad Indígena Xákmok Kásek vs. Paraguay:** Sentencia de 24 de agosto de 2010 (fondo, reparaciones y costas). **Rosendo Cantú y otra vs. México:** Sentencia de 31 de agosto de 2010 (Excepción Preliminar, Fondo, Reparaciones y Costas); Sentencia de 15 de mayo de 2011 (Interpretación de la Sentencia de Excepción Preliminar, Fondo, Reparaciones y Costas). **Pueblo Indígena Kichwa de Sarayaku vs. Ecuador:** Sentencia de 27 de junio de 2012 (Fondo y Reparaciones). **Personas Dominlcanas y Haitianas expulsadas vs. República Dominicana:** Sentencia de 28 de agosto de 2014 (Excepciones Preliminares, Fondo, Reparaciones y Costas). **Comunidad Garífuna de Punta Piedra y sus miembros vs. Honduras:** Sentencia de 8 de octubre de 2015 (Excepciones Preliminares, Fondo, Reparaciones y Costas). **Comunidad Garífuna Triunfo de La Cruz y sus miembros vs. Honduras:** Sentencia de 8 de octubre de 2015 (Fondo, Reparaciones y Costas). **Pueblos Kaliña y Lokono vs. Surinam:** Sentencia de 25 de noviembre de 2015 (Fondo, Reparaciones y Costas).

que a reparação possa ser cumprida, sempre que a reparação trate de temas não abrangidos (ou não abrangidos suficientemente) pelos programas governamentais implementados antes da sentença. O segundo, em que tais medidas de reparação dependam de programas governamentais já em curso no âmbito nacional e, finalmente, o terceiro, no qual se encontram as medidas de reparação que não dependem da existência prévia, nem resultam na adoção de novas políticas, mas que por serem tão significativas, no plano formal (ordem jurídica interna), podem acabar alterando a agenda pública dos Estados e, indiretamente, incidindo sobre programas de ação governamental.

Nessas três situações, a sentença reparatória poderá incidir (direta ou indiretamente) sobre as políticas públicas e agenda governamental, o que, por sua vez, poderá produzir efeitos sobre as estruturas e instituições[8] nacionais, por meio de programas que possibilitem a diminuição da pobreza e da desigualdade, o que afetaria os processos de acumulação de riquezas e de distribuição de renda.

Contudo, a resposta à segunda questão também pode ser negativa, sempre e quando a eficácia da atividade jurisdicional e interpretativa da Corte continuar a depender da boa vontade e (pré)disposição dos Estados em face do seu dever de respeitar e garantir direitos. Também será negativa enquanto suas atividades estiverem limitadas pelo baixo orçamento que lhe é concedido. Esse último fator diminui a probabilidade de implementação de uma nova fase procedimental (etapa das propostas de reparação) e dificulta o conhecimento de um número bem maior de processos.

Mesmo diante de todos os fatores que influenciam negativamente a força vinculante das sentenças da Corte e dos pontos de fragilidade levantados nas respostas das duas questões anteriores, apontamos (e confirmamos), a necessidade de percorrermos alguns caminhos que poderiam melhorar esse panorama, sendo eles:

8. Ver notas explicativas nº 13 e 83.

- a otimização (qualitativa) das informações prestadas durante os processos, sobretudo, em relação às situações que para serem reparadas necessitam a implementação de medidas mais abrangentes (*extra partes*);
- a implementação de uma etapa de apresentação de informações sobre quais as medidas reparatórias mais adequadas à agenda pública dos Estados (etapa das propostas de reparação), na qual seria possível receber informações e observar os programas governamentais que melhor se adequariam à reparação das vítimas;
- a maior permeabilidade dos juízes interamericanos à agenda pública dos Estados, sobretudo, a partir da implementação dessa nova etapa procedimental, já que a Corte passaria a obter maiores informações sobre os programas de ação nacionais já em curso e sobre a real (pré)disposição dos entes estatais para o cumprimento de suas decisões.

Estas propostas, se observadas, poderiam otimizar os efeitos preventivos das sentenças, evitariam a tendência ao incrementalismo das decisões do tribunal interamericano, o que, por sua vez, daria um suporte muito mais robusto à adoção de medidas com efeitos *extra partes* adotadas por meio um processo de tomada de decisão ainda mais semelhante ao processo de implementação das políticas públicas.

# REFERÊNCIAS BIBLIOGRÁFICAS


ABDELGAWAD, Elisabeth Lambert. The Execution of the Judgments of the European Court of Human Rights: Towards a Non-coercive and Participatory Model of Accountability. **ZaöRV,** nº 69, 2009, pp. 471-506.

ABBOT, Max Silva. El caso Artavia Murillo vs. Costa Rica: análisis crítico y posibles efectos regionales. **Derecho Público Iberoamericano,** Nº 6, pp. 13-61, abril de 2015.

ABRAMOVICH, Víctor. De las Violaciones Masivas a los Patrones Estructurales: Nuevos Enfoques y Clásicas Tensiones en el Sistema Interamericano de Derechos Humanos. **SUR. Revista Internacional de Direitos Humanos / Sur – Rede Universitária de Direitos Humanos** – vol. 6, n. 11. São Paulo, DIC. 2009, pp. 07 – 39.

ABRAMOVICH, Víctor. Los estándares interamericanos de derechos humanos como marco para la formulación y el control de las políticas sociales. In: ABRAMOVICH, Víctor; COURTIS, Christian; BOVINO, Alberto. **La aplicación de los tratados sobre derechos humanos en el ámbito local: la experiencia de una década.** 1a ed. Ciudad Autónoma de Buenos Aires: Del Puerto; Buenos Aires: Centro de Estudios Legales y Sociales – CELS, 2006, p. 217 – 252.

AITH, Fernando. Políticas Públicas de Estado e de Governo: Instrumentos de consolidação do Estado Democrática de Direito e de promoção e proteção dos diretos humanos. *In:* BUCCI, Maria Paula Dallari (Org.). **Políticas Públicas: reflexões sobre o conceito jurídico.** São Paulo: Saraiva, 2006, pp. 217-245.

ALONSO, Héctor Olásolo; PALERMO, Pablo Galain. La influencia en la corte penal internacional de la jurisprudencia de la Corte Interamericana de Derechos Humanos en materia de acceso, participación y reparación de víctimas. In: ELSNER, Gisela Elsner; AMBOS, Kai Ambos; MALARIN O, Ezequiel (Coord.). **Sistema**

**interamericano de protección de los derechos humanos y derecho penal internacional.** 2010. v: 1, pp.379-426.

ANDERSON, C. W. The place of principles in policy analysis. **American Political Science Review,** v. 73, n. 3, set. 1979, pp.711-723.

ARIAS, O.; YAMADA, G.; TEJERINA, L.. Ingresos y color en Brasil: una historia compleja. In: BUVINIC, M.; MAZZA, J.; PUNGILUPPI, J.; DEUTSCH, R. **Inclusión Social y desarrollo económicos en América Latina.** Washington, D.C.: Banco Interamericano de Desarrollo, 2004, pp. 215-236.

BARROSO, Luís Roberto. **O Direito Constitucional e a Efetividade de suas Normas.** Limites e possibilidades da Constituição Brasileira. 8ª Edição atualizada. Rio de Janeiro: Renovar, 2006.

BASCH, F. et al. 2010. La efectividad del Sistema Interamericano de Protección de Derechos Humanos: un enfoque cuantitativo sobre su funcionamiento y sobre el cumplimiento de sus decisiones. **Sur – Revista internacional de derechos humanos**, Sao Paulo, v. 7, n. 12, jun. 2010, pp. 9-35.

BASCH, Fernando; FILIPPINI, Leonardo; LAYA, Ana; NINO, Mariano; ROSSI, Felicitas; SCHREIBER, Bárbara. A Eficácia do Sistema Interamericano de Proteção de Direitos Humanos: Uma Abordagem Quantitativa sobre seu Funcionamento e sobre o Cumprimento de suas Decisões. **SUR. Revista Internacional de Direitos Humanos / Sur – Rede Universitária de Direitos Humanos** – vol. 7, n. 12. São Paulo, 2010, pp. 08 – 35.

BASCUÑÁN, Sergio Fuenzalida. La jurisprudencia de la Corte Interamericana de Derechos Humanos como fuente de derecho. Una revisión de la doctrina del "examen de convencionalidad". **Revista de Derecho (Valdivia),** Vol. XXVIII, nº 1, Junho, 2015, pp. 171-192.

BICUDO, Helio. Cumplimiento de las sentencias de la Corte Interamericana de Derechos Humanos y de las recomendaciones de la Comisión Interamericana de Derechos Humanos. In: Corte Interamericana de Derechos Humanos. **Memoria del seminario "El sistema interamericano de protección de los derechos humanos en el umbral del siglo XXI".** Tomo I, 2ª edición. San José, Costa Rica: 23 y 24 de noviembre de 1999, pp. 229-236.

BUCCI, Maria Paula Dallari (Org.). **Políticas públicas: reflexões sobre o conceito jurídico.** São Paulo: Saraiva, 2006.

BUCCI, Maria Paula Dallari. **Fundamentos para uma Teoria Jurídica das Políticas Públicas**. São Paulo: Saraiva, 2013.

BUCCI, Maria Paula Dallari. **Quadro de Referência de uma Política Pública: primeiras linhas de uma visão jurídico-institucional.** Ano 2016, número 122, disponível em www.direitodoestado.com.br/colunistas/maria-paula-dallari-bucci/quadro-de-referencia-de-uma-politica-publica-primeiras-linhas-de-uma-visao-juridico-institucional, consultado dia 20.05.2018.

BUERGENTHAL, Thomas. **Remembering the early years of the Inter-American Court of Human Rights**. Center for Human Rights and Justice, working paper n. 1, 2005.

BURGORGUE-LARSEN, Laurence. El contexto, las técnicas y las consecuencias de la interpretación de la convención americana de los derechos humanos. **Estudios constitucionales**, Santiago, vol. 12, n. 1, 2014. p. 105-161.

CALDERÓN GAMBOA, Jorge Francisco. **La evolución de la "reparación integral"en la jurisprudencia de la Corte Interamericana de Derechos Humanos.** Colección Sistema Interamericano de Derechos Humanos, Comisión Nacional de los Derechos Humanos, México, diciembre 2013.

CANÇADO TRINDADE, Antônio Augusto; VENTURA ROBLES, Manuel E. El reglamento de la Corte Interamericana de Derechos Humanos (2000) y su proyección hacia el futuro: la emancipación del ser humano como sujeto del Derecho Internacional. In: CANÇADO TRINDADE, Antônio Augusto; VENTURA ROBLES, Manuel E. (Coords.). **El futuro de la Corte Interamericana de Derechos Humanos.** 2. ed. San José de Costa Rica: Corte Interamericana de Derechos Humanos, 2004, pp. 11-108.

CARR, E. H. **The Twenty Years' Crisis, 1919-1939: an Introduction to the Study of International Relations.** London: Macmillan, 1940.

CHAYES, Abram; CHAYES, Antonia Handler. On compliance. **International Organization**, v. 47, n. 2, 1993.

COBB, Roger W.; ELDER, Charles D. **Participation in American politics: the dynamics of agenda-building.** Baltimore: Johns Hopkins University Press, 1983.

COMPARATO, Fábio Konder. A nova cidadania. **Revista Lua Nova,** nº.28-29, São Paulo, Apr. 1993, disponível em: www.scielo.br/

scielo.php?script=sci_arttext&pid=S0102-64451993000100005, consultado dia 20.05.2018.

CORZO SOSA, Edgar. El Impacto de las sentencias de la Corte Interamericana de Derechos Humanos. In: CORZO SOSA, Edgar et. Al. **Impacto de las sentencias de la Corte Interamericana de Derechos Humanos**. Tirant-lo-Blanch, Universidad Nacional Autónoma de México, México, 2013, pp. 271 – 288.

DÁVILA, Gerardo Dehesa. **Introducción a la retórica y argumentación. Elementos de retórica y argumentación para perfeccionar y optimizar el ejercicio de la función jurisdiccional.** México: Suprema Corte de Justicia de la Nación, 2004.

DOWNS, George; ROCKE, David; BARSOOM, Peter. Is the good news about compliance good news about cooperation? **International Organization,** vol. 50, n. 03, 1996, pp. 379-406.

DUARTE, Clarice Seixas. O Ciclo das Políticas Públicas. In: SMANIO, Gianpaolo Poggio e BERTOLIN, Patricia Tuma Martins (orgs.). **O Direito e as Políticas Públicas no Brasil**. São Paulo, Atlas, 2013, p. 16-43.

DULITZKY, Ariel. 50 años del sistema interamericano de derechos humanos: una propuesta de reflexión sobre cambios estratégicos necesarios. Ponencia ofrecida en el seminario conmemorativo de la Declaración Americana de los Derechos y Deberes del Hombre que llevó adelante el IIDH el 28 de mayo de 2008 en Bogotá D.C., en colaboración con la Alcaldía Mayor. **Revista IIDH – Instituto Interamericano de Derechos Humanos.** Vol. 46, 2007, pp. 33 – 42.

ENGSTROM, Par. Reconceitualizando o Impacto do Sistema Interamericano de Direitos Humanos. **Rev. Direito e Práx.**, Rio de Janeiro, Vol. 2, N. 8, p. 1250-1285.

FERRATER MORA, José. **Diccionario de filosofia**. Barcelona: Ariel, Vol. IV, 1994.

FRANCO, Thalita Leme. **Efetividade das decisões proferidas pela Corte Interamericana de Direitos Humanos: identificação dos marcos teóricos e análise da conduta do Estado brasileiro**. Dissertação (Mestrado) apresentada ao Instituto de Relações Internacionais da Universidade de São Paulo, Instituto de Relações Internacionais. São Paulo: 2014.

FRANCO, Thalita Leme. **Os limites do compliance ao se avaliar a efetividade das decisões proferidas pela Corte Interamericana de Direitos Humanos:** estudo de caso sobre o Brasil. Dissertação (Mestrado) apresentada ao Instituto de Relações Internacionais da Universidade de São Paulo, Instituto de Relações Internacionais. São Paulo: 2014.

FRY, Peter. Color e imperio de la ley en Brasil. In: MENDEZ, J.; ODONELL, G.; PINHEIRO, P. S. (Org.). **La (in)efectividad de la ley y la exclusión en América Latina**. Buenos Aires, Barcelona, Mexico: Paidos, 2002, pp. 191-212.

GALINDO, George Rodrigo Bandeira; MAUÉS, Antonio Moreira. El caso brasileño. In: GALINDO, George Rodrigo Bandeira; URUEÑA, René; PÉREZ, Aida Torres. **Protección Multinivel de Derechos Humanos**. Guia de Prácticas. DHES. Red de Derechos Humanos y Educación Superior, 2013, pp. 343-363.

GARBIN, Isabela. Compliance e Compromissos Internacionais em Direitos Humanos. **BIB**, São Paulo, n. 76, 2º semestre de 2013 (publicada em julho de 2015), pp. 63–76.

GIULIANI, M. Policy termination. In: CAPANO, G..; GIULIANI, M. **Dizionario di Politiche Pubbliche.** Roma: Carocci, 2005.

GONZÁLEZ-SALZBERG, D. 2010. The effectiveness of the Inter-American Human Rights System: a study of the American State's compliance with the judgments of the Inter-American Court of Human Rights. **International Law: Revista Colombiana de Derecho Internacional**, Bogotá, n. 15, p. 115-142, June.

GONZÁLEZ-SALZBERG, Damián A. A implementação das sentenças da Corte Interamericana de Direitos Humanos na Argentina: uma análise do vaivém jurisprudencial da Corte Suprema de Justiça da Nação. **SUR. Revista Internacional de Direitos Humanos / Sur – Rede Universitária de Direitos Humanos** – vol. 8, n. 15. São Paulo, 2011, pp. 115 – 133.

GOODE, Willian J.; HATT, Paul K. **Métodos em pesquisa social**. Tradução de Carolina Martuscelli Bori, 5ª ed.. São Paulo: Nacional, 1975.

HAFNER-BURTON, Emilie M. International Regimes for Human Rights. **Annual Review of Political Science**, 15(1), 2012, p. 265-288.

HAFNER-BURTON, Emilie. Trading human rights: How preferential trade agreements influence government repression. **International Organization,** vol. 59, n. 03, 2005, pp. 593-629.

HAURIOU, Maurice. **Principes du Droit Public**. Paris, 1916.

HAWKINS, Darren; JACOBY, Wade. **Partial compliance: a comparison of the European and Inter-american Courts of human rights**. Paper prepared for delivery at the Annual Meeting of American Political Science Association, Boston, MA, august 28-31, 2008.

HELFER, Laurence; SLAUGHTER, Anne-Marie.Why states create international tribunals: A response to professors Posner and Yoo. **California Law Review,** vol. 93, n.02, 2005, pp. 900-957.

HELPMAN, Elhanan. **The mystery of economic growth**. Cambridge: Harvard University Press, 2004.

HILLEBRECHT, Courtney. **Domestic Politics and International Human Rights Tribunals: The Problem of Compliance**. Cambridge: Cambridge University Press, 2014, pp. 41-51.

IIDH. **Manual auto-formativo para la aplicación del control de convencionalidad dirigido a operadores de justicia**. Instituto Interamericana de Derechos Humanos, San José, Costa Rica: IIDH, 2015.

IMMERGUT, Ellen M. O núcleo teórico do novo institucionalismo. In: SARAIVA, Enrique; FERRAREZI, Elisabete (orgs.) **Políticas Públicas**. Coletânea, volume I. Brasília: Escola Nacional de Administração Pública, ENAP, 2007, pp. 155-198.

JAICHAND, Vinodh. Após o estabelecimento de normas de direitos humanos, o que virá a seguir? **SUR. Revista Internacional de Direitos Humanos/Sur – Rede Universitária de Direitos Humanos**. Vol. 11, n. 20. São Paulo, jun.-dez. 2014, pp. 37-46.

KEOHANE, Robert; MORAVCSIK, Andrew; SLAUGHTER, Anne-Marie. Legalized dispute resolution: Interstate and transnational. **International Organization,** vol. 54, n. 03, 2000, pp. 457-488.

KOH, Harold H.**Why Do Nations Obey International Law?** Faculty Scholarship Series. Paper 2101, 1997.

LINDBLOM, Charles E. Muddling through 1: a ciência da decisão incremental. Tradução: Francisco G. Heidemann. In: HEIDEMANN, Francisco G.; SALM, José Francisco. **Política Pública e Desenvol-**

**vimento: bases epistemológicas e modelos de análise**. Brasília: UnB – Esag/Udesc, 2ª edição, 2006, pp. 161-180.

LINDBLOM, Charles. Muddling through 2: a ubiquidade da decisão incremental In Políticas Públicas e Desenvolvimento. Bases Epistemológicas e Modelos de Análise. In: HEIDEMANN, Francisco G.; SALM, José Francisco. **Política Pública e Desenvolvimento: bases epistemológicas e modelos de análise**. Brasília: UnB – Esag/Udesc, 2ª edição, 2006, pp. 181-202.

LLORENS, Jorge Cardona. La función contenciosa de la Corte Interamericana de Derechos Humanos. Consideraciones sobre la naturaleza jurídica de la función contenciosa de la corte a la luz de su jurisprudencia. In: Corte Interamericana de Derechos Humanos. **Memoria del seminario "El sistema interamericano de protección de los derechos humanos en el umbral del siglo XXI"**. Tomo I, 2ª edición. San José, Costa Rica: 23 y 24 de noviembre de 1999, p. 313-343.

MADEIRA, Lígia Mori. Compliance: a (rara) aplicação de instrumentos internacionais de proteção a direitos humanos pelos tribunais intermediários no Brasil. **Revista Brasileira de Ciência Política**, nº 21. Brasília, setembro-dezembro de 2016, pp 45-76.

MERA, Manuel Góngora. La difusión del bloque de constitucionalidad en la jurisprudencia latinoamericana y su potencial en la construcción del ius constitutionale commune latinoamericano. In: BOGDANDY, Armin von ; FIX-FIERRO, Héctor ; ANTONIAZZI, Mariela Morales (coords.). **Ius constitutionale commune en América Latina. Rasgos, potencialidades y desafíos.** IIJ/UNAM e Instituto Max Planck de Direito Público Comparado e Direito Internacional, México D.F., 2014, pp. 301-328.

MICHAELIS. **Dicionário Brasileiro da Língua Portuguesa**. Consulta ao dicionário *online*, disponível em: http://michaelis.uol.com.br/moderno-portugues/busca/portugues-brasileiro/v%C3%ADnculo/, consultado dia 30.05.2018.

MILES, Matthew B.; HUBERMAN, A. Michael. **Qualitative data analysis**. Sage Publications, 2nd edition. Thousand Oaks, CA: 1994.

NEVES, Rafaela Teixeira Sena. ***Compliance* na Corte Interamericana de Direitos Humanos:** um estudo a partir da propriedade comunal indígena. Dissertação (Mestrado) apresentada no Centro de Ciências Jurídicas, Universidade Federal do Pará. Belém, 2016.

NEVES, Rafaela Teixeira Sena; FRANCO NETO, Laércio Dias. **Dez anos da primeira condenação internacional do Brasil: Sistema Interamericano e o problema da *compliance*.** XXV CONGRESSO DO CONPEDI – Conselho Nacional de Pesquisa e Pós-Graduação em Direito. Direito Internacional dos Direitos Humanos. Curitiba, 2016, pp. 76-92.

NIKKEN, Pedro. La función consultiva de la Corte Interamericana de Derechos Humanos. In: Corte Interamericana de Derechos Humanos. **Memoria del seminario "El sistema interamericano de protección de los derechos humanos en el umbral del siglo XXI"**. Tomo I, 2ª edición. San José, Costa Rica: 23 y 24 de noviembre de 1999, pp. 161-184.

PACHECO, Máximo G. La competencia consultiva de la Corte Interamericana de Derechos Humanos. In: Corte Interamericana de Derechos Humanos. **Memoria del seminario "El sistema interamericano de protección de los derechos humanos en el umbral del siglo XXI"**. Tomo I, 2ª edición. San José, Costa Rica: 23 y 24 de noviembre de 1999, p. 71-89.

PEREIRA, Taís Mariana Lima. O cumprimento das decisões da Corte Interamericana de Direitos Humanos pelo Brasil. **EJJL,** Chapecó, v. 14, n. 2, jul./dez. 2013, pp. 315-348.

PETERS, B. G. **Review: Understanding Governance: Policy Networks, Governance, Reflexivity and Accountability by R. W. Rhodes**, Public Administration 76, 1998, pp. 408-509.

PINHEIRO, Paulo Sergio. La Efectividad de la ley y los Desfavorecidos en América Latina. In: PINHEIRO, Paulo Sergio; MENDEZ, Juan E.; O'DONNELL, Guillermo A. (Coord.). **La (In) efectividad de la Ley y la Exclusión Social en América Latina**. Buenos Aires: Paidos, 2002, p. 15-31.

PINTO, Monica. El principio pro homine. Criterios de hermenêutica y pautas para La regulación de lós derechos humanos. In: **La aplicación de lós tratados de derechos humanos por lós tribunales locales**. Buenos Aires: Ediar, Centro de Estudios Legales y Sociales, Editores del Puerto, 1997, pp. 163-171.

PIOVESAN, Flávia. Diálogo no Sistema Interamericano de Direitos Humanos: desafios da reforma. **Revista Campo Jurídico.** N. 01, Março 2013, pp. 163-186.

PIOVESAN, Flávia. Direitos Humanos e diálogos entre jurisdições. **Revista Brasileira de Direito Constitucional** – RBDC n. 19 – jan./jun. 2012, pp. 67-93.

PIOVESAN, Flávia. Sistema Interamericano de Direitos Humanos: impacto transformador, diálogos jurisdicionais, e os desafios da reforma. **REDESG / Revista Direitos Emergentes na Sociedade Global** – www.ufsm.br/redesg, v. 3, n. 1, jan.jun/2014, pp. 77-101.

POPPOVIC, Malak El-Chichini; VIEIRA, Oscar Vilhena. Perspectivas sobre o movimento internacional de direitos humanos no século XXI: As respostas mudam. **SUR. Revista Internacional de Direitos Humanos / Sur – Rede Universitária de Direitos Humanos**. Vol. 11, n. 20. São Paulo, jun.-dez. 2014, pp. 17-24.

POSNER, Eric; YOO, John. Judicial independence in international tribunals. **California Law Review** vol. 93, n. 01, 2005, pp. 03-72.

QUIROGA, Cecilia Medina. Modificación de los reglamentos de la Corte Interamericana de Derechos Humanos y de la Comisión Interamericana de Derechos Humanos al procedimiento de peticiones individuales ante la Corte. **Anuario de Derechos Humanos**, 2011, pp. 117-126.

RAGIN, Charles C. **What is a case? Exploring the foundations of social inquiry.** Cambridge University Press, 12th printing, 2009.

RAMANZINI, Isabela Gerbelli Garbin. **"O prometido é devido": *Compliance* no Sistema Interamericano de Direitos Humanos.** Tese de Doutorado apresentado ao Instituto de Relações Internacionais da Universidade de São Paulo. Universidade de São Paulo, Instituto de Relações Internacionais. São Paulo, Março de 2014.

RAMÍREZ, Sergio García. Las reparaciones en el sistema interamericano de protección de los derechos humanos. In: Corte Interamericana de Derechos Humanos. **Memoria del seminario "El sistema interamericano de protección de los derechos humanos en el umbral del siglo XXI"**. Tomo I, 2ª edición. San José, Costa Rica: 23 y 24 de noviembre de 1999, pp. 129-160.

Resolución 60/147 de la Asamblea General de la ONU. **Principios y directrices básicos sobre el derecho de las víctimas de violaciones manifiestas de las normas internacionales de derechos humanos y de violaciones graves del derecho internacional humanitario a interponer recursos y obtener reparaciones.**

ROBLES, Manuel E. Ventura. La Corte Interamericana de Derechos Humanos: camino hacia un tribunal permanente. **Revista IIDH**, vol. 32-33, julio 2000-junio 2001, pp. 271-310. Disponível em: http://www.corteidh.or.cr/tablas/R06718-10.pdf, acesso dia 28/03/2018.

RON, James; CROW, David; GOLDEN, Shannon. Familiaridade com direitos humanos e status socioeconômico: Um estudo sobre quatro países. **SUR. Revista Internacional de Direitos Humanos / Sur – Rede Universitária de Direitos Humanos**. Vol. 11, n. 20. São Paulo, jun.-dez. 2014, pp. 343 – 360.

RUIZ-CHIRIBOGA, Oswaldo. The conventionality control: examples of (un)successful experience in Latin America. **Intersentia, Revista Interamericana y Europea de Derechos Humanos – Inter-American and European Human Rights Journal,** vol.3, 2010, p. 200-219.

SALLES, Carlos Alberto de. Políticas públicas e processo: a questão da legitimidade nas ações coletivas. *In:* BUCCI, Maria Paula Dallari (org.). **Políticas Públicas – reflexões sobre o conceito jurídico.** São Paulo: Editora Saraiva, 2006.

SALOMÃO FILHO, Calixto; FERRÃO, Brisa Lopes de Mello; RIBEIRO, Ivan César. **Concentração, estruturas e desigualdade: As Origens Coloniais da Pobreza e da Má Distribuição de Renda.** São Paulo: Instituto de Direito do Comércio Internacional e Desenvolvimento – IDCID, 2008.

SANTI ROMANO. **O Ordenamento Jurídico.** Tradução de Arno Dal Ri. Florianópolis: Editora da Fundação Boiteux, 2011.

SCHOLZ, Roland W.; TIETJE, Olaf. **Embedded Case Study Methods. Integrating quantitative and qualitative knowledge.** Sage Publications, New Delhi, India, 2002.

SECCHI, Leonardo. **Políticas Publicas. Conceitos, Esquemas de Análise, Casos Práticos**. São Paulo: Cengage Learning, 2012.

SILVA, Alice Rocha da; ECHEVERRIA, Andrea de Quadros Dantas. **Tentativas de contenção do ativismo judicial da Corte Interamericana de Direitos Humanos**. Revista Brasileira de Políticas Públicas. Brasília, v. 5, Número Especial, 2015, p. 392-409.

SIMMONS, Beth. International law and state behavior: Commitment and compliance in international monetary affairs. **American Political Science Review,** vol. 94, n. 04, 2000, pp. 819-836.

SIMON, Herbert. Modelo comportamental de decisão racional. In: HEIDEMANN, Francisco G.; SALM, José Francisco (orgs.). **Políticas Públicas e desenvolvimento: bases epistemológicas e modelos de análise.** 2ª Edição, Editora UNB. Brasília: 2010, pp. 133-153.

SJÖBLOM, G. Problemi e soluzioni in politica. **Rivista Italiana di Scienza Política**, v. 14, nº 1, 1984, pp. 41-85.

SOUZA, Celina. **Políticas públicas: uma revisão da literatura**. Sociologias, Porto Alegre, n. 16, dez. 2006, pp. 20-44.

TEIXEIRA, Anderson Vichinkeski. **Ativismo judicial: nos limites entre racionalidade jurídica e decisão política.** Revista direito GV, SÃO PAULO, vol. 8 (1), Jan-jun 2012, pp. 37-57.

TORRIJO, Ximena Fuentes. **International Law and Domestic Law: Definitely an Odd Couple.** Keynote speech at the Seminar in Latin America on Constitutional and PoliticalTheory (SELA), disponível em: www.law.yale.edu/documents/pdf/sela/XimenaFuentes__English_.pdf

TRINDADE, Antônio Augusto Cançado. El nuevo reglamento de la Corte Interamericana de Derechos Humanos (2000) y su proyección hacia el futuro: la emancipación del ser humano como sujeto del derecho internacional. In: TRINDADE, Antônio Augusto Cançado; ROBLES, Manuel E. Ventura. **El futuro de la Corte Interamericana de Derechos Humanos.** Costa Rica: Corte Interamericana de Derechos Humanos, Alto Comisionado de las Naciones Unidas para los Refugiados, 2003, p. 11-108.

TRINDADE, Antônio Augusto Cançado; ROBLES, Manuel E. Ventura. **El futuro de la Corte Interamericana de Derechos Humanos.** Costa Rica: Corte Interamericana de Derechos Humanos, Alto Comisionado de las Naciones Unidas para los Refugiados, 3ª edición actualizada y ampliada, 2005.

VAN BOVEN, Theo van. Reparations, a requirement of justice. In: Corte Interamericana de Derechos Humanos. **Memoria del seminario "El sistema interamericano de protección de los derechos humanos en el umbral del siglo XXI".** Tomo I, 2ª edición. San José, Costa Rica: 23 y 24 de noviembre de 1999, pp. 650-669.

VAN BOVEN, Theo. **Principios y Directrices básicos de las Naciones Unidas sobre el derecho de las víctimas de violaciones manifiestas de las normas internacionales de Derechos Humanos y de violaciones graves del Derecho Internacional Humanitario**

**a interponer recursos y obtener reparaciones.** United Nations Audiovisual Library of International Law, 2010.

VON BOGDANDY, A. Del paradigma de la soberanía al paradigma del pluralismo normativo. Una nueva perspectiva (mirada) de la relación entre el derecho internacional y los ordenamientos jurídicos nacionales. In: CAPALDO, Griselda; SIECKMANN, Jan; CLÉRICO, Laura (Coord.). **Internacionalización del Derecho Constitucional.** Editorial Eudeba, Buenos Aires, 2012, pp. 21-40.

YIN, Robert. **Estudo de Caso. Planejamento e Métodos.** 5ª edição. Porto Alegre: Bookman, 2015.

- **RESOLUÇÕES, OPINIÕES CONSULTIVAS E INFORMES TÉCNICOS**

COMISIÓN COLOMBIANA DE JURISTAS. PRINCIPIOS INTERNACIONALES SOBRE IMPUNIDAD Y REPARACIONES. **Compilación de documentos de la Organización de las Naciones Unidas (ONU).** Bogotá, Colombia: 2007.

COMISIÓN DE DERECHOS HUMANOS. **El derecho de restitución indemnización y rehabilitación de las víctimas de violaciones graves de los derechos humanos y las liberdades fundamentals.** Los derechos civiles y políticos, en particular las cuestiones relacionadas con: la independencia del poder judicial, la administración de justicia, la impunidad. Consejo Económico y Social, ONU, 56º período de sesiones. E/CN.4/2000/62, de 18 de enero de 2000. Informe final del Relator Especial. Sr. M. Cherif Bassiouni apresentado en virtud de la resolución 1999/33 de la Comisión.

COMISION DE DERECHOS HUMANOS. **Estudio relativo al derecho de restitución, indemnización y rehabilitación a las víctimas de violaciones flagrantes de los derechos humanos y las libertades fundamentals.** Informe definitivo presentado por el Sr. Theo van Boven, Relator Especial. Subcomisión de Prevención de Discriminaciones y Protección a las Minorías, 45º período de sesiones. E/CN.4/Sub.2/1993/8, del 02 de julio de 1993.

COMISION DE DERECHOS HUMANOS. **Estudio relativo al derecho de restitución, indemnización y rehabilitación a las víctimas de violaciones flagrantes de los derechos humanos y las libertades fundamentales.** Informe definitivo presentado por el Sr. Theo van Boven, Relator Especial. Subcomisión de Prevención de

Discriminaciones y Protección a las Minorías, 45º período de sesiones. E/CN.4/Sub.2/1993/8, del 02 de julio de 1993.

COMISION DE DERECHOS HUMANOS. Estudio relativo al derecho de restitución, indemnización y rehabilitación a las víctimas de violaciones flagrantes de los derechos humanos y las libertades fundamentals. **Informe definitivo presentado por el Sr. Theo van Boven, Relator Especial. Subcomisión de Prevención de Discriminaciones y Protección a las Minorías**, 45º período de sesiones. E/CN.4/Sub.2/1993/8, del 02 de julio de 1993, §§ 8 a 11.

COMISIÓN DE DERECHOS HUMANOS. **Estudio relativo al derecho de restitución, indemnización y rehabilitación a las víctimas de violaciones flagrantes de los derechos humanos y las libertades fundamentales.** Informe definitivo presentado por el Sr. Theo van Boven, Relator Especial, Subcomisión de Prevención de Discriminaciones y Protección a las Minorías 45º período de sesiones, E/CN.4/Sub.2/1993/8, de 2 de julio de 1993.

CORTE IDH. **Exposición de motivos de la Reforma Reglamentaria.** Disponível en: http://www.corteidh.or.cr/sitios/reglamento/nov_2009_motivos_esp.pdf, consultado dia 28/03/2018.

CORTE IDH. **Garantías Judiciales en Estados de Emergencia.** Opinião Consultiva OC-9/87 de 06 de outubro de 1987. Série A No. 9.

OEA. Resolução n. 1633, da Assembleia Geral da Organização dos Estados Americanos (OEA).

ONU. **El derecho de las víctimas de violaciones de las normas internacionales de derechos humanos y del derecho humanitario a interponer recursos y obtener reparaciones. Nota de la Alta Comisionada para los Derechos Humanos. El informe de Salinas 2005.** Consejo Económico y Social, Comisión de derechos humanos. E/CN.4/2005/59, del 21 de diciembre de 2004, 61º período de sesiones.

ONU. **La administración de justicia y los derechos humanos de los detenidos. Serie revisada de principios y directrices sobre el derecho de las víctimas de violaciones graves a los derechos humanos y al derecho humanitario a obtener reparación, preparada por el Sr. Theo van Boven de conformidad con la decisión 1995/117 de la Subcomisión.** Consejo Económico y Social. E/CN.4/Sub.2/1996/17 24 de mayo de 1996. Comision de Derechos

Hhumanos, Subcomisión de Prevención de Discriminaciones y Protección a las Minorías 48° período de sesiones.

ONU. **Las directrices de Bassiouni 1999. Informe del Sr. M. Cherif Bassiouni, experto independiente sobre el derecho de restitución, indemnización y rehabilitación de las víctimas de violaciones graves de los derechos humanos y las libertades fundamentales, presentado de conformidad con la resolución 1998/43 de la Comisión de Derechos Humanos.** Comisión de Derechos Humanos, 55° período de sesiones, Consejo Económico y Social. E/CN.4/1999/65, del 08 de febrero de 1993.

ONU. **Las directrices de van Boven 1997. Cuestión de los derechos humanos de todas las personas sometidas a cualquier forma de detención o prisión.** Consejo Económico y Social, E/CN.4/1997/104, del 16 de enero de 1997. Comision de Derechos Humanos, 53° período de sesiones.

ONU. **Principios y directrices básicos sobre el derecho de las víctimas de violaciones manifiestas de las normas internacionales de derechos humanos y de violaciones graves del derecho internacional humanitario a interponer recursos y obtener reparaciones.** Consejo Económico y Social. A/RES/60/147, del 21 de marzo de 2006. Sexagésimo periodo de sesiones Tema 71 *a)* del programa. Resolución 60/147 aprobada por la Asamblea General de la ONU el 16 de diciembre de 2005.

ONU. **Principios y directrices básicos sobre el derecho de las víctimas de violaciones manifiestas de las normas internacionales de derechos humanos y violaciones graves del derecho internacional humanitario a interponer recursos y obtener reparaciones.** Resolución 2005/30 del Consejo Económico y Social. Resoluciones y decisiones adoptadas por el Consejo Económico y Social en su período de sesiones sustantivo de 2005, (29 de junio a 27 de julio de 2005).

ONU. **Resolución sobre el derecho de restitución, indemnización y rehabilitación de las víctimas de violaciones graves de los derechos humanos y las libertades fundamentales,** número 2002/44 de la Comisión de Derechos Humanos.

Opinión Consultiva OC-14/94. **Responsabilidad Internacional por expedición y aplicación de leyes violatorias de la Convención (arts. 1 y 2 Convención Americana Sobre Derechos Humanos),** del 9 de Diciembre de 1994, Solicitada por la Comisión Interamericana de Derechos Humanos, Serie A No. 14, párr. 49.

Resolución 60/147 de la Asamblea General de la ONU. **Principios y directrices básicos sobre el derecho de las víctimas de violaciones manifiestas de las normas internacionales de derechos humanos y de violaciones graves del derecho internacional humanitario a interponer recursos y obtener reparaciones.**

- **SENTENÇAS ANALISADAS**

"CINCO PENSIONISTAS" VS. PERÚ – Sentencia de 28 de febrero de 2003 (Fondo, Reparaciones y Costas)

"INSTITUTO DE REEDUCACIÓN DEL MENOR" VS. PARAGUAY – Sentencia de 2 de septiembre de 2004 (Excepciones Preliminares, Fondo, Reparaciones y Costas)

"LA ÚLTIMA TENTACIÓN DE CRISTO" (OLMEDO BUSTOS Y OTROS) VS. CHILE – Sentencia de 5 de febrero de 2001 (Fondo, Reparaciones y Costas)

"MASACRE DE MAPIRIPÁN" VS. COLOMBIA – sentencia de 15 septiembre de 2005

"PANEL BLANCA" (PANIAGUA MORALES Y OTROS) VS. GUATEMALA – Sentencia de 25 de mayo de 2001 (Reparaciones y Costas)

"PANEL BLANCA" (PANIAGUA MORALES Y OTROS) VS. GUATEMALA – Sentencia del 8 de marzo de 1998 (Fondo)

ABRILL ALOSILLA Y OTROS VS. PERÚ – sentencia de 4 de marzo de 2011 (fondo, Reparaciones y Costas)

ACEVEDO BUENDÍA Y OTROS ("CESANTES Y JUBILADOS DE LA CONTRALORÍA") VS. PERÚ – sentencia de 1 de julio de 2009 (Excepción Preliminar, Fondo, Reparaciones y Costas)

ACEVEDO JARAMILLO Y OTROS VS. PERÚ – Sentencia de 7 de febrero de 2006 (Excepciones Preliminares, Fondo, Reparaciones y Costas)

ACOSTA CALDERÓN VS. ECUADOR – Sentencia de 24 de junio de 2005 (Fondo, Reparaciones y Costas)

ACOSTA Y OTROS VS. NICARAGUA. Excepciones Preliminares, Fondo, Reparaciones y Costas. Sentencia de 25 de marzo de 2017. Serie C No. 334.

ALBÁN CORNEJO Y OTROS VS. ECUADOR – sentencia de 22 de noviembre de 2007 (fondo, reparaciones y costas)

ALMONACID ARELLANO Y OTROS VS. CHILE – Sentencia de 26 de septiembre de 2006 (Excepciones Preliminares, Fondo, Reparaciones y Costas)

ALOEBOETOE Y OTROS VS. SURINAM – Sentencia de 10 de septiembre de 1993 (Reparaciones y Costas)

ALOEBOETOE Y OTROS VS. SURINAM – Sentencia de 4 de diciembre de 1991 (Fondo)

ANDRADE SALMÓN VS. BOLIVIA. Fondo, Reparaciones y Costas. Sentencia de 1 de diciembre de 2016. Serie C No. 330.

ANZUALDO CASTRO VS. PERÚ – sentencia de 22 de septiembre de 2009 (Excepción Preliminar, Fondo, Reparaciones y Costas)

APITZ BARBERA Y OTROS ("CORTE PRIMERA DE LO CONTENCIOSO ADMINISTRATIVO") VS. VENEZUELA – Sentencia de 5 de agosto de 2008 (Excepción preliminar, Fondo, Reparaciones y Costas)

ARGÜELLES Y OTROS VS. ARGENTINA – sentencia de 20 de noviembre de 2014 (Excepciones Preliminares, Fondo, Reparaciones y Costas)

ARTAVIA MURILLO Y OTROS ("FECUNDACIÓN IN VITRO") VS. COSTA RICA – sentencia de 28 de noviembre de 2012 (Excepciones Preliminares, Fondo, Reparaciones y Costas)

ATALA RIFFO Y NIÑAS VS. CHILE – sentencia de 24 de febrero de 2012 (fondo, Reparaciones y Costas)

BAENA RICARDO Y OTROS VS. PANAMÁ – Sentencia de 2 de febrero de 2001 (Fondo, Reparaciones y Costas)

BALDEÓN GARCÍA VS. PERÚ – Sentencia de 6 de Abril de 2006 (Fondo, Reparaciones y Costas)

BÁMACA VELÁSQUEZ VS. GUATEMALA – Sentencia de 22 de febrero de 2002 (Reparaciones y Costas)

BÁMACA VELÁSQUEZ VS. GUATEMALA – Sentencia de 25 de noviembre de 2000 (Fondo)

BARBANI DUARTE Y OTROS VS. URUGUAY – sentencia de 13 de octubre de 2011 (Fondo, Reparaciones y Costas)

BARRETO LEIVA VS. VENEZUELA – sentencia de 17 de noviembre de 2009 (Fondo, Reparaciones y Costas)

BARRIOS ALTOS VS. PERÚ – Sentencia de 14 de marzo de 2001 (Fondo)

BARRIOS ALTOS VS. PERÚ – Sentencia de 30 de noviembre de 2001 (Reparaciones y Costas)

BAYARRI VS. ARGENTINA – Sentencia de 30 de octubre de 2008 (Excepción Preliminar, Fondo, Reparaciones y Costas)

BENAVIDES CEVALLOS VS. ECUADOR – Sentencia de 19 de junio de 1998 (Fondo, Reparaciones y Costas)

BLAKE VS. GUATEMALA – Sentencia de 22 de enero de 1999 (Reparaciones y Costas)

BLAKE VS. GUATEMALA – Sentencia de 24 de enero de 1998 (Fondo)

BLANCO ROMERO Y OTROS VS. VENEZUELA – sentencia de 28 de noviembre de 2005

BOYCE Y OTROS VS. BARBADOS – Sentencia de 20 de noviembre de 2007 (Excepción Preliminar, Fondo, Reparaciones y Costas)

BUENO ALVES VS. ARGENTINA – Sentencia de 11 de mayo de 2007 (Fondo, Reparaciones y Costas)

BULACIO VS. ARGENTINA – Sentencia de 18 de septiembre de 2003 (Fondo, Reparaciones y Costas)

CABALLERO DELGADO Y SANTANA VS. COLOMBIA – Sentencia de 29 de enero de 1997 (Reparaciones y Costas)

CABALLERO DELGADO Y SANTANA VS. COLOMBIA – Sentencia de 8 de diciembre de 1995 (Fondo)

CABRERA GARCÍA Y MONTIEL FLORES VS. MÉXICO – sentencia de 26 de noviembre de 2010 (Excepción Preliminar, Fondo, Reparaciones y Costas)

CAESAR VS. TRINIDAD Y TOBAGO – Sentencia de 11 de marzo de 2005 (Fondo, Reparaciones y Costas)

CANALES HUAPAYA Y OTROS *VS.* PERÚ – sentencia de 24 de junio de 2015 (Excepciones Preliminares, Fondo, Reparaciones y Costas)

CANALES HUAPAYA Y OTROS VS. PERÚ. Interpretación de la Sentencia de Excepciones Preliminares, Fondo, Reparaciones y Costas. Sentencia de 21 de noviembre de 2016. Serie C No. 321.

CANTORAL BENAVIDES VS. PERÚ – Sentencia de 18 de agosto de 2000 (Fondo)

CANTORAL BENAVIDES VS. PERÚ – Sentencia de 3 de diciembre de 2001 (Reparaciones y Costas)

CANTORAL HUAMANÍ Y GARCÍA SANTA CRUZ VS. PERÚ – sentencia de 10 de julio de 2007 (excepción preliminar, fondo, reparaciones y costas)

CANTOS VS. ARGENTINA – Sentencia de 28 de noviembre de 2002 (Fondo, Reparaciones y Costas)

CARACAZO VS. VENEZUELA – Sentencia de 11 de noviembre de 1999 (Fondo)

CARACAZO VS. VENEZUELA – Sentencia de 29 de agosto de 2002 (Reparaciones y Costas)

CARPIO NICOLLE Y OTROS VS. GUATEMALA – Sentencia de 22 de noviembre de 2004 (Fondo, Reparaciones y Costas)

19 COMERCIANTES VS. COLOMBIA – Sentencia de 5 de julio de 2004 (Fondo, Reparaciones y Costas)

CASTILLO PÁEZ VS. PERÚ – Sentencia de 3 de noviembre de 1997 (Fondo)

CRUZ FLORES VS. PERÚ – Sentencia de 18 de noviembre de 2004 (Fondo, Reparaciones y Costas)

MASACRE DE LA ROCHELA VS. COLOMBIA – Sentencia de 11 de Mayo de 2007 (Fondo, Reparaciones y Costas)

MASACRE DE LAS DOS ERRES VS. GUATEMALA – sentencia de 24 de noviembre de 2009 (Excepción Preliminar, Fondo, Reparaciones y Costas)

COMUNIDADES AFRODESCENDIENTES DESPLAZADAS DE LA CUENCA DEL RÍO CACARICA (OPERACIÓN GÉNESIS) VS. COLOMBIA – sentencia de 20 de noviembre de 2013 (Excepciones Preliminares, Fondo, Reparaciones y Costas)

PUEBLOS INDÍGENAS KUNA DE MADUNGANDÍ Y EMBERÁ DE BAYANO Y SUS MIEMBROS VS. PANAMÁ – sentencia de 14 de octubre de 2014 (Excepciones Preliminares, Fondo, Reparaciones y Costas)

PERSONAS DOMINICANAS Y HAITIANAS EXPULSADAS VS. REPÚBLICA DOMINICANA – sentencia de 28 de agosto de 2014 (Excepciones Preliminares, Fondo, Reparaciones y Costas)

PENAL MIGUEL CASTRO CASTRO VS. PERÚ – Sentencia de 25 de noviembre de 2006 (Fondo, Reparaciones y Costas)

PUEBLO SARAMAKA VS. SURINAM – Sentencia del 28 de noviembre de 2007 (Excepciones Preliminares, Fondo, Reparaciones y Costas)

TRIBUNAL CONSTITUCIONAL (CAMBA CAMPOS Y OTROS) VS. ECUADOR – sentencia de 28 de agosto de 2013 (Excepciones Preliminares, Fondo, Reparaciones y Costas)

TRIBUNAL CONSTITUCIONAL VS. PERÚ – Sentencia de 24 septiembre de 1999 (Competencia)

TRIBUNAL CONSTITUCIONAL VS. PERÚ – Sentencia de 31 de enero de 2001 (Fondo, Reparaciones y Costas)

EL AMPARO VS. VENEZUELA – Sentencia de 14 de septiembre de 1996 (Reparaciones y Costas)

ESCHER Y OTROS VS. BRASIL – Sentencia de 6 de julio de 2009 (Excepciones Preliminares, Fondo, Reparaciones y Costas)

ESCUÉ ZAPATA VS. COLOMBIA – Sentencia de 4 de julio de 2007 (Fondo, Reparaciones y Costas)

ESPINOZA GONZÁLES VS. PERÚ – sentencia de 20 de noviembre de 2014 (Excepciones Preliminares, Fondo, Reparaciones y Costas)

GODÍNEZ CRUZ *VS.* HONDURAS – Sentencia de 20 de enero de 1989 *(Fondo)*

CASTAÑEDA GUTMAN VS. ESTADOS UNIDOS MEXICANOS – sentencia de 6 de agosto de 2008 (excepciones preliminares, fondo, reparaciones y costas)

CASTILLO GONZÁLEZ Y OTROS VS. VENEZUELA – sentencia de 27 de noviembre de 2012 (fondo)

CASTILLO PÁEZ VS. PERÚ – Sentencia de 27 de noviembre de 1998 (Reparaciones y Costas)

CASTILLO PETRUZZI Y OTROS VS. PERÚ – Resolución de 17 de noviembre de 1999 (Cumplimiento de Sentencia)

CESTI HURTADO VS. PERÚ – Sentencia de 29 de septiembre de 1999 (Fondo)

CESTI HURTADO VS. PERÚ – Sentencia de 31 de mayo de 2001 (Reparaciones y Costas)

CHAPARRO ÁLVAREZ Y LAPO ÍÑIGUEZ VS. ECUADOR – Sentencia de 21 de noviembre de 2007 (excepciones preliminares, fondo, reparaciones y costas)

CHINCHILLA SANDOVAL Y OTROS VS. GUATEMALA. Excepción Preliminar, Fondo, Reparaciones y Costas. Sentencia de 29 de febrero de 2016. Serie C No. 312.

CHITAY NECH Y OTROS VS. GUATEMALA – sentencia de 25 de mayo de 2010 (Excepciones Preliminares, Fondo, Reparaciones y Costas)

CHOCRÓN CHOCRÓN VS. VENEZUELA – sentencia de 1 de julio de 2011 (Excepción Preliminar, Fondo, Reparaciones y Costas)

CLAUDE REYES Y OTROS VS. CHILE – Sentencia de 19 de septiembre de 2006 (Fondo, Reparaciones y Costas)

COMUNIDAD CAMPESINA DE SANTA BÁRBARA *VS.* PERÚ – sentencia de 1 de septiembre de 2015 (Excepciones Preliminares, Fondo, Reparaciones y Costas)

COMUNIDAD CAMPESINA DE SANTA BÁRBARA VS. PERÚ. Interpretación de la Sentencia de Excepciones Preliminares, Fondo, Reparaciones y Costas. Sentencia de 21 de noviembre de 2016. Serie C No. 324.

COMUNIDAD GARÍFUNA DE PUNTA PIEDRA Y SUS MIEMBROS VS. HONDURAS – sentencia de 8 de octubre de 2015 (Excepciones Preliminares, Fondo, Reparaciones y Costas)

COMUNIDAD GARÍFUNA TRIUNFO DE LA CRUZ Y SUS MIEMBROS VS. HONDURAS – sentencia de 8de octubre de 2015 (Fondo, Reparaciones y Costas)

COMUNIDAD INDÍGENA SAWHOYAMAXA VS. PARAGUAY – Sentencia de 29 de marzo de 2006 (Fondo, Reparaciones y Costas)

COMUNIDAD INDÍGENA XÁKMOK KÁSEK VS. PARAGUAY – sentencia de 24 de agosto de 2010 (fondo, reparaciones y costas)

COMUNIDAD INDÍGENA YAKYE AXA VS. PARAGUAY – Sentencia de 17 de junio de 2005 (Fondo, Reparaciones y Costas)

COMUNIDAD MAYAGNA (SUMO) AWAS TINGNI VS. NICARAGUA – Sentencia de 31 de agosto de 2001 (Fondo, Reparaciones y Costas)

COMUNIDAD MOIWANA VS. SURINAM – Sentencia de 15 de junio de 2005 (Excepciones Preliminares, Fondo, reparaciones y Costas)

COMUNIDAD MOIWANA VS. SURINAM – Sentencia del 8 de febrero de 2006 (Interpretación de la Sentencia de Fondo, Reparaciones y Costas)

CONTRERAS Y OTROS VS. EL SALVADOR – sentencia de 31 de agosto de 2011 (Fondo, Reparaciones y Costas)

CORTE SUPREMA DE JUSTICIA (QUINTANA COELLO Y OTROS) VS. ECUADOR – sentencia de 23 de agosto de 2013 (Excepción Preliminar, Fondo, Reparaciones y Costas)

CRUZ SÁNCHEZ Y OTROS VS. PERÚ – sentencia de 17 de abril de 2015 (Excepciones Preliminares, Fondo, Reparaciones y Costas)

DACOSTA CADOGAN VS. BARBADOS – sentencia de 24 de septiembre de 2009 (Excepciones Preliminares, Fondo, Reparaciones y Costas)

DEFENSOR DE DERECHOS HUMANOS Y OTROS VS. GUATEMALA*- sentencia de 28 de agosto de 2014 (Excepciones Preliminares, Fondo, Reparaciones y Costas)

DÍAZ PEÑA VS. VENEZUELA – sentencia de 26 de junio de 2012 (Excepción preliminar, fondo, reparaciones y costas)

DÍAZ PEÑA VS. VENEZUELA – sentencia de 26 de junio de 2012 (excepción preliminar, fondo, reparaciones y costas)

DUQUE VS. COLOMBIA. Excepciones Preliminares, Fondo, Reparaciones y Costas. Sentencia de 26 de febrero de 2016. Serie C No. 310.

DUQUE VS. COLOMBIA. Interpretación de la Sentencia de Excepciones Preliminares, Fondo, Reparaciones y Costas. Sentencia de 21 de noviembre de 2016. Serie C No. 322.

DURAND Y UGARTE VS. PERÚ – Sentencia de 16 de agosto de 2000 (Fondo)

DURAND Y UGARTE VS. PERÚ – Sentencia de 3 de diciembre de 2001 (Reparaciones)

EL AMPARO VS. VENEZUELA – Sentencia de 18 de enero de 1995 (Fondo)

FAMILIA BARRIOS VS. VENEZUELA – sentencia de 24 de noviembre de 2011

FAMILIA PACHECO TINEO VS. ESTADO PLURINACIONAL DE BOLIVIA – sentencia de 25 de noviembre de 2013 (Excepciones Preliminares, Fondo, Reparaciones y Costas)

FAVELA NOVA BRASÍLIA VS. BRASIL. Excepciones Preliminares, Fondo, Reparaciones y Costas. Sentencia de 16 de febrero de 2017. Serie C No. 333.

FERMÍN RAMÍREZ VS. GUATEMALA – Sentencia de 20 de junio de 2005 (Fondo, Reparaciones y Costas)

FERNÁNDEZ ORTEGA Y OTROS VS. MÉXICO – sentencia de 30 de agosto de 2010 (Excepción Preliminar, Fondo, Reparaciones y Costas)

FLEURY Y OTROS VS. HAITÍ – sentencia de 23 de noviembre de 2011 (fondo y reparaciones)

FLOR FREIRE VS. ECUADOR. Excepción Preliminar, Fondo, Reparaciones y Costas. Sentencia de 31 de agosto de 2016. Serie C No. 315.

FONTEVECCHIA Y D'AMICO VS. ARGENTINA – sentencia de 29 de noviembre de 2011 (Fondo, Reparaciones y Costas)

FORNERON E HIJA VS. ARGENTINA – sentencia de 27 de abril de 2012

FURLAN Y FAMILIARES VS. ARGENTINA – sentencia de 31 de agosto de 2012 (Excepciones Preliminares, Fondo, Reparaciones y Costas)

GALINDO CÁRDENAS Y OTROS VS. PERÚ – sentencia de 2 de octubre de 2015 (*Excepciones Preliminares, Fondo, Reparaciones y costas)*

GALINDO CÁRDENAS Y OTROS VS. PERÚ. Interpretación de la Sentencia de Excepciones Preliminares, Fondo, Reparaciones y Costas. Sentencia de 21 de noviembre de 2016. Serie C No. 323.

GANGARAM PANDAY VS. SURINAM – Sentencia de 21 de enero de 1994 (Fondo, Reparaciones y Costas)

GARCÍA ASTO Y RAMÍREZ ROJAS VS. PERÚ – sentencia de 25 de noviembre de 2005

GARCÍA CRUZ Y SÁNCHEZ SILVESTRE VS. ESTADOS UNIDOS MEXICANOS – sentencia de 26 de noviembre de 2013 (fondo, reparaciones y costas)

GARCÍA IBARRA Y OTROS VS. ECUADOR – sentencia de 17 de noviembre de 2015 (*Excepciones Preliminares, Fondo, Reparaciones y Costas*)

GARCÍA LUCERO y OTRAS Vs. CHILE – sentencia de 28 de agosto de 2013 (excepcion preliminar, fondo y reparaciones)

GARCÍA PRIETO Y OTRO VS. EL SALVADOR – sentencia de 20 de noviembre de 2007 (excepciones preliminares, fondo, reparaciones y costas)

GARCÍA Y FAMILIARES VS. GUATEMALA – sentencia de 29 de noviembre de 2012 (fondo, reparaciones y costas)

GARIBALDI VS. BRASIL – sentencia de 23 de septiembre de 2009 (excepciones Preliminares, Fondo, Reparaciones y Costas)

GARRIDO Y BAIGORRIA VS. ARGENTINA – Sentencia de 27 de agosto de 1998 (Reparaciones Y Costas)

GARRIDO Y BAIGORRIA VS. ARGENTINA – Sentencia de 2 de febrero de 1996 (Fondo)

GELMAN VS. URUGUAY – sentencia de 24 de febrero de 2011 (Fondo y Reparaciones)

GENIE LACAYO VS. NICARAGUA – Sentencia de 29 de enero de 1997 (Fondo, Reparaciones y Costas)

GODÍNEZ CRUZ *VS.* HONDURAS – Sentencia de 26 de junio de 1987

GOIBURÚ Y OTROS VS. PARAGUAY – Sentencia de 22 de septiembre de 2006 (Fondo, Reparaciones y Costas)

GOMES LUND Y OTROS ("GUERRILHA DO ARAGUAIA") VS. BRASIL – sentencia de 24 de noviembre de 2010 (excepciones preliminares, fondo, reparaciones y Costas)

GÓMEZ MURILLO Y OTROS VS. COSTA RICA. Sentencia de 29 de noviembre de 2016. Serie C No. 326.

GÓMEZ PALOMINO VS. PERÚ – Sentencia de 22 de noviembre de 2005 (Fondo, Reparaciones y Costas)

GONZALES LLUY Y OTROS *VS.* ECUADOR – sentencia de 1 de septiembre de 2015 (Excepciones Preliminares, Fondo, Reparaciones y Costas)

GONZÁLEZ MEDINA Y FAMILIARES VS. REPÚBLICA DOMINICANA – sentencia de 27 de febrero de 2012 (excepciones preliminares, fondo, reparaciones y costas)

GONZÁLEZ Y OTRAS ("CAMPO ALGODONERO") VS. MÉXICO – sentencia de 16 de noviembre de 2009 (excepción preliminar, fondo, reparaciones y costas)

GRANDE VS. ARGENTINA – sentencia de 31 de agosto de 2011 – excepciones preliminares y fondo

GRANIER Y OTROS (RADIO CARACAS TELEVISIÓN) VS. VENEZUELA – sentencia de 22 de junio de 2015 (excepciones preliminares, fondo, reparaciones y costas)

GUDIEL ÁLVAREZ Y OTROS ("DIARIO MILITAR") VS. GUATEMALA – resumen oficial emitido por la corte interamericana (sentencia de 20 de noviembre de 2012 (fondo, reparaciones y costas)

GUDIEL ÁLVAREZ Y OTROS ("DIARIO MILITAR") VS. GUATEMALA – sentencia de 19 de agosto de 2013 (interpretación de la sentencia de fondo, reparaciones y Costas)

GUTIÉRREZ HERNÁNDEZ Y OTROS VS. GUATEMALA. Excepciones Preliminares, Fondo, Reparaciones y Costas. Sentencia de 24 de agosto de 2017. Serie C No. 339.

GUTIÉRREZ SOLER VS. COLOMBIA – sentencia de 12 de septiembre de 2005

GUTIÉRREZ Y FAMILIA VS. ARGENTINA – sentencia de 25 de noviembre de 2013 (Fondo, Reparaciones y Costas)

HELIODORO PORTUGAL VS. PANAMÁ – Sentencia de 12 de Agosto de 2008 (Excepciones Preliminares, Fondo, Reparaciones y Costas)

HERMANAS SERRANO CRUZ VS. EL SALVADOR – Sentencia de 1 de marzo de 2005 (Fondo, Reparaciones y Costas)

HERMANAS SERRANO CRUZ VS. EL SALVADOR – Sentencia de 1 de marzo de 2005 (Fondo, Reparaciones y Costas)

HERMANOS GÓMEZ PAQUIYAURI VS. PERÚ – Sentencia de 8 de julio de 2004 (Fondo, Reparaciones y Costas)

HERMANOS LANDAETA MEJÍAS Y OTROS VS. VENEZUELA – sentencia de 27 de agosto de 2014 (Excepciones Preliminares, Fondo, Reparaciones y Costas)

HERRERA ESPINOZA Y OTROS VS. ECUADOR. Excepciones Preliminares, Fondo, Reparaciones y Costas. Sentencia de 1 de septiembre de 2016. Serie C No. 316.

HILAIRE, CONSTANTINE Y BENJAMIN Y OTROS VS. TRINIDAD Y TOBAGO – Sentencia de 21 de junio de 2002 (Fondo, Reparaciones y Costas)

HUILCA TECSE VS. PERÚ – Sentencia de 3 de marzo de 2005 (Fondo, Reparaciones y Costas)

I.V. VS. BOLIVIA. Excepciones Preliminares, Fondo, Reparaciones y Costas. Sentencia de 30 de noviembre de 2016. Serie C No. 329.

I.V. VS. BOLIVIA. Interpretación de la Sentencia de Excepciones Preliminares, Fondo, Reparaciones y Costas. Sentencia de 25 de mayo de 2017. Serie C No. 336.

IBSEN CÁRDENAS E IBSEN PEÑA VS. BOLIVIA – sentencia de 1 de septiembre de 2010 (Fondo, Reparaciones y Costas)

IVCHER BRONSTEIN VS. PERÚ – Sentencia de 6 de febrero de 2001 (Reparaciones y Costas)

J. VS. PERÚ – sentencia de 27 de noviembre de 2013 (Excepción Preliminar, Fondo, Reparaciones y Costas)

JUAN HUMBERTO SÁNCHEZ VS. HONDURAS – Sentencia de 7 de junio de 2003 (Excepción Preliminar, Fondo, Reparaciones y Costas)

KAWAS FERNÁNDEZ VS. HONDURAS – sentencia de 3 de abril de 2009 (Fondo, Reparaciones y Costas)

KIMEL VS. ARGENTINA – sentencia de 2 de mayo de 2008 (fondo, reparaciones y costas)

LA CANTUTA VS. PERÚ – Sentencia de 29 de noviembre de 2006 (Fondo, Reparaciones y Costas)

LAGOS DEL CAMPO VS. PERÚ. Excepciones Preliminares, Fondo, Reparaciones y Costas. Sentencia de 31 de agosto de 2017. Serie C No. 340.

LAS PALMERAS VS. COLOMBIA – Sentencia de 26 noviembre de 2002 (Reparaciones y Costas)

LAS PALMERAS VS. COLOMBIA – Sentencia de 6 de diciembre de 2001 (Fondo)

LIAKAT ALI ALIBUX VS. SURINAME – sentencia de 30 de enero de 2014 (excepciones preliminares, fondo, reparaciones y costas)

LOAYZA TAMAYO VS. PERÚ – Resolución del 17 de noviembre de 1999 (Cumplimiento de Sentencia)

LOAYZA TAMAYO VS. PERÚ – Sentencia de 17 de septiembre de 1997 (Fondo)

LOAYZA TAMAYO VS. PERÚ – Sentencia de 27 de noviembre de 1998 (Reparaciones y Costas)

LÓPEZ ÁLVAREZ VS. HONDURAS – Sentencia de 1 de febrero de 2006 (Fondo, Reparaciones y Costas)

LÓPEZ LONE Y OTROS VS. HONDURAS – sentencia de 5 de octubre de 2015 (*Excepción Preliminar, Fondo, Reparaciones y Costas*)

LÓPEZ LONE Y OTROS VS. HONDURAS. Interpretación de la Sentencia de Excepción Preliminar, Fondo, Reparaciones y Costas. Sentencia de 2 de septiembre de 2016. Serie C No. 317.

LÓPEZ MENDOZA VS. VENEZUELA – sentencia de 1 de septiembre de 2011 (fondo, reparaciones y costas)

LORI BERENSON MEJÍA VS. PERÚ – Sentencia de 25 de noviembre de 2004 (Fondo Reparaciones Y Costas)

LUNA LÓPEZ VS. HONDURAS – sentencia de 10 de octubre de 2013 (fondo, Reparaciones y Costas)

MALDONADO ORDÓÑEZ VS. GUATEMALA. Excepción Preliminar, Fondo, Reparaciones y Costas. Sentencia de 3 de mayo de 2016. Serie C No. 311.

MANUEL CEPEDA VARGAS VS. COLOMBIA – sentencia de 26 de mayo de 2010 (Excepciones Preliminares, Fondo, Reparaciones y Costas)

MAQUEDA VS. ARGENTINA – Resolución de 17 de enero 1995 (Excepciones Preliminares)

MASACRE DE PUEBLO BELLO VS. COLOMBIA – sentencia de 31 de enero de 2006

MASACRE DE SANTO DOMINGO VS. COLOMBIA – sentencia de 30 de noviembre de 2012 (excepciones preliminares, fondo y reparaciones)

MASACRE PLAN DE SÁNCHEZ VS. GUATEMALA (REPARACIONES) – Sentencia de 19 de noviembre de 2004

MASACRES DE EL MOZOTE Y LUGARES ALEDAÑOS VS. EL SALVADOR – sentencia de 25 de octubre de 2012 (fondo, reparaciones y costas)

MASACRES DE ITUANGO VS. COLOMBIA – sentencia de 1 de julio de 2006

MASACRES DE RÍO NEGRO VS. GUATEMALA – sentencia de 4 de septiembre de 2012 (excepción preliminar, fondo, reparaciones y costas)

MEJÍA IDROVO VS. ECUADOR – sentencia de 5 de julio de 2011 excepciones preliminares, fondo, reparaciones y costas

MÉMOLI VS. ARGENTINA – sentencia de 22 de agosto de 2013 (excepciones preliminares, fondo, reparaciones y costas)

MENDOZA Y OTROS VS. ARGENTINA – sentencia de 14 de mayo de 2013 (Excepciones Preliminares, Fondo y Reparaciones)

MIEMBROS DE LA ALDEA CHICHUPAC Y COMUNIDADES VECINAS DEL MUNICIPIO DE RABINAL VS. GUATEMALA. Excepciones Preliminares, Fondo, Reparaciones y Costas. Sentencia de 30 de noviembre de 2016. Serie C No. 328.

MOHAMED VS. ARGENTINA – sentencia de 23 de noviembre de 2012 (excepción preliminar, fondo, reparaciones y costas)

MOLINA THEISSEN VS. GUATEMALA – Sentencia de 3 de julio de 2004 (Reparaciones y Costas)

MONTERO ARANGUREN Y OTROS (RETÉN DE CATIA) VS. VENEZUELA – Sentencia de 5 de julio de 2006 (Excepción Preliminar, Fondo, Reparaciones y Costas)

NADEGE DORZEMA Y OTROS VS. REPÚBLICA DOMINICANA – sentencia de 24 de octubre de 2012 (Fondo, Reparaciones y Costas)

NEIRA ALEGRÍA Y OTROS VS. PERÚ – Sentencia de 19 de septiembre de 1996 (Reparaciones y Costas)

NEIRA ALEGRÍA Y OTROS VS.PERÚ – Sentencia de 19 de enero de 1995 (Fondo)

NIÑAS YEAN Y BOSICO VS. REPÚBLICA DOMINICANA – sentencia de 8 de septiembre de 2005

NIÑOS DE LA CALLE" (VILLAGRÁN MORALES Y OTROS) VS. GUATEMALA – Sentencia de 26 de mayo de 2001 (Reparaciones y Costas)

NIÑOS DE LA CALLE" (VILLAGRÁN MORALES Y OTROS) VS. GUATEMALA – Sentencia de 19 de noviembre 1999 (Fondo)

NOGUEIRA DE CARVALHO Y OTRO VS. BRASIL – Sentencia de 28 de noviembre de 2006 (Excepciones Preliminares y Fondo)

NORÍN CATRIMÁN Y OTROS (DIRIGENTES, MIEMBROS Y ACTIVISTA DEL PUEBLO INDÍGENA MAPUCHE) VS. CHILE – sentencia de 29 de mayo de 2014 (fondo, reparaciones y costas)

OMAR HUMBERTO MALDONADO VARGAS Y OTROS VS. CHILE – sentencia de 2de septiembre de 2015 (Fondo, Reparaciones y Costas)

ORTIZ HERNÁNDEZ Y OTROS VS. VENEZUELA. Fondo, Reparaciones y Costas. Sentencia de 22 de agosto de 2017. Serie C No. 338.

OSORIO RIVERA Y FAMILIARES VS. PERÚ – sentencia de 26 de noviembre de 2013 (Excepciones Preliminares, Fondo, Reparaciones y Costas)

PACHECO LEÓN Y OTROS VS. HONDURAS. Fondo, Reparaciones y Costas. Sentencia de 15 de noviembre 2017. Serie C No. 342.

PACHECO TERUEL Y OTROS VS. HONDURAS – sentencia de 27 de abril de 2012 (Fondo, Reparaciones y Costas)

PALAMARA IRIBARNE VS. CHILE – Sentencia de 22 de noviembre de 2005 (Fondo Reparaciones y Costas)

PALMA MENDOZA Y OTROS VS. ECUADOR – sentencia de 3 septiembre de 2012 – excepcion preliminar y fondo

PEROZO Y OTROS VS. VENEZUELA – sentencia de 28 de enero de 2009 (excepciones preliminares, fondo, reparaciones y costas)

POLLO RIVERA Y OTROS VS. PERÚ. Fondo, Reparaciones y Costas. Sentencia de 21 de octubre de 2016. Serie C No. 319.

POLLO RIVERA Y OTROS VS. PERÚ. Solicitud de Interpretación de la Sentencia de Fondo, Reparaciones y Costas. Sentencia de 25 de mayo de 2017. Serie C No. 335.

PUEBLO INDÍGENA KICHWA DE SARAYAKU VS. ECUADOR – sentencia de 27 de junio de 2012 (fondo y reparaciones)

PUEBLOS KALIÑA Y LOKONO *VS.* SURINAM – sentencia de 25 de noviembre de 2015 (fondo, reparaciones y costas)

QUISPIALAYA VILCAPOMA VS. PERÚ – sentencia de 23 de noviembre de 2015 (Excepciones Preliminares, Fondo, Reparaciones y Costas)

QUISPIALAYA VILCAPOMA VS. PERÚ. Interpretación de la Sentencia de Excepciones Preliminares, Fondo, Reparaciones y Costas. Sentencia de 21 de noviembre de 2016. Serie C No. 320.

RADILLA PACHECO VS. ESTADOS UNIDOS MEXICANOS – sentencia de 23 de noviembre de 2009 (excepciones preliminares, fondo, reparaciones y costas)

RAXCACÓ REYES VS. GUATEMALA – Sentencia de 15 de septiembre de 2005 (Fondo, Reparaciones y Costas)

REVERÓN TRUJILLO VS. VENEZUELA – sentencia de 30 de junio de 2009 (Excepción Preliminar, Fondo, Reparaciones y Costas)

RICARDO CANESE VS. PARAGUAY – Sentencia de 31 de agosto de 2004 (Fondo, Reparaciones y Costas)

RÍOS Y OTROS VS. VENEZUELA – Sentencia de 28 de enero de 2009 (Excepciones Preliminares, Fondo, Reparaciones y Costas)

ROCHAC HERNÁNDEZ Y OTROS VS. EL SALVADOR – sentencia de 14 de octubre de 2014 (fondo, reparaciones y Costas)

RODRÍGUEZ VERA Y OTROS (DESAPARECIDOS DEL PALACIO DE JUSTICIA) VS. COLOMBIA – sentencia de 14 de noviembre de 2014 (excepciones preliminares, fondo, reparaciones y costas)

ROSENDO CANTÚ Y OTRA VS. MÉXICO – sentencia de 31 de agosto de 2010 (Excepción Preliminar, Fondo, Reparaciones y Costas)

RUANO TORRES Y OTROS *VS.* EL SALVADOR – sentencia de 5 de octubre de 2015 *(Fondo, Reparaciones y Costas)*

SALVADOR CHIRIBOGA VS. ECUADOR – sentencia de 3 de marzo de 2011 – reparaciones y costas

SALVADOR CHIRIBOGA VS. ECUADOR – Sentencia de 6 de mayo de 2008 (Excepción Preliminar y Fondo)

SERVELLÓN GARCÍA Y OTROS VS. HONDURAS – sentencia de 21 de septiembre de 2006

SUÁREZ PERALTA VS. ECUADOR – sentencia de 21 de mayo de 2013 (excepciones Preliminares, Fondo, Reparaciones y Costas)

SUÁREZ ROSERO VS. ECUADOR – Sentencia de 20 de enero de 1999 (Reparaciones y Costas)

SUÁREZ ROSERO VS. ECUADOR – Sentencia de 12 de noviembre de 1997 (Fondo)

TARAZONA ARRIETA Y OTROS VS. PERÚ – sentencia de 15 de octubre de 2014 (excepción preliminar, fondo, reparaciones y costas)

TENORIO ROCA Y OTROS VS. PERÚ. Excepciones Preliminares, Fondo, Reparaciones y Costas. Sentencia de 22 de junio de 2016. Serie C No. 314.

TIBI VS. ECUADOR – Sentencia de 07 de septiembre de 2004 (Excepciones Preliminares, Fondo, Reparaciones y Costas)

TICONA ESTRADA Y OTROS VS. BOLIVIA – sentencia de 27 de noviembre de 2008 (fondo, reparaciones y costas)

TIU TOJÍN VS. GUATEMALA – sentencia de 26 de noviembre de 2008 – (fondo, reparaciones y costas)

TORRES MILLACURA Y OTROS VS. ARGENTINA – sentencia de 26 de agosto de 2011 (Fondo, Reparaciones y Costas)

TRABAJADORES CESADOS DEL CONGRESO (AGUADO ALFARO Y OTROS) VS. PERÚ – Sentencia de 24 de noviembre de 2006 (Excepciones Preliminares, Fondo, Reparaciones y Costas)

TRABAJADORES DE LA HACIENDA BRASIL VERDE VS. BRASIL. Excepciones Preliminares, Fondo, Reparaciones y Costas. Sentencia de 20 de octubre de 2016. Serie C No. 318.

TRABAJADORES DE LA HACIENDA BRASIL VERDE VS. BRASIL. Interpretación de la Sentencia de Excepciones Preliminares, Fondo, Reparaciones y Costas. Sentencia de 22 de agosto de 2017. Serie C No. 337.

TRISTÁN DONOSO VS. PANAMÁ – sentencia de 27 de enero de 2009 – (excepción preliminar, fondo, reparaciones y costas)

TRUJILLO OROZA VS. BOLIVIA – Sentencia de 27 de febrero de 2002 (Reparaciones y Costas)

TRUJILLO OROZA VS. BOLIVIA – Sentencia de 26 de enero de 2000 (Fondo)

USÓN RAMÍREZ VS. VENEZUELA – sentencia de 20 de noviembre de 2009 (Excepción Preliminar, Fondo, Reparaciones y Costas)

UZCÁTEGUI Y OTROS VS. VENEZUELA – sentencia de 3 de septiembre de 2012 (Fondo y Reparaciones)

VALENCIA HINOJOSA Y OTRA VS. ECUADOR. Excepciones Preliminares, Fondo, Reparaciones y Costas. Sentencia de 29 de noviembre de 2016. Serie C No. 327.

VALLE JARAMILLO Y OTROS VS. COLOMBIA – Sentencia de 27 de noviembre de 2008 (Fondo, Reparaciones y Costas)

VARGAS ARECO VS. PARAGUAY – sentencia de 26 de septiembre de 2006

VÁSQUEZ DURAND Y OTROS VS. ECUADOR. Excepciones Preliminares, Fondo, Reparaciones y Costas. Sentencia de 15 de febrero de 2017. Serie C No. 332.

VELÁSQUEZ PAIZ Y OTROS *VS.* GUATEMALA – sentencia de 19 de noviembre de 2015 (excepciones preliminares, fondo, reparaciones y costas)

VELÁSQUEZ RODRÍGUEZ VS. HONDURAS – Sentencia de 21 de julio de 1989 (Reparaciones y Costas)

VELÁSQUEZ RODRÍGUEZ *VS.* HONDURAS – Sentencia de 29 de julio de 1988 – *(Fondo)*

VÉLEZ LOOR VS. PANAMÁ – sentencia de 23 de noviembre de 2010 (Excepciones Preliminares, Fondo, Reparaciones y Costas)

VÉLEZ RESTREPO Y FAMILIARES VS. COLOMBIA – sentencia de 3 de septiembre de 2012 (excepción preliminar, fondo, reparaciones y Costas)

VELIZ FRANCO Y OTROS VS. GUATEMALA – sentencia de 19 de mayo de 2014 (excepciones preliminares, fondo, reparaciones y costas)

VERA VERA Y OTRA VS. ECUADOR – sentencia de 19 de mayo de 2011 (excepción preliminar, fondo, reparaciones y costas)

VEREDA LA ESPERANZA VS. COLOMBIA. Excepciones Preliminares, Fondo, Reparaciones y Costas. Sentencia de 31 de agosto de 2017. Serie C No. 341.

WONG HO WING VS. PERÚ – sentencia de 30 de junio de 2015 (excepción preliminar, fondo, reparaciones y costas)

WONG HO WING VS. PERÚ. Interpretación de la Sentencia de Excepción Preliminar, Fondo, Reparaciones y Costas. Sentencia de 22 de junio de 2016. Serie C No. 313.

XIMENES LOPES VS. BRASIL – sentencia de 4 de julio de 2006

YARCE Y OTRAS VS. COLOMBIA. Excepción Preliminar, Fondo, Reparaciones y Costas. Sentencia de 22 de noviembre de 2016. Serie C No. 325.

YARCE Y OTRAS VS. COLOMBIA. Interpretación de la Sentencia de Excepción Preliminar, Fondo, Reparaciones y Costas. Sentencia de 21 de noviembre 2017. Serie C No. 343.

YATAMA VS. NICARAGUA – Sentencia de 23 de Junio de 2005 (Excepciones Preliminares, Fondo, Reparaciones y Costas)

YVON NEPTUNE VS. HAITÍ – Sentencia de 6 mayo de 2008 (Fondo, Reparaciones y Costas)

ZAMBRANO VÉLEZ Y OTROS VS. ECUADOR – Sentencia de 4 de julio de 2007 (Fondo, Reparaciones y Costas).

ZEGARRA MARÍN VS. PERÚ. Excepciones Preliminares, Fondo, Reparaciones y Costas. Sentencia de 15 de febrero de 2017. Serie C No. 331.

Apêndice

# QUADRO: METODOLOGIA DE ANÁLISE DO SISTEMA DE REPARAÇÃO DA CORTE IDH

| CASO: SISTEMA DE REPARAÇÃO DA CORTE INTERAMERICANA DE DIREITOS HUMANOS | | |
|---|---|---|
| **1ª Unidade interna de análise:** Conjunto de sentenças proferidas pela Corte IDH nos processos contenciosos | | |
| ANÁLISE QUALITATIVA | | |
| 1ª Dimensão: violações perpetradas no âmbito interno dos Estados | 2ª Dimensão: medidas de reparação | 3ª Dimensão: base normativa utilizada pelo tribunal |
| **Critérios de observação:**<br>(a) identificação dos tipos de violação que deram origem aos processos contenciosos levados a cabo diante da CorteIDH, ordenadas nas categorias formal (quais direitos violados) e material (quais circunstâncias fáticas);<br>(b) a determinação de quais tipos de violação geram, durante o processo, informações mais aprofundadas sobre a agenda pública dos Estados envolvidos e a qualidade dessas informações e, finalmente,<br>(c) qual o nível de severidade registrado nas sentenças proferidas em face de Estados reincidentes em determinada situação fática. | **Critérios de observação:**<br>(a) levantamento dos tipos de medidas de reparação ordenados pelas categorias material e formal;<br>(b) especificação dos tipos de reparação em relação aos efeitos que produzem (*inter* e *extra partes*);<br>(c) esclarecimento dos tipos de reparação que implicam maior dissidência entre os juízes interamericanos e quais seriam esses juízes<br>(d) como cada medida de reparação foi evoluindo ao longo do tempo. | **Critérios de observação:** aqui o critério estabelecido visou identificar quais tipos de violação implicam a observação de outros tratados internacionais (além da CADH), pela Corte IDH nos processos contenciosos. |

<table>
<tr><th colspan="3">CASO: SISTEMA DE REPARAÇÃO DA CORTE INTERAMERICANA DE DIREITOS HUMANOS</th></tr>
<tr><td colspan="3">1ª Unidade interna de análise: Conjunto de sentenças proferidas pela Corte IDH nos processos contenciosos</td></tr>
<tr><td colspan="3">ANÁLISE QUANTITATIVA</td></tr>
<tr><td>1ª Dimensão: temporal</td><td>2ª Dimensão: Estado envolvido no processo</td><td>3ª Dimensão: tipo de medida de reparação determinada pela Corte IDH</td></tr>
<tr><td>Critérios de observação:<br>(a) qual a porcentagem de sentenças condenatórias por ano;<br>(b) quais incidências do tipo de medida de reparação por ano e<br>(c) quais os tipos de violação por ano.</td><td>Critérios de observação:<br>(a) qual a incidência dos tipos de reparação por Estado;<br>(b) qual a incidência dos tipos de violação;<br>(c) qual a porcentagem de reincidência (por país, de forma geral, e por tipo de violação e país, de forma específica).</td><td>Critérios de observação:<br>(a) porcentagem de medidas com efeitos inter e extra partes;<br>(b) porcentagem de votos dissidentes e dos respectivos juízes que votaram dessa forma;<br>(c) porcentagem de casos em que a Corte decide pela violação de outros tratados internacionais além da CADH.</td></tr>
</table>

<table>
<tr><th colspan="2">CASO: SISTEMA DE REPARAÇÃO DA CORTE INTERAMERICANA DE DIREITOS HUMANOS</th></tr>
<tr><td colspan="2">2ª Unidade Interna de análise: resoluções de supervisão de cumprimento das decisões da Corte</td></tr>
<tr><td colspan="2">ANÁLISE QUALITATIVA</td></tr>
<tr><td>1ª Dimensão: tipos de reparação e violação</td><td>2ª Dimensão: tipos de efeitos produzidos (inter e extra partes)</td></tr>
<tr><td>Critérios de análise:<br>(a) tipos de medidas de reparação mais e menos cumpridas pelos Estados e<br>(b) tipos de violação mais rapidamente reparados pelos Estados.</td><td>Critérios de análise:<br>(a) quais os tipos de medida de reparação que mais geram efeitos inter partes,<br>(b) quais os tipos de medida de reparação que mais geram efeitos extra partes,<br>(c) quais tipos de violação resultam em maior número de medidas com efeitos inter partes e<br>(d) quais tipos de violação resultam em maior número de medidas com efeitos extra partes.</td></tr>
<tr><td colspan="2">ANÁLISE QUANTITATIVA</td></tr>
<tr><td>1ª Dimensão: casos arquivados por cumprimento integral</td><td>2ª Dimensão: casos que seguem supervisão de cumprimento</td></tr>
<tr><td>Critério de análise:<br>(a) porcentagem de casos integralmente cumpridos;<br>(b) porcentagem de cumprimento integral por país;<br>(c) porcentagem de cumprimento integral por tipo de violação e<br>(d) porcentagem de cumprimento integral por ano.</td><td>Critério de análise:<br>(a) número de processos que seguem em cumprimento;<br>(b) porcentagem de países que seguem com sentenças em fase de execução;<br>(c) incidência de casos abertos por tipo de violação;<br>(d) média de tempo para o cumprimento das sentenças (de forma geral e por tipo por país) e<br>(e) tempo médio de cumprimento por tipo de medida de reparação.</td></tr>
</table>

EDITORA
*Jus*PODIVM
www.editorajuspodivm.com.br